№ 8. **Deutsche Reichsgesetzgebung.** № 8.
Text-Ausgaben mit Anmerkungen.

Die Reichsgesetze
über den
Unterstützungswohnsitz,
die Freizügigkeit, den Erwerb und Verlust der Bundes- und Staatsangehörigkeit,
nebst den
auf ersteres Gesetz bezüglichen landesgesetzlichen Bestimmungen sämmtlicher Bundesstaaten.

Textausgabe mit Anmerkungen.

Zweite, völlig veränderte Auflage.

Herausgegeben
von

Dr. J. Krech,
Kais. Geh. Regierungsrath,
Mitglied des Bundesamtes für das Heimathwesen.

Berlin und Leipzig.
Verlag von J. Guttentag (D. Collin).
1885.

Vorwort.

Auf den Wunsch des Herrn Verlegers habe ich die Bearbeitung einer neuen Auflage der auf dem Titelblatte bezeichneten drei Reichsgesetze übernommen. Die neue Auflage ist eine völlig umgearbeitete und veränderte.

Die Anmerkungen zu den Reichsgesetzen sind auf ein geringes Maß beschränkt. Sie bezwecken, — insbesondere durch Verweisung auf die Parallelstellen — das Verständniß der Gesetze aus deren Texte selbst zu befördern, durch Verweisung auf die Entscheidungen des Bundesamtes für das Heimathwesen aber das Auffinden der für die Praxis wichtigsten Urtheile dieses Gerichtshofes zu erleichtern. Der Abdruck der Grundsätze des Bundesamtes über die armenrechtliche Familiengemeinschaft wird Vielen willkommen sein.

Während die erste, von dem verstorbenen Obertribunalsrath Hahn bearbeitete, Auflage nur das Preußische Ausführungsgesetz zu dem Reichsgesetze über den Unterstützungswohnsitz brachte, ist in die vorliegende Ausgabe die auf letzteres bezügliche Landesgesetzgebung sämmtlicher Bundesstaaten bis in die neueste Zeit aufgenommen worden. Dagegen sind von der in der ersten Auflage unverkürzt mitgetheilten Instruktion zum Preußischen Ausführungsgesetze nur die wenigen über den Zeitraum der Organisation der Armenverbände u. s. w. hinaus für das Verständniß und die Anwendung dieses Gesetzes bedeutsamen Sätze wiedergegeben worden.

Die Ausgabe soll eine Lücke in der bisherigen Literatur zum Gesetze über den Unterstützungswohnsitz ausfüllen und ein vollständiges Bild des gegenwärtigen Rechtszustandes im Deutschen Reiche gewähren. Seit dem Jahre 1872, mit welchem die Zusammenstellungen der Landesgesetzgebung in den Werken von Rocholl, Arnoldt, Beutner und Herrfurth abschließen, sind, wie die Einleitung S. 6 ff. und das Verzeichniß der abgedruckten Landesgesetze S. 301 ff. ergeben, theils Abänderungen der Ausführungsgesetze selbst erfolgt, theils haben sich in vielen und darunter den größten Staaten wesentliche Reformen in der Gesetzgebung betreffend die innere Landesverwaltung und die Verwaltungsrechtspflege, sowie eingreifende Veränderungen der Gemeindeverfassungen vollzogen, die auf das vorliegende Rechtsgebiet von wesentlichem Einfluß gewesen sind. Alle diese Veränderungen sind im Anhange berücksichtigt, wenn auch die in Betracht kommenden Vorschriften der neuen Gemeinde- (Städte- u. s. w.) Ordnungen, ebenso wie die der älteren nur durch Bezugnahme auf die einschlägigen Gesetze angedeutet werden konnten.

Die Wiedergabe der Landesgesetzgebung ist nicht durch den Abdruck der einzelnen, übrigens vielfach modifizirten, Ausführungsgesetze in der Reihenfolge der Paragraphen erfolgt, sondern im Anschluß an die in § 8 des Gesetzes über den Unterstützungswohnsitz aufgestellten Kategorien in einzelnen dieselbe Materie behandelnden Abschnitten des Anhangs. Dadurch ist eine größere Uebersichtlichkeit des massenhaften Materials gewonnen. Der novellistische Charakter der einzelnen Ausführungsgesetze ließ eine derartige Zertheilung derselben unbedenklich erscheinen. Wo die Vorschriften der einzelnen Landesgesetze mit den entsprechenden Bestimmungen des Preußischen Ausführungsgesetzes (wörtlich) gleichlauten, oder (sachlich) übereinstimmen, ist der Raumersparniß wegen der wörtliche Abdruck durch eine entsprechende Bemerkung ersetzt. Die Abweichungen, soweit sie sich nicht, wie die Ersetzung der Allegate des Preußischen Ausführungsgesetzes durch die entsprechenden §§ des andern Ausführungsgesetzes, selbst ergeben, sind überall ausdrücklich hervorgehoben.

Berlin, den 30. November 1884.

Krech.

Inhaltsübersicht.

		Seite
	Vorwort	III
	Einleitung	1
	Reichsgesetze.	
I.	**Gesetz über die Freizügigkeit**	10
	Gothaer Konvention	17
II.	**Gesetz über die Erwerbung und den Verlust der Bundes- (Reichs-) und Staatsangehörigkeit**	20
III.	**Gesetz über den Unterstützungswohnsitz**	30
	Grundsätze des Bundesamts über die armenrechtliche Familiengemeinschaft	64
	Anhang.	
	Landesgesetzliche Bestimmungen.	
A.	Umfang der Unterstützungspflicht	66
B.	Organe der öffentlichen Unterstützung Hülfsbedürftiger	87
C.	Tarife für die Erstattung der Armenpflegekosten	182
D.	Unterstützung aus dem Auslande übernommener Deutscher und der Ausländer	190
E.	Behörden und Verfahren in Streitsachen der Armenverbände	198
F.	Verhältniß der Armenverbände zu anderweit Verpflichteten	284
G.	Schluß- und Uebergangsbestimmungen	295

	Seite
Nachweisung der in dem Anhange abgedruckten oder ihrem Inhalte nach wiedergegebenen landesgesetzlichen Bestimmungen	301
Sachregister	307
Berichtigungen und Zusätze	316

Abkürzungen.

A.V. = Armenverband.
Entsch. = Entscheidungen des Bundesamts, herausgegeben von Wohlers, Heft I—XV.
Fr.G. = Freizügigkeitsgesetz.
Grundsätze = Grundsätze des Bundesamts über die armenrechtliche Familieneinheit. S. 64.
L.A.V. = Landarmenverband.
L.V.G. = Preußisches Gesetz über die allgemeine Landesverwaltung.
O.A.V. = Ortsarmenverband.
U.W. = Unterstützungswohnsitz.
U.W.G. = Ges. über den U.W.

Ueber die Bedeutung der Worte „gleichlautend" und „übereinstimmend" s. das Vorwort am Schlusse.

Einleitung.

Die Artikel 3 und 4 der Verfassung des Norddeutschen Bundes vom 25. Juni 1867 (B.G.Bl. S. 1) bestimmen:

Art. 3. Abs. 1—4: Für den ganzen Umfang des Bundesgebiets besteht ein gemeinsames Indigenat mit der Wirkung, daß der Angehörige (Unterthan, Staatsbürger) eines jeden Bundesstaates in jedem anderen Bundesstaate als Inländer zu behandeln und demgemäß zum festen Wohnsitz, zum Gewerbebetriebe, zu öffentlichen Aemtern, zur Erwerbung von Grundstücken, zur Erlangung des Staatsbürgerrechts und zum Genusse aller sonstigen bürgerlichen Rechte unter denselben Voraussetzungen wie der Einheimische zuzulassen, auch in Betreff der Rechtsverfolgung und des Rechtsschutzes demselben gleich zu behandeln ist.

In der Ausübung dieser Befugniß darf der Bundesangehörige weder durch die Obrigkeit seiner

Heimath, noch durch die Obrigkeit eines anderen Bundesstaates beschränkt werden.

Diejenigen Bestimmungen, welche die Armenversorgung und die Aufnahme in den lokalen Gemeindeverband betreffen, werden durch den im ersten Absatz ausgesprochenen Grundsatz nicht berührt.

Ebenso bleiben bis auf Weiteres die Verträge in Kraft, welche zwischen den einzelnen Bundesstaaten in Beziehung auf die Uebernahme von Auszuweisenden, die Verpflegung erkrankter und die Beerdigung verstorbener Staatsangehörigen bestehen.

Art. 4. Der Beaufsichtigung Seitens des Bundes und der Gesetzgebung desselben unterliegen die nachstehenden Angelegenheiten:

1) die Bestimmungen über Freizügigkeit, Heimaths- und Niederlassungsverhältnisse, Staatsbürgerrecht, Paßwesen und Fremdenpolizei und über den Gewerbebetrieb, einschließlich des Versicherungswesens, soweit diese Gegenstände nicht schon durch den Artikel 3. dieser Verfassung erledigt sind, u. s. w.

Zur Ausführung dieser Verfassungsbestimmungen wurden dem Reichstage des Norddeutschen Bundes vorvorgelegt:

1. in der Sitzung vom 3. Oktober 1867 der Entwurf eines Gesetzes über die Freizügigkeit mit Motiven (St.B. I S. 215; II S. 119—121). Der Kommissionsbericht über diesen Gesetzentwurf findet sich

in den St.B. II S. 185—191; die Verhandlungen im Plenum in den St.B. I S. 532—566, 567. Das Gesetz wurde als Gesetz über die Freizügigkeit vom 1. November 1867 im Bundesgesetzblatt S. 55 ff. publizirt.

2) in der Sitzung vom 14. Februar 1870 der Entwurf eines Gesetzes, betreffend die Erwerbung und den Verlust der Bundes- und Staatsangehörigkeit mit Motiven (St.B. I S. 6; III S. 153 bis 160). Der Gesetzentwurf ist nur im Plenum berathen (St.B. I S. 85, 251—274; II S. 1076—1081, 1091). Die Publication des Gesetzes, welches vom 1. Juni 1870 datirt, erfolgte im Bundesgesetzblatt S. 355.

3. in der Sitzung vom 14. Februar 1870 der Entwurf eines Gesetzes über den Unterstützungswohnsitz mit Motiven (St.B. I S. 6; III S. 160—168). Diese Berathung im Plenum fand am 25. Februar 1870 statt (St.B. I S. 85—94). Die erwählte Kommission erstattete am 2. Mai 1870 ihren Bericht (St.B. IV S. 563—591 und 434—444). Die zweite Berathung im Plenum erfolgte am 14., 16. und 17. Mai dess. J. (St.B. II S. 899—988), die dritte Berathung am 21. und 23. Mai dess. J. (St.B. II S. 1096 bis 1108 und 1119). — Das Gesetz wurde unter dem Datum des 6. Juni 1870 im Bundesgesetzblatt S. 360 ff. veröffentlicht.

Der Geltungsbereich aller drei Gesetze entsprach dem Gebiete des Norddeutschen Bundes (Art. 1 der

Verf.). In demselben ist das erste Gesetz am 1. Januar 1868, das zweite am 1. Januar 1871 — die §§ 17 und 20 nach dem Gesetze vom 21. Juli 1870 schon am Tage der Verkündung des letzteren Gesetzes (B.G.Bl. S. 498) —, das dritte am 1. Juli 1871 in Kraft getreten.

Die beiden ersten Gesetze gelten nach Art. 80. I. 3 und 24 der zwischen dem Norddeutschen Bunde und den Großherzogthümern Baden und Hessen vereinbarten Verfassung des Deutschen Bundes (B.G.Bl. 1870 S. 627 ff.) auch für diese Großherzogthümer; nach Art. I des Vertrages vom 25. November 1870 (B.G.Bl. S. 654) für Württemberg; nach § 2. I. 3 und § 9 des Gesetzes vom 22. April 1871, betr. die Einführung Norddeutscher Bundesgesetze in Bayern (B.G.Bl. S. 87), für Bayern (vgl. auch Schlußprotokoll vom 23. November 1870 I, II, III (B.G.Bl. 1871 S. 23)); nach dem Gesetz vom 8. Januar 1873 (R.G.Bl. S. 51) für Elsaß-Lothringen. — Durch §§ 9 und 12 des citirten Gesetzes vom 22. April 1871 sind die Bestimmungen in § 1 Abs. 2, § 8 Abs. 3 und § 16 des Gesetzes, betr. die Erwerbung und den Verlust der Bundes- und Staatsangehörigkeit, für das ganze Reich aufgehoben.

Das Gesetz über den Unterstützungswohnsitz ist durch Art. 80 der Verfassung des Deutschen Bundes (B.G.Bl. 1870 S. 627 ff.) als Bundesgesetz in Hessen südlich des Mains vom 1. Juli 1871 an eingeführt.

Der § 2 des Gesetzes, betreffend die Verfassung des Deutschen Reichs, vom 16. April 1871 (B.G.Bl. 1871 S. 63) bestimmt in Abs. 1 und 2:

„Die Bestimmungen in Artikel 80. der in §. 1. gedachten Verfassung des Deutschen Bundes (Bundesgesetzbl. vom Jahre 1870. S. 647.), unter III. §. 8. des Vertrages mit Bayern vom 23. November 1870. (Bundesgesetzbl. vom Jahre 1871. S. 21. ff.), in Artikel 2. Nr. 6. des Vertrages mit Württemberg vom 25. November 1870. (Bundesgesetzbl. vom Jahre 1870. S. 656.), über die Einführung der im Norddeutschen Bunde ergangenen Gesetze in diesen Staaten bleiben in Kraft.

Die dort bezeichneten Gesetze sind Reichsgesetze. Wo in denselben von dem Norddeutschen Bunde, dessen Verfassung, Gebiet, Mitgliedern oder Staaten, Indigenat, verfassungsmäßigen Organen, Angehörigen, Beamten, Flagge u. s. w. die Rede ist, sind das Deutsche Reich und dessen entsprechende Beziehungen zu verstehen. *)

Als Reichsgesetz ist das Gesetz über den Unterstützungswohnsitz in Württemberg und Baden vom 1. Januar 1873 in Kraft getreten (Gesetz vom 8. November 1871, R.G.Bl. S. 391). Dagegen gilt es, obwohl ein Reichsgesetz, nicht in Bayern (Art. 4

---

*) Für Elsaß-Lothringen vgl. Art. 2 Gesetz vom 8. Januar 1873 (R.G.Bl. S. 51); § 7 Gesetz vom 25. Juni 1871 (R.G.Bl. S. 161. — Die in Folge des Abs. 2 im Texte der drei Gesetze vorgenommenen Veränderungen sind durch gesperrte Schrift angedeutet.

Nr. 1 der Verfassung des Deutschen Reichs, und Art. III des Vertrags vom 23. November 1870, R.G.Bl. 1871 S. 9 ff.) und in **Elsaß-Lothringen**, auf welches sich § 2 des Gesetzes vom 16. April 1871 (s. o.) nicht bezieht, und in welchem das Gesetz über den Unterstützungswohnsitz nicht eingeführt ist. — Dadurch modifizirt sich auch der Begriff eines „**Deutschen Hülfsbedürftigen**“ und eines „**Deutschen Armenverbandes**“ im Sinne des Gesetzes über den Unterstützungswohnsitz dahin, daß darunter nur Hülfsbedürftige und Armenverbände zu verstehen sind, welche dem Geltungsbereich dieses Gesetzes angehören,*) Bayern und Elsaß-Lothringen sind als Ausland anzusehen.

Zur Ausführung des Reichsgesetzes über den Unterstützungswohnsitz und zur Ergänzung desselben in den der Landesgesetzgebung überlassenen Materien (§§ 8, 30 Abs. 3, 33, 37, 60 a. a. O.) sind in **sämmtlichen Bundesstaaten Ausführungsgesetze** bez. Verordnungen erlassen worden, und zwar in

1. **Preußen**: Ges. vom 8. März 1871 (G.S. S. 130); Lauenburg s. Nr. 25.
2. **Sachsen**: Ver. vom 6. Juni 1871 (Ges. und

---

*) Dies ist in den meisten Ausführungsgesetzen der einzelnen Bundesstaaten ausdrücklich ausgesprochen. Vgl. die Ausführungsgesetze für Preußen (§ 69), Württemberg (Art. 49), Baden (§ 7 Min.Ver. vom 6. Dezember 1872), Hessen (Art. 21), Braunschweig (§ 34), Sachsen-Altenburg (§ 17), Sachsen Coburg-Gotha (§ 43), Anhalt (§ 3), Schwarzburg-Rudolstadt (§ 26), Waldeck (§ 31), Reuß ä. L. (§ 1), Reuß j. L. (§ 39), Schaumburg-Lippe (§ 58), Lippe (§ 35), Lauenburg (§ 57) und die Entscheidungen des B.A. IX. 122, XI. 131, XII. 145, XIII. 117, XV. 35.

Ver.Bl. S. 82); und vom 15. Juni 1876 (Ges. und Ver.Bl. S. 268).

3. Württemberg: Ges. vom 17. April 1873 (Reg.Bl. S. 109).
4. Baden: Ges. vom 14. März 1872 (Ges. und Ver.Bl. S. 135).
5. Hessen: Ges. vom 14. Juli 1871 (Reg.Bl. Nr. 24).
6. Mecklenburg-Schwerin: Ges. vom 20. Februar und 30. Juni 1871 (Reg.Bl. S. 187, 323).
7. Sachsen-Weimar-Eisenach: Ges. vom 23. Februar 1872 (Reg.Bl. S. 45).
8. Mecklenburg-Strelitz: Ver. vom 20. Februar und 4. Juli 1871 (Offiz.Anz. S. 171, 215); für Ratzeburg: 27. April und 4. Juli 1871 (Offiz.Anz. S. 139, 169).
9. Oldenburg: Ministerialverfügung vom 22. Juni 1871 (Ver.S. S. 393), Ges. vom 28. Januar 1882 (Ges.Bl. S. 195) und revidirte Gemeindeordnung vom 15. April 1873 für das Herzogthum Oldenburg (Ges.Bl. S. 551), durch welche das zur Ausführung des U.W.G. erlassene Ergänzungsgesetz zur Gemeindeordnung von 1855 d .d. 27. Juli 1870 mit letzterer aufgehoben ist; für das Fürstenthum Birkenfeld Ges. v. 28. März 1876 (Ges. Bl. S. 81) und revidirte Gemeinde Ordn. v. 28. März 1876. (Ges. Bl. S. 129; für das Fürstenthum Lübeck rev. Gemeindeordnung v. 30. März 1876 (Ges.Bl. S. 349).

10. Braunschweig: Ges. vom 5. Juni 1871 (G.S. S. 249).
11. Sachsen-Meiningen: Ges. vom 24. Februar 1872 (Samml. S. 125).
12. Sachsen-Altenburg: Ver. vom 3. Juni 1871 (G.S. S. 69). Nachtrags-Ver. vom 12. August 1876 (G.S. S. 227).
13. Sachsen-Coburg und Gotha: Ges. vom 31. Mai 1871 (Gemeinschaftl. G.S. Nr. 280).
14. Anhalt: Ges. vom 29. Juni 1871 (G.S. S. 1755).
15. Schwarzburg-Sondershausen: Ges. vom 25. Januar 1872 (G.S. S. 49), durch welches das Ges. vom 12. Juni 1871 aufgehoben ist, und vom 28. Oktober 1872 (G.S. S. 125).
16. Schwarzburg-Rudolstadt: Ges. vom 23. Juni 1871 (G.S. S. 63) und Ver. vom 23. Juni 1871 (G.S. S. 71); Ges. vom 10. Dezember 1878 (G.S. S. 277).
17. Waldeck: Ges. vom 29. Juni 1871 (Reg.Bl. S. 39).
18. Reuß, ält. Linie: Ges. vom 25. Januar 1871 (G.S. S. 40), vom 1. Juli 1878 (G.S. S. 67) und vom 5. Juli 1879 (G.S. S. 159).
19. Reuß, jüng. Linie: Ges. vom 21. Juni 1871 (G.S. S. 355).
20. Schaumburg-Lippe: Ges. vom 7. März 1872 (G.S. S. 183), durch welches das Ges. vom 30. Juni 1871 aufgehoben ist.

21. Lippe: Ges. vom 12. September 1877 (G.S. S. 125), durch welches die an die Stelle der Ver. vom 12. Juli 1871 getretene Ver. vom 18. Februar 1874 aufgehoben ist, und Ges. vom 9. Oktober 1879 (G.S. S. 835).
22. Lübeck: Ver. und Ges. vom 29./30. März 1871 (Samml. Nr. 14, 15).
23. Bremen: Ver. und Ges. vom 2. Januar 1871 (Ver.Bl. S. 3, 5), Ges. vom 18. November 1877 (Ges.Bl. S. 107).
24. Hamburg: Ver. vom 23. Juni 1871 (G.S. Nr. 29), Ges. vom 12. April 1878 (G.S. Nr. 14).
25. Lauenburg: Ges. vom 24. Juni 1871 (Offiz. Wochenbl. S. 183) und Ges. vom 9. März 1879 (G.S. S. 134).

I.

Gesetz über die Freizügigkeit.

Vom 1. November 1867 (B.G.Bl. S. 55).

Materialien S. 2; Geltungsbereich S. 3.

Wir **Wilhelm**, u. s. w. verordnen u. s. w. nach erfolgter Zustimmung des Bundesrathes und des Reichstages, was folgt:

§ 1. Jeder Deutsche hat das Recht, innerhalb des Reichs [1]

1) an jedem Orte sich aufzuhalten oder niederzulassen, wo er eine eigene Wohnung oder ein Unterkommen sich zu verschaffen im Stande ist;
2) an jedem Orte Grundeigenthum aller Art zu erwerben;
3) umherziehend oder an dem Orte des Aufenthalts, beziehungsweise der Niederlassung, Gewerbe aller Art zu betreiben, unter den für Einheimische geltenden gesetzlichen Bestimmungen. [2]

In der Ausübung dieser Befugnisse darf ein Deutscher, soweit nicht das gegenwärtige Gesetz Ausnahmen zuläßt, [3] weder durch die Obrigkeit seiner

Heimath, noch durch die Obrigkeit des Ortes, in welchem er sich aufhalten oder niederlassen will, gehindert oder durch lästige Bedingungen[4] beschränkt werden.

Keinem Deutschen darf um des Glaubensbekenntnisses[5] willen oder wegen fehlender Landes- oder Gemeindeangehörigkeit der Aufenthalt, die Niederlassung, der Gewerbebetrieb oder der Erwerb von Grundeigenthum verweigert werden.

1. Der Ersatz des Wortes „Bundesangehöriger" durch „Deutscher" entspricht dem Art. 3 der Verfassung des Deutschen Reichs; der Ersatz des Wortes „Bundesgebiet" durch „Reich" der neueren reichsgesetzlichen Sprachweise (Art. 16, Ges. betr. die Abänderung der Gew.Ord. vom 1. Juli 1883 und z. B. § 29 Abs. 3 der Gew.Ord. in der neuen Redaktion R.G.Bl. 1883 S. 177); — im Strafgesetzbuche (Fassung von 1876) ist trotz der Einverleibung von Elsaß-Lothringen (§ 1 Ges. v. 9. Juni 1871, § 2 Ges. v. 25. Juni 1873) der verfassungsmäßige Ausdruck Bundesgebiet beibehalten (z. B. §§ 81, 140, 361).

2. § 1 Gew.Ord.

3. aus polizeilichen Gründen: §§ 3, 10, 12; mit Rücksicht auf kommunale Interessen (Armenlast): §§ 4, 5, 9; s. a. zu § 12.

4. § 8 d. G., § 1 Ges. über das Paßwesen vom 12. Oktober 1867 (B.G.Bl. S. 33).

5. Ges. über die Gleichberechtigung der Konfessionen u. s. w. vom 3. Juli 1869 (B.G.Bl. S. 292).

§ 2. Wer die aus der Reichsangehörigkeit folgenden Befugnisse in Anspruch nimmt, hat auf Verlangen den Nachweis seiner Reichsangehörigkeit und, sofern er unselbstständig ist, den Nachweis der Genehmigung desjenigen, unter dessen (väterlicher, vormundschaftlicher oder ehelicher) Gewalt er steht, zu erbringen.

§ 3. Insoweit bestrafte Personen nach den Landesgesetzen Aufenthaltsbeschränkungen durch die Polizeibehörde unterworfen werden können, behält es dabei sein Bewenden.[1]

Solchen Personen, welche derartigen Aufenthaltsbeschränkungen in einem Bundesstaate unterliegen, oder welche in einem Bundesstaate innerhalb der letzten zwölf Monate wegen wiederholten Bettelns oder wegen wiederholter Landstreicherei bestraft worden sind, kann der Aufenthalt in jedem anderen Bundesstaate von der Landespolizeibehörde verweigert werden.

Die besonderen Gesetze und Privilegien einzelner Ortschaften und Bezirke, welche Aufenthaltsbeschränkungen gestatten, werden hiermit aufgehoben.

1. Vgl. auch § 39 St.G.B. — Für Preußen s. § 2 Ges. v. 31. December 1842 (G.S. 1843 S. 5) und Entsch. d. Ob. Verw. Ger. IX. S. 415, X. S. 336. Für Sachsen s. § 17 Heimathges. v. 26. November 1834, (Samml. S. 449), Reskr. d. Min. d. Innern v. 11. März 1882 (Drucks. d. Reichstags 1882/83 Nr. 196).

§ 4.[1] Die Gemeinde ist zur Abweisung eines neu Anziehenden nur dann befugt, wenn sie nachweisen kann, daß derselbe nicht hinreichende Kräfte besitzt, um sich und seinen nicht arbeitsfähigen Angehörigen[2] den nothdürftigen Lebensunterhalt zu verschaffen, und wenn er solchen weder aus eigenem Vermögen bestreiten kann, noch von einem dazu verpflichteten Verwandten erhält.[3] Den Landesgesetzen bleibt vorbehalten, diese Befugniß der Gemeinden zu beschränken.

Die Besorgniß vor künftiger Verarmung berechtigt den Gemeindevorstand nicht zur Zurückweisung.[4]

1. § 4 enthält den reichsgesetzlichen Begriff der Hülfsbedürftigkeit
2. d. s. die zur armenrechtlichen Familiengemeinschaft des Anziehenden (Familienhauptes) gehörenden Personen. Vgl. Grundsätze I
3. Daß Alimente gefordert werden können, schließt die gegenwärtige Hülfsbedürftigkeit und die Abweisungsbefugniß nicht aus.
4. Ueber Beschwerden wegen ungerechtfertigter Zurückweisung entscheidet die Kommunalaufsichtsbehörde.

§ 5. Offenbart sich nach dem Anzuge die Nothwendigkeit einer öffentlichen Unterstützung,[1] bevor der neu Anziehende an dem Aufenthaltsorte einen Unterstützungswohnsitz (Heimathsrecht) erworben hat,[2] und weist die Gemeinde nach, daß die Unterstützung aus anderen Gründen, als wegen einer nur vorübergehenden Arbeitsunfähigkeit[3] nothwendig geworden ist,[4] so kann die Fortsetzung des Aufenthalts versagt werden.

1. Die Nothwendigkeit einer Unterstützung wird durch die dauernde oder vorübergehende Hülfsbedürftigkeit (§ 4); die Nothwendigkeit einer öffentlichen (staatlichen) Unterstützung (§§ 1, 2, 28 U.W.G.) durch die Nichtbeseitigung der Hülfsbedürftigkeit auf anderem Wege (Verwandte, Dienstherrschaft, Kranken- und Unterstützungskasse, private oder kirchliche Armenpflege) begründet. — Vgl. §§ 57, 77 Ges., betr. Krankenversicherung der Arbeiter vom 15. Juni 1883 (R.G.Bl. S. 73), § 8 Unfallversicherungsgesetz vom 6. Juli 1884 (R.G.Bl. S. 69), sowie § 1. II. 19. A.L.R., §§ 4, 23 Sächs. Armenordnung vom 22. Oktober 1840, Art. 2 Ausf.Ges. für Württemberg, §§ 2 und 3 Badisches Armenpflegegesetz vom 5. Mai 1870, Art. 71 §§ 1 und 2 Rev.Gem.Ord. vom 15. April 1873 für Oldenburg.

2. §§ 9—21 U.W.G.

3. oder sonstigen nur vorübergehenden Nothstandes (Entsch. XII. 86).

4. Die nothwendig gewordene Unterstützung muß auch gewährt sein; sonst kann die Gemeinde wegen ihres pflichtwidrigen Handelns sich auf § 5 nicht berufen. §§ 28, 31 U.W.G.

§ 6. Ist in den Fällen, wo die Aufnahme oder die Fortsetzung des Aufenthalts versagt werden darf, die Pflicht zur Uebernahme[1] der Fürsorge zwischen verschiedenen Gemeinden eines und desselben Bundesstaates streitig, so erfolgt die Entscheidung nach den Landesgesetzen.[2]

Die thatsächliche Ausweisung aus einem Orte darf niemals erfolgen, bevor nicht entweder die Annahme-Erklärung der in Anspruch genommenen Gemeinde oder eine wenigstens einstweilen vollstreckbare Entscheidung über die Fürsorgepflicht[3] erfolgt ist.

1. Die Pflicht zur Uebernahme ist an die Voraussetzung des § 5 geknüpft, § 31 U.W.G., vgl. auch §§ 14, 27, 34, 55 a. a. O. Entsch. XII. 122.

2. §§ 36, 37 U.W.G.

3. §§ 31, 53 U.W.G.

§ 7.[1] Sind in den in §. 5. bezeichneten Fällen verschiedene Bundesstaaten betheiligt, so regelt sich das Verfahren nach dem Vertrage wegen gegenseitiger Verpflichtung zur Uebernahme der Auszuweisenden d. d. Gotha, den 15. Juli 1851., sowie nach den späteren, zur Ausführung dieses Vertrages getroffenen Verabredungen.[2]

Bis zur Uebernahme Seitens des verpflichteten Staates ist der Aufenthaltsstaat zur Fürsorge für den Auszuweisenden am Aufenthaltsorte nach den für die öffentliche Armenpflege in seinem Gebiete gesetzlich bestehenden Grundsätzen verpflichtet. Ein Anspruch auf Ersatz der für diesen Zweck verwendeten Kosten findet gegen Staats-, Gemeinde- oder andere öffentliche Kassen desjenigen Staates, welchem der Hülfsbedürftige angehört, sofern nicht anderweitige Verabredungen bestehen, nur insoweit statt, als die Fürsorge für den Auszuweisenden länger als drei Monate gedauert hat.

1. § 7 kommt nur Bayern (§ 1 U.W.G.) und Elsaß-Lothringen (Art. I Ges. vom 8. Januar 1873, R.G.Bl. S. 51) gegenüber zur Anwendung. Für die übrigen Staaten s. §§ 37 Abs. 2, 38—51 U.W.G.

2. Die nach Abs. 1 maßgebenden Bestimmungen sind hinter diesem Gesetze in der Fassung abgedruckt, in welcher sie als Beilage zu dem Ges. betr. die Einführung des Gesetzes über die Freizügigkeit u. s. w. in Elsaß-Lothringen, vom 8. Januar 1873 zusammengestellt sind (Ges.Bl. f. Els.-Lothr. 1873 S. 5).

§ 8. Die Gemeinde ist nicht befugt, von neu Anziehenden wegen des Anzugs eine Abgabe zu erheben. Sie kann dieselben, gleich den übrigen Gemeindeeinwohnern, zu den Gemeindelasten heranziehen. Uebersteigt die Dauer des Aufenthalts nicht den Zeitraum von drei Monaten, so sind die neu Anziehenden diesen Lasten nicht unterworfen.

§ 9. Was vorstehend von den Gemeinden bestimmt ist, gilt an denjenigen Orten, wo die Last der öffentlichen Armenpflege verfassungsmäßig nicht der örtlichen Gemeinde, sondern anderen gesetzlich anerkannten Verbänden (Armenkommunen) obliegt, auch von diesen, sowie von denjenigen Gutsherrschaften, deren Gutsbezirk sich nicht in einem Gemeindeverbande befindet.[1]

1. Vgl. § 3 U.W.G. und Anhang B.

§ 10. Die Vorschriften über die Anmeldung der neu Anziehenden bleiben den Landesgesetzen mit der Maaßgabe vorbehalten, daß die unterlassene Meldung nur mit einer Polizeistrafe, niemals aber mit dem Verluste des Aufenthaltsrechts (§. 1.) geahndet werden darf.

§ 11. Durch den bloßen Aufenthalt oder die bloße Niederlassung, wie sie das gegenwärtige Gesetz gestattet, werden andere Rechtsverhältnisse, namentlich die Gemeindeangehörigkeit, das Ortsbürgerrecht, die Theilnahme an den Gemeindenutzungen und der Armenpflege,[1] nicht begründet.

Wenn jedoch nach den Landesgesetzen durch den Aufenthalt oder die Niederlassung, wenn solche eine bestimmte Zeit hindurch ununterbrochen fortgesetzt worden, das

Heimathsrecht (Gemeindeangehörigkeit, Unterstützungswohnsitz) erworben wird,[1] behält es dabei sein Bewenden.

1. Der Anspruch auf Armenunterstützung ist auch nach Erwerb eines U.W. nicht im Rechtswege verfolgbar (s. Anh. A), andererseits ohne Erwerb eines U.W. gegen den Armenverband des Aufenthalts begründet (§ 28 U.W.G.). Der Erwerb des U.W. giebt nur in sofern ein weitergehendes Recht auf Armenunterstützung (Theilnahme an der Armenpflege), als auch aus dauernder Hülfsbedürftigkeit kein Recht auf Versagung des Aufenthalts und Uebernahme hergeleitet werden kann (§ 5 d. G., § 31 U.W.G.); im Uebrigen ist der Erwerb des U.W. nur für die Rechtshältnisse der Armenverbände untereinander von Bedeutung (§ 61 U.W.G.).

§ 12. Die polizeiliche Ausweisung Deutscher aus dem Orte ihres dauernden oder vorübergehenden Aufenthalts in anderen, als in den durch dieses Gesetz vorgesehenen Fällen, ist unzulässig.[1]

Im Uebrigen werden die Bestimmungen über die Fremdenpolizei[2] durch dieses Gesetz nicht berührt.

1. s. jedoch Ges., betr. den Orden der Gesellschaft Jesu, vom 4. Juli 1872 (R.G.Bl. S. 253), Ges., betr. die unbefugte Ausübung von Kirchenämtern v. 4. Mai 1874 (R.G.Bl. S. 43), Ges., betr. die gemeingefährlichen Bestrebungen, der Sozialdemokratie vom 21. Oktober 1878 (R.G.Bl. 351; verlängert bis zum 30. September 1886, R.G.Bl. 1884 S. 53).

2. Ges. über das Paßwesen vom 12. Oktober 1867 (B.G.Bl. S. 33).

§ 13. Dies Gesetz tritt am 1. Januar 1868. in Kraft.

Urkundlich unter Unserer Höchsteigenhändigen Unterschrift und beigedrucktem Bundes-Insiegel.

Gegeben Schloß Blankenburg, den 1. November 1867.

(L. S.) **Wilhelm.**

Gr. v. Bismarck-Schönhausen.

Zu § 7 Abs. 1. (Anm. 2).

Gothaer Konvention.

§ 1. Jeder Staat verpflichtet sich,
a) diejenigen Individuen, welche noch fortdauernd seine Angehörigen (Unterthanen) sind, und
b) seine vormaligen Angehörigen (Unterthanen), auch wenn sie die Unterthanschaft nach der inländischen Gesetzgebung bereits verloren haben, so lange, als sie nicht dem andern Staate nach dessen eigener Gesetzgebung angehörig geworden sind,

auf Verlangen des andern Staates wieder zu übernehmen.

§ 2. Ist die Person, deren sich ein Staat entledigen will, zu keiner Zeit einem der anderen Staaten als Unterthan angehörig gewesen (§. 1), so ist unter ihnen derjenige zur Uebernahme verpflichtet, in dessen Gebiete der Auszuweisende
a) nach zurückgelegtem 21. Lebensjahre sich zuletzt fünf Jahre hindurch aufgehalten, oder
b) sich verheirathet und mit seiner Ehefrau unmittelbar nach der Eheschließung eine gemeinschaftliche Wohnung mindestens sechs Wochen inne gehabt hat, oder
c) geboren ist.

Die Geburt (c) begründet eine Verpflichtung zur Uebernahme nur dann, wenn keiner der beiden andern Fälle (a und b) vorliegt. Treffen diese zusammen, so ist das neuere Verhältniß entscheidend.

§ 3. Ehefrauen sind in den Fällen des §. 1 und 2, ihre Uebernahme möge gleichzeitig mit derjenigen ihres Ehegatten oder ohne diese in Frage kommen, von demjenigen Staate zu übernehmen, welchem der Ehemann nach §. 1 oder 2 zugehört.

Bei Wittwen und geschiedenen Ehefrauen ist, jedoch nur bis zu einer in ihrer Person eintretenden, die Uebernahme-Verbindlichkeit begründenden Veränderung, das Verhältniß des Ehemannes zur Zeit seines Todes und beziehungsweise der Ehescheidung maßgebend.

Die Frage, ob eine Ehe vorhanden sei, wird im Falle des §. 1 nach den Gesetzen desjenigen Staates beurtheilt, welchem der Ehemann angehört; im Falle des §. 2 aber nach den Gesetzen desjenigen Staates, wo die Eheschließung erfolgt ist.

§ 4. Eheliche Kinder sind, wenn es sich um deren Uebernahme vor vollendetem 21. Lebensjahre handelt, in den Fällen des §. 1 und 2 nicht nach ihrem eigenen Verhältnisse, sondern nach dem des Vaters zu beurtheilen. Kinder, welche durch nachfolgende Ehe der Eltern legitimirt sind, werden den ehelich geborenen gleich geachtet.

§ 5. Uneheliche Kinder sind nach demjenigen Unterthans-Verhältnisse zu beurtheilen, in welchem zur Zeit der Geburt derselben deren Mutter stand, auch wenn sich später eine Veränderung in diesem Verhältnisse der Mutter zugetragen hat.

Gehörte die Mutter zur Zeit der Geburt ihres unehelichen Kindes keinem der betheiligten Staaten als Unterthanin an, so entscheiden über die Verpflichtung zu seiner Uebernahme die Bestimmungen des §. 2.

Auch auf uneheliche Kinder findet die Vorschrift des zweiten Absatzes des §. 6 Anwendung.

§ 6. Ist keiner der im §. 2 gedachten Fälle vorhanden, so muß der Staat, in welchem der Heimathlose sich aufhält, denselben behalten.

Doch sollen weder Ehefrauen noch Kinder unter 16 Jahren, falls sie einem andern Staate nach §. 1 oder 2 zugewiesen werden könnten, von ihren Ehemännern und beziehungsweise Eltern getrennt werden.

§ 7. Wenn diejenige Regierung, welche sich einer lästigen Person entledigen will, die Uebernahme derselben von mehreren Staaten zu fordern berechtigt ist, so hat sie denjenigen Staat zunächst in Anspruch zu nehmen, welcher in Beziehung auf den Verpflichtungsgrund oder die Zeitfolge näher verpflichtet ist.

Hat dieser Staat, auch nach vorgängigem Schriftwechsel der obersten Landesbehörden, die Uebernahme verweigert, so kann die ausweisende Regierung auch von demjenigen Staate, welcher nach den vorstehenden Bestimmungen hiernächst verpflichtet ist, die Uebernahme fordern und demselben die Geltendmachung seines Rechts gegen den vermeintlich näher verpflichteten Staat überlassen.

§ 8. Ohne Zustimmung der Behörde des zur Uebernahme verpflichteten Staates darf diesem kein aus dem anderen Staate ausgewiesenes Individuum zugeführt werden, es sei denn, daß

a) der Rückkehrende sich im Besitze eines von der Behörde seines Wohnortes ausgestellten Passes (Wanderbuchs, Paßkarte), seit dessen Ablauf noch nicht ein Jahr verstrichen ist, befindet, oder

b) daß der Ausgewiesene einem in gerader Richtung rückwärts liegenden dritten Staate zugehört, welchem er nicht wohl anders als durch das Gebiet des anderen Staates zugeführt werden kann.

§ 9. Sollte ein Individuum, welches von dem einen Staate dem anderen zum Weitertransport in einen rückwärts liegenden Staat nach Maßgabe des §. 8 Litt. b. überwiesen worden ist, von dem letzteren nicht angenommen werden, so kann dasselbe in denjenigen Staat, aus welchem es ausgewiesen worden war, wieder zurückgeführt werden.

§ 10. Die Ueberweisung der Ausgewiesenen geschieht in der Regel mittelst Transportes und Abgabe derselben an die Polizeibehörde desjenigen Ortes, wo der Transport als von Seiten des ausweisenden Staates beendigt anzusehen ist. Mit dem Ausgewiesenen werden zugleich die Beweisstücke, worauf der Transport gesetzlich gegründet wird, übergeben. In solchen Fällen, wo keine Gefahr zu besorgen ist, können einzelne Ausgewiesene auch mittelst eines Passes, in welchem ihnen die zu befolgende Route genau vorgeschrieben ist, in ihr Vaterland gewiesen werden.

§ 11. Die Kosten der Ausweisung trägt innerhalb seines Gebietes der ausweisende Staat.

Wenn der Ausgewiesene, um seiner Heimath in einem dritten Staate zugeführt zu werden, durch das Gebiet eines anderen Staates transportirt werden muß, so trägt letzterer die bei dem Durchtransporte entstehenden Kosten.

Muß der Ausgewiesene im Falle des §. 9 in den Staat, aus welchem er ausgewiesen worden war, wieder zurückgebracht werden, so hat dieser Staat sämmtliche Kosten des Rücktransportes zu vergüten.

II.

Gesetz über die Erwerbung und den Verlust der Bundes- (Reichs-) und Staatsangehörigkeit.

Vom 1. Juni 1870 (B.G.Bl. S. 355).

Materialien S. 3; Geltungsbereich S. 4.

Wir **Wilhelm**, u. s. w. verordnen u. s. w. nach erfolgter Zustimmung des Bundesrathes und des Reichstages, was folgt:

§ 1. Die Reichsangehörigkeit wird durch die Staatsangehörigkeit in einem Bundesstaate [1] erworben und erlischt mit deren Verlust.

[Angehörige des Großherzogthums Hessen besitzen die Bundesangehörigkeit nur dann, wenn sie in den zum Bunde gehörigen Theilen des Großherzogthums heimathsberechtigt sind.] [2]

1. bez. in Elsaß-Lothringen (Ges. vom 8. Januar 1873, R.G.Bl. S. 51.)
2. aufgehoben, s. S. 4.

§ 2. Die Staatsangehörigkeit in einem Bundesstaate [1] wird fortan nur begründet:

1) durch Abstammung (§. 3.).
2) durch Legitimation (§. 4.),
3) durch Verheirathung (§. 5.),

4) für einen Deutschen durch Aufnahme und (§§. 6. ff.).
5) für einen Ausländer durch Naturalisation (§§. 6. ff.).

Die Adoption hat für sich allein diese Wirkung nicht.

1. s. Anm. 1 zu § 1.

§ 3. Durch die Geburt, auch wenn diese im Auslande erfolgt, erwerben eheliche Kinder eines Deutschen die Staatsangehörigkeit des Vaters, uneheliche Kinder einer Deutschen die Staatsangehörigkeit der Mutter.

§ 4. Ist der Vater eines unehelichen Kindes ein Deutscher und besitzt die Mutter nicht die Staatsangehörigkeit des Vaters, so erwirbt das Kind durch eine den gesetzlichen Bestimmungen gemäß erfolgte Legitimation die Staatsangehörigkeit des Vaters.

§ 5. Die Verheirathung mit einem Deutschen begründet für die Ehefrau die Staatsangehörigkeit des des Mannes.

§ 6. Die Aufnahme, sowie die Naturalisation (§. 2. Nr. 4. und 5.) erfolgt durch eine von der höheren Verwaltungsbehörde ausgefertigte Urkunde.

§ 7. Die Aufnahme-Urkunde wird jedem Angehörigen eines anderen Bundesstaates[1] ertheilt, welcher um dieselbe nachsucht und nachweist, daß er in dem Bundesstaate,[1] in welchem er die Aufnahme nachsucht, sich niedergelassen habe, sofern kein Grund vorliegt, welcher nach den §§. 2. bis 5. des Gesetzes über die

Freizügigkeit vom 1. November 1867. (Bundesgesetzbl. S. 55.)[2]) die Abweisung eines Neuanziehenden oder die Versagung der Fortsetzung des Aufenthalts rechtfertigt.

1. s. Anm. 1 zu § 1.
2. s. S. 11ff.

§ 8. Die Naturalisations-Urkunde darf Ausländern nur dann ertheilt werden, wenn sie

1) nach den Gesetzen ihrer bisherigen Heimath dispositionsfähig sind, es sei denn, daß der Mangel der Dispositionsfähigkeit durch die Zustimmung des Vaters, des Vormundes oder Kurators des Aufzunehmenden ergänzt wird;
2) einen unbescholtenen Lebenswandel geführt haben;
3) an dem Orte, wo sie sich niederlassen wollen, eine eigene Wohnung oder ein Unterkommen finden;
4) an diesem Orte nach den daselbst bestehenden Verhältnissen sich und ihre Angehörigen zu ernähren im Stande sind.[1]

Vor Ertheilung der Naturalisations-Urkunde hat die höhere Verwaltungsbehörde die Gemeinde, beziehungsweise den Armenverband desjenigen Orts, wo der Aufzunehmende sich niederlassen will, in Beziehung auf die Erfordernisse unter Nr. 2. 3. und 4. mit ihrer Erklärung zu hören.

[Von Angehörigen der Königreiche Bayern und Württemberg und des Großherzogthums Baden soll, im Falle der Reziprozität, bevor sie naturalisirt werden, der Nachweis, daß sie die Militairpflicht gegen ihr bisheriges Vaterland erfüllt haben oder davon befreit worden sind, gefordert werden.][2]

1. Vgl. zu Nr. 1—4 die §§ 2—5 Fr.G. und § 7 des Ges.
2. aufgehoben s. S. 4.

§ 9. Eine von der Regierung oder von einer Central- oder höheren Verwaltungsbehörde eines Bundesstaates[1] vollzogene oder bestätigte Bestallung für einen in den unmittelbaren oder mittelbaren Staatsdienst oder in den Kirchen-, Schul- oder Kommunaldienst aufgenommenen Ausländer oder Angehörigen eines anderen Bundesstaates[1] vertritt die Stelle der Naturalisations-Urkunde, beziehungsweise Aufnahme-Urkunde, sofern nicht ein entgegenstehender Vorbehalt in der Bestallung ausgedrückt wird.

Ist die Anstellung eines Ausländers im Reichsdienst erfolgt, so erwirbt der Angestellte die Staatsangehörigkeit in demjenigen Bundesstaate,[1] in welchem er seinen dienstlichen Wohnsitz hat.

1. s. Anm. 1 zu § 1.

§ 10. Die Naturalisations-Urkunde, beziehungsweise Aufnahme-Urkunde, begründet mit dem Zeitpunkte der Aushändigung alle mit der Staatsangehörigkeit verbundenen Rechte und Pflichten.

§ 11. Die Verleihung der Staatsangehörigkeit erstreckt sich, insofern nicht dabei eine Ausnahme gemacht wird, zugleich auf die Ehefrau und die noch unter väterlicher Gewalt stehenden minderjährigen Kinder.

§ 12. Der Wohnsitz innerhalb eines Bundesstaates[1] begründet für sich allein die Staatsangehörigkeit nicht.

1. s. Anm. 1 zu § 1.

§ 13. Die Staatsangehörigkeit geht fortan nur verloren:

1) durch Entlassung auf Antrag (§§. 14. ff.);
2) durch Ausspruch der Behörde (§§. 20. und 22.);
3) durch zehnjährigen Aufenthalt im Auslande (§. 21.);
4) bei unehelichen Kindern durch eine den gesetzlichen Bestimmungen gemäß erfolgte Legitimation, wenn der Vater einem anderen Staate angehört als die Mutter;
5) bei einer Deutschen durch Verheirathung mit dem Angehörigen eines anderen Bundesstaates[1] oder mit einem Ausländer.

1. s. Anm. 1 zu § 1.

§ 14. Die Entlassung wird durch eine von der höheren Verwaltungsbehörde des Heimathsstaates ausgefertigte Entlassungs-Urkunde ertheilt.

§ 15. Die Entlassung wird jedem Staatsangehörigen ertheilt, welcher nachweist, daß er in einem anderen Bundesstaate[1] die Staatsangehörigkeit erworben hat.

1. s. Anm. 1 zu § 1.

In Ermangelung dieses Nachweises darf sie nicht ertheilt werden:

1) Wehrpflichtigen, welche sich in dem Alter vom vollendeten siebenzehnten bis zum vollendeten fünf und zwanzigsten Lebensjahre befinden, bevor sie ein Zeugniß der Kreis-Ersatzkommission

darüber beigebracht haben, daß sie die Entlassung nicht blos in der Absicht nachsuchen, um sich der Dienstpflicht im stehenden Heere oder in der Flotte zu entziehen;

2) Militairpersonen, welche zum stehenden Heere oder zur Flotte gehören, Offizieren des Beurlaubtenstandes und Beamten, bevor sie aus dem Dienste entlassen sind;

3) den zur Reserve des stehenden Heeres und zur Landwehr, sowie den zur Reserve der Flotte und zur Seewehr gehörigen und nicht als Offiziere angestellten Personen, nachdem sie zum aktiven Dienste einberufen worden sind.

§ 16. [Norddeutschen, welche nach dem Königreich Bayern, dem Königreich Württemberg oder dem Großherzogthum Baden oder nach den nicht zum Bunde gehörigen Theilen des Großherzogthums Hessen auswandern wollen, ist im Falle der Reziprozität die Entlassung zu verweigern, so lange sie nicht nachgewiesen haben, daß der betreffende Staat sie aufzunehmen bereit ist.] [1]

1. aufgehoben, s. S. 4.

§ 17. Aus anderen als aus den in den §§. 15. und 16. bezeichneten Gründen darf in Friedenszeiten die Entlassung nicht verweigert werden. Für die Zeit eines Krieges oder einer Kriegsgefahr bleibt dem Bundespräsidium der Erlaß besonderer Anordnung vorbehalten.

§ 18. Die Entlassungs-Urkunde bewirkt mit dem Zeitpunkte der Aushändigung den Verlust der Staatsangehörigkeit.

Die Entlassung wird unwirksam, wenn der Entlassene nicht binnen sechs Monaten vom Tage der

Aushändigung der Entlassungs-Urkunde an seinen Wohnsitz außerhalb des Reichs verlegt oder die Staatsangehörigkeit in einem anderen Bundesstaate[1] erwirbt.

1. s. Anm. 1 zu § 1.

§ 19. Die Entlassung erstreckt sich, insofern nicht dabei eine Ausnahme gemacht wird, zugleich auf die Ehefrau und die noch unter väterlicher Gewalt stehenden minderjährigen Kinder.

§ 20. Deutsche, welche sich im Auslande aufhalten, können ihrer Staatsangehörigkeit durch einen Beschluß der Centralbehörde ihres Heimathsstaates verlustig erklärt werden, wenn sie im Falle eines Krieges oder einer Kriegsgefahr einer durch das Bundespräsidium für das ganze Bundesgebiet anzuordnenden ausdrücklichen Aufforderung zur Rückkehr binnen der darin bestimmten Frist keine Folge leisten.

§ 21. Deutsche, welche das Reich verlassen und sich zehn Jahre lang ununterbrochen im Auslande aufhalten, verlieren dadurch ihre Staatsangehörigkeit. Die vorbezeichnete Frist wird von dem Zeitpunkte des Austritts aus dem Reiche oder, wenn der Austretende sich im Besitz eines Reisepapieres oder Heimathsscheines befindet, von dem Zeitpunkte des Ablaufs dieser Papiere an gerechnet. Sie wird unterbrochen durch die Eintragung in die Matrikel eines Bundeskonsulats. Ihr Lauf beginnt von Neuem mit dem auf die Löschung in der Matrikel folgenden Tage.

Der hiernach eingetretene Verlust der Staatsangehörigkeit erstreckt sich zugleich auf die Ehefrau und die unter väterlicher Gewalt stehenden minderjährigen Kinder, soweit sie sich bei dem Ehemanne, beziehungsweise Vater befinden.

Für Deutsche, welche sich in einem Staate des Auslandes mindestens fünf Jahre lang ununterbrochen aufhalten und in demselben zugleich die Staatsangehörigkeit erwerben, kann durch Staatsvertrag die zehnjährige Frist bis auf eine fünfjährige vermindert werden, ohne Unterschied, ob die Betheiligten sich im Besitze eines Reisepapieres oder Heimathsscheines befinden oder nicht.

Deutschen, welche ihre Staatsangehörigkeit durch zehnjährigen Aufenthalt im Auslande verloren und keine andere Staatsangehörigkeit erworben haben, kann die Staatsangehörigkeit in dem früheren Heimathsstaate wieder verliehen werden, auch ohne daß sie sich dort niederlassen.

Deutsche, welche ihre Staatsangehörigkeit durch zehnjährigen Aufenthalt im Auslande verloren haben und demnächst in das Gebiet des Deutschen Reiches zurückkehren, erwerben die Staatsangehörigkeit in demjenigen Bundesstaate,[1] in welchem sie sich niedergelassen haben, durch eine von der höheren Verwaltungsbehörde ausgefertigte Aufnahme-Urkunde, welche auf Nachsuchen ihnen ertheilt werden muß.

1. s. Anm. 1 zu § 1.

§ 22. Tritt ein Deutscher ohne Erlaubniß seiner Regierung in fremde Staatsdienste, so kann die Centralbehörde seines Heimathsstaates denselben durch Beschluß seiner Staatsangehörigkeit verlustig erklären, wenn er einer ausdrücklichen Aufforderung zum Austritte binnen der darin bestimmten Frist keine Folge leistet.

§ 23. Wenn ein Deutscher mit Erlaubniß seiner Regierung bei einer fremden Macht dient, so verbleibt ihm seine Staatsangehörigkeit.

§ 24. Die Ertheilung von Aufnahme-Urkunden und in den Fällen des §. 15. Absatz 1. von Entlassungs-Urkunden erfolgt kostenfrei.

Für die Ertheilung von Entlassungs-Urkunden in anderen als den im §. 15. Absatz 1. bezeichneten Fällen darf an Stempelabgaben und Ausfertigungsgebühren zusammen nicht mehr als höchstens drei Mark erhoben werden.

§ 25. Für die beim Erlasse dieses Gesetzes im Auslande sich aufhaltenden Angehörigen derjenigen Bundesstaaten, nach deren Gesetzen die Staatsangehörigkeit durch einen zehnjährigen oder längeren Aufenthalt im Auslande verloren ging, wird der Lauf dieser Frist durch dieses Gesetz nicht unterbrochen.

Für die Angehörigen der übrigen Bundesstaaten beginnt der Lauf der im §. 21. bestimmten Frist mit dem Tage der Wirksamkeit dieses Gesetzes.

§ 26. Alle diesem Gesetze zuwiderlaufenden Vorschriften werden aufgehoben.

§ 27. Dieses Gesetz tritt am 1. Januar 1871. in Kraft.[1]

1. s. a. S. 4.

Urkundlich unter Unserer Höchsteigenhändigen Unterschrift und beigedrucktem Bundes-Insiegel.

Gegeben Schloß Babelsberg, den 1. Juni 1870.

(L. S.) **Wilhelm.**

Gr. v. Bismarck-Schönhausen

III.

Gesetz über den Unterstützungswohnsitz.

Vom 6. Juni 1870 (B.G.Bl. S. 360).

Materialien S. 3; Geltungsbereich S. 4ff.

Wir **Wilhelm**, u. s. w. verordnen u. s. w., nach erfolgter Zustimmung des Bundesrathes und des Reichstages, was folgt:

Gleichberechtigung der Bundesangehörigen

§ 1. Jeder Deutsche[1] ist in jedem Bundesstaate[1] in Bezug:

a) auf die Art und das Maaß[2] der im Falle der Hülfsbedürftigkeit[3] zu gewährenden öffentlichen Unterstützung,[4]

b) auf den Erwerb und Verlust des Unterstützungswohnsitzes

als Inländer zu behandeln.

Die Bestimmungen in §. 7. des Gesetzes über die Freizügigkeit vom 1. November 1867. (Bundesgesetzbl. S. 55) sind auf Deutsche ferner nicht anwendbar.[5]

1. im Geltungsbereiche dieses Gesetzes, S. 6.
2. Anhang A.
3. § 4 Fr.G., § 61 d. G.
4. Anm. 1 zu § 5 Fr.G. §§ 2, 14, 27.
5. Anm. 1 zu § 7 Fr.G.

Organe der öffentlichen Unterstützung Hülfsbedürftiger.

§ 2. Die öffentliche Unterstützung hülfsbedürftiger Deutscher[1] wird, nach näherer Vorschrift dieses Gesetzes, durch Ortsarmenverbände und durch Landarmenverbände geübt.

[1]) Wegen der Ausländer s. § 60 d. G.

Ortsarmenverbände.

§ 3. Ortsarmenverbände können aus einer oder mehreren Gemeinden und, wo die Gutsbezirke außerhalb der Gemeinden stehen, aus einem oder mehreren Gutsbezirken, beziehungsweise aus Gemeinden und Gutsbezirken zusammengesetzt sein. Alle zu einem Ortsarmenverbande vereinigten Gemeinden und Gutsbezirke[1] gelten in Ansehung der durch dieses Gesetz geregelten Verhältnisse als eine Einheit.[2]

1. Gesammtarmenverbände, Anh. B.
2. insbesondere in Beziehung auf Erwerb und Verlust des U.W., Entsch. XIV. 4.

§ 4. Wo räumlich abgegrenzte Ortsarmenverbände noch nicht bestehen, sind dieselben bis zum 1. Juli 1871. einzurichten. Bis zum gleichen Termin muß jedes Grundstück, welches noch zu keinem Ortsarmenverbande gehört, entweder einem angrenzenden Ortsarmenverbande nach Anhörung der Betheiligten durch die zuständige Behörde (§. 8.) zugeschlagen, oder selbstständig als Ortsarmenverband eingerichtet werden.

Land-Armenverbände.

§ 5. Die öffentliche Unterstützung hülfsbedürftiger Deutscher, welche endgültig zu tragen kein Ortsarmenverband verpflichtet ist (der Landarmen), liegt den Landarmenverbänden ob. Zur Erfüllung dieser Obliegenheit hat jeder Bundesstaat bis zum 1. Juli 1871. entweder unmittelbar die Funktionen des Landarmenverbandes zu übernehmen, oder besondere, räumlich abgegrenzte Landarmenverbände, wo solche noch nicht bestehen, einzurichten.[1]

Dieselben umfassen der Regel nach eine Mehrheit von Ortsarmenverbänden, können sich aber ausnahmsweise auf den Bezirk eines einzigen Ortsarmenverbandes beschränken.[1]

1. s. Anh. B.

§ 6. Armenverbände, deren Mitgliedschaft an ein bestimmtes Glaubensbekenntniß geknüpft ist, gelten nicht als Armenverbände im Sinne des Gesetzes.

§ 7. Die Orts- und Landarmenverbände stehen in Bezug auf die Verfolgung ihrer Rechte einander gleich. Hat ein Bundesstaat unmittelbar die Funktionen des Landarmenverbandes übernommen (§. 5.), so steht er in allen durch dieses Gesetz geregelten Verhältnissen den Landarmenverbänden gleich.

§ 8. Die Landesgesetze bestimmen über die Zusammensetzung und Einrichtung der Ortsarmenverbände und Landarmenverbände,[1] über die Art und das Maaß der im Falle der Hülfsbedürftigkeit zu gewährenden öffentlichen Unterstützung,[2] über die Beschaffung der erforderlichen Mittel,[1] darüber, in welchen Fällen und in welcher Weise den Ortsarmenverbänden von den Landarmenverbänden oder von anderen Stellen eine Beihülfe zu gewähren ist,[1] und endlich darüber, ob und inwiefern sich die Landarmenverbände der Ortsarmenverbände als ihrer Organe Behufs der öffentlichen Unterstützung Hülfsbedürftiger bedienen dürfen.[1]

1. Anh. B.
2. Anh. A.

Erwerb des Unterstützungswohnsitzes.

§ 9. Der Unterstützungswohnsitz wird erworben durch

a) Aufenthalt,[1]
b) Verehelichung,[2]
c) Abstammung.[2]

1) Selbständiger Erwerb §§ 10—14, 17.
2) Abgeleiteter Erwerb §§ 15, 16, 18—21.

Erwerb des Unterstützungswohnsitzes durch Aufenthalt.

§ 10. Wer innerhalb eines Ortsarmenverbandes[1] nach zurückgelegtem vier und zwanzigsten Lebensjahre[2] zwei Jahre lang[3] ununterbrochen[4] seinen gewöhnlichen[4] Aufenthalt[5] gehabt hat, erwirbt dadurch in demselben den Unterstützungswohnsitz.[6]

1. § 3 d. G.

2. Beginn der Fähigkeit zum selbständigen (vgl. Anm. 1, 2 zu § 9) Erwerb und Verlust (§ 22 Nr. 2) des U.W. für alle Personen, ausgenommen Ehefrauen (§§ 15, 17), mit dem Anfang des 25. Geburtstages (24 J. alt).

3. Vor zurückgelegtem 26. Lebensjahre (Ablauf der Frist mit dem Ende des letzten Tages im 26. Lebensjahre) kann Niemand selbständig den U.W. erwerben oder verlieren (§ 22 Nr. 2).

4. Nicht jede Entfernung ist als Unterbrechung des gewöhnlichen Aufenthalts anzusehen § 13 d. G.

5. Trotz des Aufenthalts beginnt der Lauf des Erwerbs nicht: § 11 Abs. 2, § 12 Abs. 1, oder ruht: § 12 Abs. 2, § 14 Abs. 1 oder wird unterbrochen: § 14 Abs. 2.

6. vgl. § 64 d. G.

§ 11. Die zweijährige Frist läuft von dem Tage, an welchem der Aufenthalt begonnen ist.[1]

Durch den Eintritt in eine Kranken-, Bewahr-,[2] oder Heilanstalt wird jedoch der Aufenthalt nicht begonnen.[3]

Wo für ländliches oder städtisches Gesinde, Arbeitsleute, Wirthschaftsbeamte, Pächter oder andere Miethsleute[4] der Wechsel des Wohnortes zu bestimmten, durch Gesetz oder ortsübliches Herkommen festgesetzten Terminen stattfindet, gilt der übliche Umzugstermin als Anfang des Aufenthalts, sofern nicht zwischen diesem Termine und dem Tage, an welchem der Aufenhalt wirklich beginnt, ein mehr als siebentägiger Zeitraum gelegen hat.[5]

1. Der Tag wird mitgerechnet; s. § 12 Abs. 1.

2. Wegen des Begriffes s. Entsch. VIII. 16, XI. 9, XII. 1, XIV. 9.

3. sondern erst mit dem Tage, an welchem die den Eintritt begründenden Umstände aufgehört haben (s. § 12 Abs. 1); in der Regel also mit dem Tage des Austritts.

4. auch Wohnungsmiether, Entsch. VII. 2, XI. 10.

5. Der Tag des üblichen Umzugstermins und der Tag des wirklichen Zuzuges werden nicht mitgerechnet.

Der Abs. 3 begründet eine gesetzliche Vermuthung für den Beginn vom Tage des üblichen Umzugstermins; die Gegenpartei muß beweisen, daß zwischen diesem Tage und dem wirklichen Zuzuge ein mehr als siebentägiger Zeitraum gelegen hat. Entsch. IX. 1.

§ 12. Wird der Aufenthalt unter Umständen begonnen, durch welche die Annahme der freien Selbstbestimmung bei der Wahl des Aufenthaltsortes ausgeschlossen wird,[1] so beginnt der Lauf der zweijährigen

Frist erst mit dem Tage, an welchem diese Umstände aufgehört haben.

Treten solche Umstände erst nach Beginn des Aufenthalts ein, so ruht[2] während ihrer Dauer[3] der Lauf der zweijährigen Frist.

1. wie Geisteskrankheit, polizeilicher Zwang (s. a. § 1 Ges. v. 4. Mai 1874 betr. die Verhinderung der unbefugten Ausübung von Kirchenämtern, R.G.Bl. S. 43), Verhaftung; — s. auch § 26 d. G.
2. Die willensfreien Zeiten werden zusammengerechnet.
3. Das Ruhen beginnt mit dem Tage, an welchem der betr. Umstand eintrat; der Fortlauf der Frist mit dem Tage, an welchem der betr. Umstand aufhörte (s. Abs. 1).

§ 13. Als Unterbrechung des Aufenthalts wird eine freiwillige Entfernung nicht angesehen, wenn aus den Umständen, unter welchen sie erfolgt, die Absicht erhellt, den Aufenthalt beizubehalten.[1]

1. Anm. 4 zu § 10. — Solche Umstände nachzuweisen, liegt der Partei ob, welche den Erwerb des U.W. nach § 10 behauptet. — Es kommt auf die thatsächlichen Umstände des einzelnen Falles an. Beispiele bieten die Entsch. des B.A. Rückkehr in die Familienwohnung IV. 3, X. 5, insbesondere bei auswärts arbeitenden, periodisch zu ihrer Familie zurückkehrenden Arbeitern II. 9, III. 9, V. 3, 7, 8, VIII. 16, X. 6, XIV. 2, — aber auch IV. 5, V. 8 ff., VI. 7, VIII. 9, X. 9, XIII. 5; — Mittelpunkt der wirthschaftlichen Thätigkeit IV. 6, VI. 13, XI. 6; — Besuchs- u. ähnliche Reisen u. s. w.

§ 14. Der Lauf der zweijährigen Frist (§. 10.) ruht[1] während der Dauer[2] der von einem Armenverbande gewährten öffentlichen Unterstützung.[3]

Er wird unterbrochen[4] durch den von einem Armenverbande auf Grund der Bestimmung im §. 5. des Gesetzes über die Freizügigkeit vom 1. November 1867. gestellten Antrag[5] auf Anerkennung der Verpflichtung zur Uebernahme eines Hülfsbedürftigen. Die Unterbrechung erfolgt mit dem Tage,[6] an welchem der also gestellte

Antrag an den betreffenden Armenverband oder an die vorgesetzte Behörde[7] eines der betheiligten[8] Armenverbände abgesandt ist.

Die Unterbrechung gilt als nicht erfolgt, wenn der Antrag nicht innerhalb zweier Monate weiter verfolgt[9] oder wenn derselbe erfolglos geblieben ist.

1. Die unterstützungsfreien Zeiten werden zusammengerechnet.

2. Das Ruhen beginnt mit dem Tage, an welchem zuerst thatsächlich die Unterstützung gewährt ist; der Fortlauf der Erwerbsfrist mit dem ersten unterstützungsfreien Tage. Für welchen Zeitraum eine Unterstützung als gewährt gilt, bestimmt sich nach den Umständen des Einzelfalles.

3. Jede von irgend einem Armenverbande irgend einer zur Familiengemeinschaft gehörigen Person thatsächlich gewährte (nothwendige) öffentliche Unterstützung (Anm. 1 zu § 5 Fr.G.; § 2 d. G.) hat diese Wirkung. — Ein schuldhaft die Unterstützung verzögernder Armenverband kann sich auf den durch Ablauf der zweijährigen (unterstützungsfreien) Frist herbeigeführten Erwerb eines U.W. zu seinen Gunsten (vgl. § 22 Nr. 1) nicht berufen. Abschiebung der definitiven Fürsorgepflicht: Entsch. I. 44, IX. 5, XIII. 26.

4. Die bisherige Aufenthaltszeit bleibt außer Berechnung. Die stärkere Wirkung in Abs. 2 rechtfertigt sich, weil bei dauernder Hülfsbedürftigkeit die Ausweisung (Zurückweisung an den verpflichteten A.V.) erfolgen kann (§§ 5, 6 Fr.G.).

5. Jeder von irgend einem Armenverbande bez. irgend eines in ihm sich aufhaltenden Familienmitglieds gestellter Antrag hat diese Wirkung.

6. Es tritt (unter der Voraussetzung des Abs. 3) dieselbe Wirkung ein, als sei eine Abwesenheit in Folge der Ausweisung bereits mit diesem Tage eingetreten (s. Anm. 4).

7. Kommunalaufsichtsbehörde.

8. außer dem antragstellenden A.V. auch die verschiedenen A.V., unter denen die Uebernahmepflicht streitig ist (§ 6 Fr.G.).

9. durch Anstellung der Klage. — (Wegen Zulässigkeit der Geltendmachung des Anspruchs gegen mehrere A.V. in derselben Klage vgl. Entsch. VI. 96).

Erwerb des Unterstützungswohnsitzes durch Verehelichung.

§ 15. Die Ehefrau theilt vom Zeitpunkte der Eheschließung ab den Unterstützungswohnsitz des Mannes.[1]

1. Sie verliert den bis dahin besessenen U.W. und für die Dauer der Ehe die Selbständigkeit zum Erwerb und Verlust eines solchen (Ausnahme § 17). Ihr U.W. bestimmt sich nach dem des Mannes; fehlt dem Manne ein U.W., so ist auch die Frau landarm.

§ 16. Wittwen und rechtskräftig geschiedene Ehefrauen behalten den bei Auflösung der Ehe gehabten Unterstützungswohnsitz[1] so lange, bis sie denselben nach den Vorschriften der §§. 22. Nr. 2., 23—27. verloren oder einen anderweitigen Unterstützungswohnsitz nach Vorschrift der §§. 9—14.[2] erworben haben.

1. § 15.

2. Das Allegat des § 9 weist auf Erwerb des U.W. durch zweite Ehe (§ 15) und Begründung eines Kindschaftsverhältnisses hin (§ 18 Anm. 1).

§ 17. Als selbstständig[1] in Beziehung auf den Erwerb und Verlust des Unterstützungswohnsitzes[2] gilt die Ehefrau auch[3] während der Dauer der Ehe, wenn und so lange[4] der Ehemann sie böslich verlassen hat,[5] ferner wenn und so lange[4] sie während der Dauer der Haft des Ehemannes oder in Folge ausdrücklicher Einwilligung[6] desselben oder kraft der nach den Landesgesetzen ihr zustehenden Befugniß[7] vom Ehemanne getrennt lebt und ohne dessen Beihülfe[8] ihre Ernährung findet.

1. d. h. unabhängig vom Ehemanne.

2. nicht auch in anderer Beziehung, s. Grundsätze I. 2, III. 2; Centralblatt f. d. Deutsche R. 1883 S. 568.

3. d. h. § 16 findet entsprechende Anwendung.

4. Die Selbständigkeit beginnt mit dem Tage des Eintritts der Voraussetzungen (bösliche Verlassung, Haft u. s. w.); dieselben müssen während der ganzen Dauer der Erwerbs- bez. Verlustfrist vorliegen. Die Wiedervereinigung mit dem Ehemanne (oder die Beihülfe des letzteren zur Ernährung der Frau) heben die Selbständigkeit auf, und stellen den Regelzustand des § 15 wieder her.

5. Entsch. X. 28, XIII. 39.

6. Entsch. IV. 9, X. 29, XIII. 33, XIV. 39, XV. 27, 28.
7. Entsch. XI. 23, 25, XII. 12, 15, 23, XV. 29; für gemeines Recht, Entsch. d. Reichsgerichts VI. 151.
8. Entsch. V. 32, XII. 15.

Erwerb des Unterstützungswohnsitzes durch Abstammung.

§ 18. Eheliche und den ehelichen gesetzlich gleichstehende[1] Kinder theilen,[2] vorbehaltlich der Bestimmung des §. 20., den Unterstützungswohnsitz des Vaters so lange,[3] bis sie denselben nach Vorschrift der §§. 22. Nr. 2., 23—27. verloren, oder einen anderweitigen Unterstützungswohnsitz nach Vorschrift der §§. 9—14. erworben haben.[4]

Sie behalten diesen Unterstützungswohnsitz auch nach dem Tode des Vaters bis zu dem vorstehend gedachten Zeitpunkte, vorbehaltlich der Bestimmung des §. 19.

1. adoptirte, arrogirte, legitimirte.
2. vom Tage der Begründung des Kindschaftsverhältnisses und im Sinne des § 15 Anm. 1; doch sind sie nur bis zur Zurücklegung des 24. Lebensjahres unfähig zu selbständigem Erwerb und Verlust des U.W. (Anm. 2 zu § 10). Aenderungen im U.W. des Vaters berühren sie nach diesem Zeitpunkt nicht mehr. (Entsch. X. 35.)
3. d. h. sie behalten den U.W., welchen sie durch Abstammung erworben hatten, bis u. s. w.
4. der selbständige Erwerb oder Verlust ist nicht vor zurückgelegtem 26. Lebensjahre möglich (Anm 3 zu § 10); der abgeleitete Erwerb begründet eine Aenderung des U.W. ohne Rücksicht auf das Lebensalter mit dem Tage der Eheschließung, Adoption u. s. w.

§ 19. Wenn die Mutter den Vater überlebt, so theilen[1] nach Auflösung der Ehe durch den Tod des Vaters die ehelichen und den ehelichen gesetzlich gleichstehenden[2] Kinder den Unterstützungswohnsitz der Mutter[3] in dem Umfange des §. 18.[4]

Gleiches gilt im Falle des §. 17., sofern die Kinder

bei der Trennung vom Hausstande des Vaters der Mutter gefolgt sind.

1. im Sinne des § 15 Anm. 1.
2. Anm. 1 zu § 18.
3. § 15 (zweite Ehe), § 16 Wittwenstand.
4. Anm. 2—4 zu § 18.

§ 20. Bei der Scheidung der Ehe theilen[1] die ehelichen und den ehelichen gesetzlich gleichstehenden[2] Kinder in dem Umfange des §. 18.[3] den Unterstützungswohnsitz der Mutter,[4] wenn dieser die Erziehung der Kinder zusteht.

1. im Sinne des § 16.
2. Anm. 1 zu § 18.
3. Anm. 2—4 zu § 18.
4. §§ 15, 16.

§ 21. Uneheliche Kinder theilen in dem Umfange des §. 18. den Unterstützungswohnsitz der Mutter.[1]

1. §§ 15, 16; Anm. 2—4 zu § 18.

Verlust des Unterstützungswohnsitzes.

§ 22. Der Verlust des Unterstützungswohnssitzes tritt ein durch

1) Erwerbung eines anderweitigen Unterstützungswohnsitzes,[1]
2) zweijährige ununterbrochene Abwesenheit nach zurückgelegtem vier und zwanzigsten Lebensjahre.[2]

1. § 9 — §§ 10—14. Anm. 2 zu § 16, Anm. 4 zu § 18.
2. Anm. 2 und 3 zu § 10. Vgl. a. § 64. — Nicht jede Rückkehr gilt als Unterbrechung § 25. — Trotz der Abwesenheit beginnt der Lauf der Verlustfrist nicht: § 23 Abs. 2, § 24 Abs. 1; oder ruht: § 24 Abs. 2, § 27 Abs. 1; oder wird unterbrochen: § 27 Abs. 2.

§ 23. Die zweijährige Frist läuft von dem Tage, an welchem die Abwesenheit begonnen hat.[1]

Durch den Eintritt in eine Kranken-, Bewahr-[2] oder Heilanstalt wird jedoch die Abwesenheit nicht begonnen.[3]

Wo für ländliches oder städtisches Gesinde, Arbeitsleute, Wirthschaftsbeamte, Pächter oder andere Miethsleute[4] der Wechsel des Wohnortes zu bestimmten, durch Gesetz oder ortsübliches Herkommen festgesetzten Terminen stattfindet, gilt der übliche Umzugstermin als Anfang der Abwesenheit, sofern nicht zwischen diesem Termine und dem Tage, an welchem die Abwesenheit wirklich beginnt, ein mehr als siebentägiger Zeitraum gelegen hat.[5]

1. Anm. 1 zu § 11.
2. Anm. 2 zu § 11.
3. Anm. 3 zu § 11; s. a. § 24 Abs. 1.
4. Anm. 4 zu § 11.
5. Anm. 5 zu § 11.

§ 24. Ist die Abwesenheit durch Umstände veranlaßt, durch welche die Annahme der freien Selbstbestimmung bei der Wahl des Aufenthaltsortes ausgeschlossen wird,[1] so beginnt der Lauf der zweijährigen Frist erst mit dem Tage, an welchem diese Umstände aufgehört haben.

Treten solche Umstände erst nach dem Beginn der Abwesenheit ein, so ruht[2] während ihrer Dauer der Lauf der zweijährigen Frist.[3]

1. Anm. 1 zu § 12. — Vgl. auch § 39 St.G.B., § 1 Ges. vom 4. Mai 1874, betr. die Verhinderung der unbefugten Ausübung von Kirchenämtern, (R.G.Bl. S. 43), § 28 Nr. 3 Ges. gegen die gemeingefährlichen Bestrebungen der Sozialdemokratie vom 27. Oktober 1878, (R.G.Bl. S. 351). — Vgl. auch Anm. 1 zu § 3 und zu § 12 Fr.G.
2. Anm. 2 zu § 12.
3. Anm. 3 zu § 12.

§ 25. Als Unterbrechung der Abwesenheit wird die Rückkehr nicht angesehen, wenn aus den Umständen, unter welchen sie erfolgt, die Absicht erhellt, den Aufenthalt nicht dauernd fortzusetzen.[1]

1. Anm. 2 zu § 22; — Anm. 1 zu § 13. Entsch. VIII. 4, 5, XIV. 16, 19, 21, XV. 10, 11.

§ 26. Die Anstellung oder Versetzung eines Geistlichen, Lehrers, öffentlichen oder Privat-Beamten, sowie einer nicht blos zur Erfüllung der Militairpflicht im Bundesheere oder in der Bundes-Kriegsmarine dienenden Militairperson gilt nicht als ein die freie Selbstbestimmung bei der Wahl des Aufenthaltsortes ausschließender Umstand.

§ 27. Der Lauf der zweijährigen Frist (§. 22.) ruht während der Dauer der von einem Armenverbande gewährten öffentlichen Unterstützung.[1]

Er wird unterbrochen[2] durch den von einem Armenverbande auf Grund der Bestimmung im §. 5. des Gesetzes über die Freizügigkeit vom 1. November 1867. gestellten Antrag[3] auf Anerkennung der Verpflichtung zur Uebernahme eines Hülfsbedürftigen. Die Unterbrechung erfolgt mit dem Tage,[4] an welchem der also gestellte Antrag an den betreffenden Armenverband oder an die vorgesetzte Behörde[5] eines der betheiligten[6] Armenverbände abgesandt ist.

Die Unterbrechung gilt als nicht erfolgt, wenn der Antrag nicht innerhalb zweier Monate weiter verfolgt,[7] oder wenn derselbe erfolglos geblieben ist.

1. Die Anm. 1—3 zu § 14 finden entsprechende Anwendung.
2. Die bisherige Abwesenheitszeit bleibt außer Berechnung, s. a. Anm. 4 zu § 14.
3. Anm. 5 zu § 14.
4. Es tritt (unter Voraussetzung des § 3) dieselbe Wirkung ein, als sei eine Rückkehr in Folge der Ausweisung bereits mit diesem Tage erfolgt (s. Anm. 2).
5. Anm. 7 zu § 14.
6. Anm. 8 zu § 14.
7. Anm. 9 zu § 14.

Pflichten und Rechte der Armenverbände.

§ 28. Jeder hülfsbedürftige Deutsche[1] muß vorläufig[2] von demjenigen Ortsarmenverbande unterstützt werden, in dessen Bezirk er sich bei dem Eintritte der Hülfsbedürftigkeit befindet. Die vorläufige Unterstützung erfolgt vorbehaltlich des Anspruches auf Erstattung der Kosten[3] beziehungsweise auf Uebernahme[4] des Hülfsbedürftigen gegen den hierzu verpflichteten Armenverband.[5]

1. §§ 4, 5 Fr.G. und Einl. S. 6.
2. bis zum Aufhören der Hülfsbedürftigkeit bez. bis zur Uebernahme (§§ 5, 6 Fr G. § 31 d. G.). — Schuldhafte Entziehung durch Abschiebung begründet einen Anspruch gegen den vorläufig verpflichteten A.V. nach Satz 2 (Anm. 5).
3. Die Kosten müssen durch eine armenrechtlich nothwendige Unterstützung entstanden sein (Anm. 3 zu § 4, Anm. 1 zu § 5 Fr.G. § 30 d. G.) und dürfen das Maß des Nothwendigen nicht überschreiten, s. Anh. A. und § 30 Abs. 2 und 3. — Auch Befreiung von übernommenen Verpflichtungen kann gefordert werden. — Der Regel nach kein Erstattungsanspruch bei Zahlung rückständiger Pflegegelder, Miethe (s. jedoch bei drohender Exmission Entsch. III. 37, IX. 43), Schulgelder u. s. w. — Wegen erkrankter, aus dem Gefängniß in Krankenanstalten gebrachter Personen s. Reskr. des Preuß. Just.M. vom 28. Dezember 1881 (M.Bl. f. i. V. 1882 S. 254) und des Sächs. Just.M. v. 2. November 1882 (Sächs. Just.M.Bl. S. 113). Entsch. XIII. 73. — Wegen Bekleidung unvermöglicher Verhafteter s. badische Ver. v. 11. Febr. 1880 (Ges. und Ver.Bl. S. 27). — Wegen der Erstattung der Kosten des Transportes der den Gemeinden nach § 28 überwiesenen dienstunbrauchbaren Militärpersonen aus Reichsmilitärfonds Cirk.Erl. des Preuß. Kriegsmin. vom 20. April 1883, (M.Bl. f. i. V. S. 129). — Wegen des verschiedenen Um=

fanges des Erstattungsanspruchs gegenüber dem verpflichten A.V. und gegenüber dem Unterstützten selbst bez. anderen Personen, und über die Anrechnung der von letzteren Personen geleisteten Zahlungen auf den Erstattungsanspruch gegen den A.V. s. §§ 30 Abs. 2 und 62 d. G.), sowie Entsch. III. 65, VIII. 93, IX. 113, XIII. 65. — Nebenansprüche: Verzugszinsen, Kosten des Verfahrens (einschl. der Anmeldung nach § 34); nicht aber Kosten zur Ermittelung des verpflichteten Armenverbandes.

4. § 5 Fr.G., § 31 d. G.

5. gegen den endgültig verpflichteten §§ 5, 30 d. G.; bei Abschiebung auch gegen den vorläufig verpflichteten A.V. s. oben Anm. 1 und Anm. 3 zu § 29.

§ 29. Wenn Personen, welche im Gesindedienst stehen, Gesellen, Gewerbegehülfen, Lehrlinge, an dem Orte ihres Dienstverhältnisses[1] erkranken,[2] so hat der Ortsarmenverband des Dienstortes die Verpflichtung, den Erkrankten[3] die erforderliche Kur und Verpflegung zu gewähren.[4] Ein Anspruch auf Erstattung der entstehenden Kur- und Verpflegungskosten, beziehungsweise auf Uebernahme des Hülfsbedürftigen gegen einen anderen Armenverband erwächst nur,[5] wenn die Krankenpflege länger als sechs Wochen fortgesetzt wurde, und nur für den über diese Frist hinausgehenden Zeitraum.

Dem zur Unterstützung an sich verpflichteten Armenverbande[6] muß spätestens sieben Tage vor Ablauf des sechswöchentlichen Zeitraums Nachricht von der Erkrankung gegeben werden, widrigenfalls die Erstattung der Kosten erst von dem, sieben Tage nach dem Eingange der Nachricht beginnenden Zeitraum an gefordert werden kann.

Schwangerschaft an sich ist nicht als eine Krankheit im Sinne der vorstehenden Bestimmung anzusehen.

1. Bei Erkrankung an einem andern Orte finden §§ 28, 30 d.

G. Anwendung. Durch § 29 Abs. 1 Satz 1 ist keine endgültige Fürsorgepflicht des A.V. des Dienstortes begründet. (Vgl. Anm. 4). Nach Abs. 1 Satz 2 fällt nur der Erstattungsanspruch gegen den sonst endgültig verpflichteten A.V. fort.

2. d. h. durch Erkrankung hülfsbedürftig werden.

3. Zur Unterstützung der Angehörigen des Erkrankten kann der A.V. nach § 28 ebenfalls verpflichtet sein; auf die dadurch entstehenden Verpflichtungen bezieht sich Abs. 1 Satz 2 nicht.

4. Dazu ist er schon aus § 28 Satz 1 verpflichtet; vgl. Anm. 1 und 2 zu § 28.

5. Abweichung von § 28 Satz 2.

6. Vgl. § 34 Abs. 2, Entsch. XIII. 87, § 3 Badische Minist.-Ver. vom 6. Dezember 1872 (Ges. u. Ver.Bl. S. 378).

§ 30. Zur Erstattung der durch die Unterstützung eines hülfsbedürftigen Deutschen[1] erwachsenen Kosten,[2] soweit dieselben nicht in Gemäßheit des §. 29. dem Ortsarmenverbande des Dienstortes zur Last fallen,[3] sind verpflichtet:

a) wenn der Unterstützte einen Unterstützungswohnsitz hat,[4] der Ortsarmenverband seines Unterstützungswohnsitzes;

b) wenn der Unterstützte keinen Unterstützungswohnsitz hat,[5] derjenige Landarmenverband, in dessen Bezirk er sich bei dem Eintritte der Hülfsbedürftigkeit[6] befand oder, falls er im hülfsbedürftigen Zustande aus einer Straf-, Kranken-, Bewahr-[7] oder Heilanstalt entlassen wurde, derjenige Landarmenverband, aus welchem seine Einlieferung[8] in die Anstalt erfolgt ist.[9]

Die Höhe der zu erstattenden Kosten richtet sich nach den am Orte der stattgehabten Unterstützung über das Maaß der öffentlichen Unterstützung Hülfsbedürftiger geltenden Grundsätzen,[10] ohne daß dabei die allgemeinen Verwaltungskosten[11] der Armenanstalten[12] sowie besondere Gebühren für die Hülfeleistung fest remunerirter Armenärzte in Ansatz gebracht werden dürfen.

Für solche bei der öffentlichen Unterstützung häufiger vorkommenden Aufwendungen, deren täglicher oder wöchentlicher Betrag sich in Pauschquanten feststellen läßt (z. B. Verpflegungssätze in Kranken- oder Armenhäusern), kann in jedem Bundesstaate, entweder für das ganze Staatsgebiet gleichmäßig, oder bezirksweise verschieden, ein Tarif[13] aufgestellt und öffentlich bekannt gemacht werden, dessen Sätze die Erstattungsforderung nicht übersteigen darf.[14]

1. Anm. zu § 28.
2. Anm. 3 zu § 28.
3. Anm. 1, 3 und 4 zu § 29.
4. Der Kläger hat zu beweisen, daß der Unterstützte seinen U.W. beim beklagten A.V. zur Zeit des Beginns der Unterstützung noch hatte. Entsch. XV. 6.
5. Der Kläger hat die Negative zu beweisen. Doch hält das B.A. es für genügend, wenn bei freier Beurtheilung der ganzen Sachlage ein begründeter Zweifel an der Landarmenqualität nicht zu erheben ist.
6. Anm. 2 zu § 28. Schuldhafte Nichterfüllung der vorläufigen Fürsorgepflicht und dadurch herbeigeführte Abschiebung in einen andern Landarmenverband wird nicht zu Gunsten des bei ordnungsmäßiger Armenpflege verpflichtet gewesenen Landarmenverbandes berücksichtigt. Entsch. III. 76, IV. 54, V. 84, VII. 81.
7. Anm. 2 zu § 11.
8. Gegensatz zu freiwilligem Eintritt.
9. Zu a und b vgl. Grundsätze III.
10. s. Anh. A.
11. im Gegensatz zu den durch das individuelle Bedürfniß der Unterstützten entstandenen Kosten, vgl. Entsch. VI. 64 ff.
12. Begriff: Entsch. X. 101, XI. 102, XIV. 92.
13. Anh. C.
14. Die Tarifsätze sind Pauschalsätze (Cirk.Reskr. des Preuß. M. d. J. vom 28. April 1871, Entsch. XII. 70), es sei denn, daß die Tarifbestimmungen ausdrücklich nur Maximalsätze feststellen (z. B. Weimarscher Tarif § 5).

§ 31. Der nach der Vorschrift des §. 30. zur Kostenerstattung verpflichtete Armenverband ist zur Uebernahme eines hülfsbedürftigen Deutschen[1] verpflichtet,[2] wenn die Unterstützung aus anderen Gründen als wegen einer nur vorübergehenden Arbeitsunfähigkeit nothwendig geworden ist (§. 5. des Gesetzes über die Freizügigkeit vom 1. November 1867., Bundesgesetzbl. S. 55.).[3]

1. Anm. 1 zu § 28.
2. Vgl. §§ 32 Abs. 1 und 2, 55 und 56.
3. Anm. 1, 3, 4 zu § 5 Fr.G.

§ 32. Der zur Uebernahme eines hülfsbedürftigen Deutschen[1] verpflichtete Armenverband kann — soweit nicht auf Grund der §§. 55. und 56. etwas Anderes festgestellt worden ist — die Ueberführung desselben in seine unmittelbare Fürsorge verlangen.[2]

Die Kosten der Ueberführung hat der verpflichtete Armenverband zu tragen.[3]

Beantragt hiernach der zur Uebernahme eines Hülfsbedürftigen verpflichtete Armenverband dessen Ueberführung, und diese unterbleibt oder verzögert sich durch die Schuld des Armenverbandes, welcher zur vorläufigen Unterstützung desselben verpflichtet ist, so verwirkt der letztere dadurch für die Folgezeit, beziehungsweise für die Zeit der Verzögerung, den Anspruch auf Erstattung der Kosten.

1. Anm. 1 zu § 28.
2. Das Verlangen (der Antrag; Abs. 3) ist an den vorläufig unterstützenden A.V. zu richten. Es kann vor oder nach Erlassung der auf Uebernahme lautenden Entscheidung (auch während des darüber geführten Prozesses) gestellt werden. Eine Klage auf Ueberführung giebt es nicht (§ 38 Abs. 1), also auch keine Widerklage. — Die Nicht-

erledigung des Antrages hat ohne Weiteres den Rechtsnachtheil des Abs. 3 zur Folge, — soweit nicht nach §§ 55, 57 etwas Anderes festgestellt wird.

3. s. a. § 58.

§ 33. Muß ein Deutscher,[1] welcher keinen Unterstützungswohnsitz hat, auf Verlangen ausländischer[1] Staatsbehörden aus dem Auslande[1] übernommen werden, und ist bei der Uebernahme der Fall der Hülfsbedürftigkeit vorhanden, oder tritt derselbe innerhalb sieben Tagen nach erfolgter Uebernahme ein, so liegt die Verpflichtung zur Erstattung der Kosten der Unterstützung, beziehungsweise zur Uebernahme des Hülfsbedürftigen, demjenigen Bundesstaate ob, innerhalb dessen der Hülfsbedürftige seinen letzten Unterstützungswohnsitz gehabt hat, mit der Maaßgabe, daß es jedem Bundesstaate überlassen bleibt, im Wege der Landesgesetzgebung[2] diese Verpflichtung auf seine Armenverbände zu übertragen.

1. Einl. S. 6 u. zu § 7 Fr.G.
2. s. Anh. D.

Verfahren in Streitsachen der Armenverbände.

Einleitung.

§ 34. Muß ein Ortsarmenverband einen hülfsbedürftigen Deutschen,[1] welcher innerhalb desselben seinen Unterstützungswohnsitz nicht hat, unterstützen, so hat der Ortsarmenverband zunächst eine vollständige Vernehmung des Unterstützten über seine Heimaths-, Familien- und Aufenthaltsverhältnisse zu bewirken,[2] und sodann den Anspruch auf Erstattung der aufgewendeten beziehungsweise aufzuwendenden Kosten bei Vermeidung des Verlustes dieses Anspruchs binnen sechs Monaten nach begonnener Unterstützung[3] bei dem vermeintlich verpflichteten Armenverbande[4] mit der Anfrage anzumelden, ob der Anspruch anerkannt wird.

Ist der verpflichtete Armenverband nicht zu ermitteln, so hat die Anmeldung Behufs Wahrung des erhobenen Erstattungsanspruchs innerhalb der oben normirten Frist von sechs Monaten bei der zuständigen vorgesetzten Behörde[5] des betheiligten[6] Armenverbandes zu erfolgen.

Ist nach der Ansicht des unterstützenden Ortsarmenverbandes der Fall dazu angethan, dem Unterstützten die Fortsetzung des Aufenthalts nach §. 5. des Gesetzes über die Freizügigkeit vom 1. November 1867. (Bundesgesetzbl. S. 55. ff.) zu versagen, und will der Ortsarmenverband von der bezüglichen Befugniß Gebrauch machen, so ist dies in der Benachrichtigung ausdrücklich zu bemerken.[7]

1. Anm. 1 zu § 28.

2. Die Unterlassung der Vernehmung hat den Verlust des Anspruchs nicht zur Folge. — Vgl. §§ 1, 2, 5, 8 Badische Min.Ver. v. 6. Dezember 1872, das Verfahren zur Erwirkung des Ersatzes für geleistete Unterstützung, sowie der Uebernahme Hülfsbedürftiger betr. (Ges. u. Ver.Bl. S. 378), nebst der Zusatzverordnung v. 27. Januar 1877 (Ges. und Ver.Bl. S. 9), und die Reußische (ä. L.) Bekanntmachung v. 30. Juni 1880, die Vereidigung des nach § 34 des R.G. über ihre Verhältnisse vernommenen Hülfsbedürftigen betr. (G.S. S. 55).

3. Der Verlust des Anspruchs tritt nur soweit ein, als derselbe sich auf die über sechs Monate zurückliegende Zeit bezieht; Entsch. II. 104, 105, III. 114, 115, Erk. des B.A. v. 26. Mai 1883 (R.Centr.Bl. S. 216).

4. d. h. dem mittels der Klage in Anspruch zu nehmenden, Entsch. XV. 115.

5. bei der Kommunalaufsichtsbehörde. In Sachsen ohne Unterschied, ob es sich um Ansprüche gegen Ortsarmenverbände oder gegen den sächsischen oder einen andern Landarmenverband handelt, stets bei der Kreishauptmannschaft des den Anspruch erhebenden Ortsarmenverbandes. (§ 3. Ver. v. 15. Juni 1876).

6. d. h. des den Anspruch erhebenden.

7. Vgl. §§ 14, 27 d. G. — Die Unterlassung der ausdrücklichen Bemerkung schließt die Geltendmachung des Anspruchs auf Uebernahme nicht aus.

§ 35. Geht auf die erlassene Anzeige innerhalb vierzehn Tagen nach dem Empfange derselben eine zustimmende Antwort des in Anspruch genommenen Armenverbandes nicht ein, so gilt dies einer Ablehnung des Anspruchs gleich.

§ 36. Jeder Armenverband ist berechtigt, seine Ansprüche gegen einen anderen Armenverband auf dem durch dieses Gesetz bezeichneten Wege selbstständig und unmittelbar vor den zur Entscheidung, sowie zur Vollstreckung derselben berufenen Behörden[1] zu verfolgen.

1. §§ 37 ff., 53 ff. d. G. u. Anh. E.

§ 37. Streitigkeiten zwischen verschiedenen Armenverbänden über die öffentliche Unterstützung Hülfsbedürftiger[1] werden, wenn die streitenden Theile einem und demselben Bundesstaate angehören, auf dem durch die Landesgesetze vorgeschriebenen Wege[2] entschieden.

Gehören die streitenden Armenverbände verschiedenen Bundesstaaten[3] an, so finden die nachfolgenden Vorschriften der §§. 38—51. dieses Gesetzes Anwendung.

1. §§ 4, 5 Fr.G., § 2 d. G. — Ueber Ansprüche aus der Abschiebung s. Anm. 3 zu § 14, Anm. 1 zu § 27, Anm. 2 zu § 28, Anm. 6 zu § 38; wegen Rückerstattung indebite gezahlter Unterstützungen s. Entsch. IV. 83, V. 107, VI. 95; auf Grund ertheilten Auftrages s. Entsch. VI. 91 ff., XII. 39, 76, 117, XIII. 127. — Vgl. a. Anm. 3 zu § 28 und Abs. 1 § 56 d. G.

2. Landessachen; §§ 38 Abs. 2, 52, 56 Abs. 2 d. G. und Anh. E.
3. interterritoriale Sachen.

Entscheidung.

§ 38. Lehnt ein Armenverband den gegen ihn erhobenen Anspruch auf Erstattung der Kosten oder auf Uebernahme eines Hülfsbedürftigen ab, so wird auf Antrag desjenigen Armenverbandes, welcher die öffentliche Unterstützung vorläufig zu gewähren genöthigt ist, über den erhobenen Anspruch im Verwaltungswege durch diejenige Spruchbehörde entschieden, welche dem in Anspruch genommenen Armenverbande vorgesetzt ist.[1]

Die Zuständigkeit, den Instanzenzug, sowie das Verfahren regelt innerhalb jeden Bundesstaates, vorbehaltlich der Vorschriften dieses Gesetzes,[2] die Landesgesetzgebung.[3]

1. Wegen Zulässigkeit der Verfolgung des Anspruchs gegen mehrere Armenverbände in demselben Verfahren (eventuelle Klagehäufung) s. Entsch. VI. 96.
2. §§ 37 Abs. 2, 39—51.
3. Anh. E.

§ 39. Die zur Entscheidung zuständigen Landesbehörden sind befugt, Untersuchungen an Ort und Stelle zu veranlassen, Zeugen und Sachverständige zu laden und eidlich zu vernehmen, überhaupt den angetretenen Beweis in vollem Umfange zu erheben.[1]

1. § 39 enthält weder eine Aufzählung der zulässigen Beweismittel noch Regeln über das Beweisverfahren, oder der Beweiswürdigung.

§ 40. Die Entscheidung erfolgt durch schriftlichen, mit Gründen versehenen Beschluß;[1] sofern dabei für den in Anspruch genommenen Armenverband eine

Verpflichtung zur Uebernahme eines Hülfsbedürftigen (§. 31.) begründet ist, muß dies in dem Beschlusse ausdrücklich ausgesprochen werden.

1. Ueber die Wirkung des rechtskräftigen Beschlusses (Urtheils) s. Entsch. IV. 109, VII. 136, XI. 121. 127, XIII. 131.

§ 41. Soweit die Organisation oder örtliche Abgrenzung der einzelnen Armenverbände Gegenstand des Streites ist, bewendet es endgültig bei der Entscheidung der höchsten landesgesetzlichen Instanz.[1] Im Uebrigen findet gegen deren Entscheidung nur die Berufung an das Bundesamt für das Heimathswesen statt.[2]

1. Das B.A. ist eine reichsgesetzliche Instanz, auch in denjenigen Staaten, deren Landesgesetzgebung von der in § 52 d. G. ertheilten Ermächtigung Gebrauch gemacht hat. In diesen Staaten ist die Spruchbehörde erster Instanz zugleich höchste landesgesetzliche Instanz, sofern nicht für die in Satz 1 erwähnten Streitigkeiten höhere Instanzen landesgesetzlich eingeführt sind. (S. darüber Anh. E. — Hessen Anm. 2 zu Art. 15 Ausf.Ges.)

2. Der Rechtsweg ist unzulässig, s. u. §§ 38 und 51.

Bundesamt für das Heimathswesen.

§ 42. Das Bundesamt für das Heimathswesen[1] ist eine ständige und kollegiale Behörde, welche ihren Sitz in Berlin hat.

Es besteht aus einem Vorsitzenden und mindestens vier Mitgliedern. Der Vorsitzende, sowie die letzteren werden auf Vorschlag des Bundesrathes vom Kaiser auf Lebenszeit ernannt. Der Vorsitzende sowohl, als auch mindestens die Hälfte der Mitglieder muß die Qualifikation zum höheren Richteramte im Staate ihrer Angehörigkeit besitzen.

4*

1. In neueren Reichsgesetzen „Heimathwesen" (§ 158 Ges. v. 31. März 1873, R.G.Bl. S. 61).

§ 43. Bezüglich der Rechtsverhältnisse der Mitglieder des Bundesamtes gelten bis zum Erlaß besonderer reichsgesetzlicher Vorschriften [1] die Bestimmungen der §§. 23—26. des Gesetzes, betreffend die Errichtung eines obersten Gerichtshofes für Handelssachen, vom 12. Juni 1869. mit der Maaßgabe, daß

1) an Stelle des Plenum des Oberhandelsgerichts das Plenum des Bundesamtes tritt, und daß im Falle des §. 25. a. a. O. die Verrichtungen des Staatsanwalts und des Untersuchungsrichters von je einem Mitgliede des Königlich Preußischen Kammergerichts zu Berlin, welches der Reichskanzler ernennt, wahrgenommen werden.

2) [bezüglich der Höhe der Pensionen die Vorschriften in Anwendung kommen, welche darüber in demjenigen Bundesstaate gelten, aus dessen Dienste das Mitglied des Bundesamtes berufen ist].

1. Reichsgesetzliche Vorschriften sind bezüglich der Höhe der Pensionen erlassen in §§ 34—60 des Ges. betr. die Rechtsverhältnisse der Reichsbeamten v. 31. März 1873 (R.G.Bl. 61). Dadurch ist Nr. 2 hinfällig geworden. — § 158 Abs. 1 a. a. O. bestimmt, daß die Bestimmungen jenes Gesetzes über die Versetzung in ein anderes Amt (§ 23), über die einstweilige (§§ 24—31) und über die zwangsweise Versetzung in den Ruhestand (§§ 61—68), über Disziplinarbestrafung (§§ 72—124) und über vorläufige Dienstenthebung (§§ 125—132) auf die Mitglieder des B.A. keine Anwendung finden. Die §§ 23—26 des Ges. v. 12. Juni 1869 (B.G.Bl. S. 201) und bez. des Verfahrens die in § 25 a. a. O. angezogenen Vorschriften der §§ 56—63 des Preuß. Ges., betr. die Dienstvergehen der Richter, u. s. w. v. 7. Mai 1851 (G.S. S. 218) sind daher noch maßgebend.

§ 44. Zur Abfassung einer gültigen Entscheidung des Bundesamtes gehört die Anwesenheit von mindestens drei Mitgliedern, von denen mindestens Eines die im

§. 42. vorgeschriebene richterliche Qualifikation haben muß.

Die Zahl der Mitglieder, welche bei der Fassung eines Beschlusses eine entscheidende Stimme führen, muß in allen Fällen eine ungerade sein. Ist die Zahl der bei der Erledigung einer Sache mitwirkenden Mitglieder eine gerade, so führt dasjenige Mitglied, welches zuletzt ernannt ist, und bei gleichem Dienstalter dasjenige, welches der Geburt nach das jüngere ist, nur eine berathende Stimme.

§ 45. Der Geschäftsgang bei dem Bundesamte wird durch ein Regulativ [1] geordnet, welches das Bundesamt zu entwerfen und dem Bundesrathe zur Bestätigung einzureichen hat.

In dem Geschäftsregulative sind insbesondere auch die Befugnisse des Vorsitzenden festzustellen.

1. Regulativ v. 6. Januar 1873. R.Centr.Bl. S. 4 ff.

§ 46. Die Berufung an das Bundesamt ist bei Verlust des Rechtsmittels binnen vierzehn Tagen, von der Behändigung der angefochtenen Entscheidung an gerechnet, bei derjenigen Behörde, gegen deren Entscheidung sie gerichtet ist, schriftlich anzumelden.

Die Angabe der Beschwerden, sowie die Rechtfertigung der Berufung kann entweder zugleich mit der Anmeldung der letzteren oder innerhalb vier Wochen nach diesem Termine [1] derselben Behörde eingereicht werden.

Von sämmtlichen Schriftsätzen, sowie von den etwaigen Anlagen derselben sind Duplikate beizufügen.

1. Abs. 1; also innerhalb 6 Wochen von der Behändigung der angefochtenen Entscheidung.

§ 47. Die eingegangenen Duplikate werden von der zuständigen Behörde der Gegenpartei zur schriftlichen, binnen vier Wochen nach der Behändigung in zwei Exemplaren einzureichenden Gegenerklärung zugefertigt.

§ 48. Nach Ablauf dieser Frist legt die nämliche Behörde die sämmtlichen Verhandlungen nebst ihren Akten dem Bundesamte vor.

§ 49. Erachtet das Bundesamt vor Fällung der Entscheidung noch eine Aufklärung über das Sach- und Rechtsverhältniß für nöthig, so ist dieselbe unter Vermittelung der zuständigen Landesbehörde vorzunehmen.

§ 50. Die Entscheidung des Bundesamtes erfolgt gebührenfrei in öffentlicher Sitzung nach erfolgter Ladung und Anhörung der Parteien.

Das Erkenntniß wird schriftlich, mit Gründen versehen, den Parteien durch Vermittelung derjenigen Behörde (§. 46.) zugefertigt, gegen deren Beschluß es ergangen ist.

§ 51. Gegen die Entscheidung des Bundesamtes ist ein weiteres Rechtsmittel nicht zulässig.

§ 52. Bis zu anderweitiger, von Reichswegen erfolgender Regelung der Kompetenz des Bundesamtes für das Heimathswesen kann durch die Landesgesetzgebung eines Bundesstaates bestimmt werden, daß die Vorschriften der §§. 38. bis 51. 56. Absatz 2. dieses Gesetzes für die Streitsachen zwischen Armenverbänden des betreffenden Bundesstaates in Wirksamkeit treten sollen.[1]

1. d. h. Die reichsgesetzlichen Vorschriften für interterritoriale Sachen (§ 37 Abs. 2) gelten auch für Landessachen (§ 37 Abs. 1). — Von dieser Ermächtigung haben Gebrauch gemacht 15 Bundesstaaten: Preußen (einschl. Lauenburg), Hessen, Sachsen-Weimar, Oldenburg, Braunschweig, Sachsen-Altenburg, Sachsen-Coburg-Gotha, Anhalt, beide Schwarzburg, Waldeck, Reuß j. L., Lippe, Lübeck, Bremen; — dagegegen 9 Bundesstaaten nicht: Sachsen, Württemberg, Baden, beide Mecklenburg, Sachsen-Meiningen, Reuß ä. L., Schaumburg-Lippe, Hamburg. — In den ersteren 15 Staaten findet, im Falle des § 41 Satz 2 nur die Berufung an das B.A. statt.

Exekution der Entscheidung.

§ 53. In den Streitsachen über die durch dieses Gesetz geregelte öffentliche Unterstützung Hülfsbedürftiger ist die Entscheidung der ersten Instanz, ausgenommen in dem Falle des §. 57., sofort vollstreckbar.

Im Uebrigen findet die Exekution statt:

a) auf Grund und in den Grenzen eines von dem in Anspruch genommenen Armenverbande ausgestellten Anerkenntnisses (§. 55.);

b) auf Grund der endgültigen Entscheidung.

Die Vollstreckung der Exekution liegt der zur Entscheidung in erster Instanz zuständigen Behörde des verpflichteten[1] Armenverbandes ob, und ist bei derselben unter Beifügung der bezüglichen Urkunden zu beantragen.

1. nach a oder b verpflichteten.

§ 54. Wird die bereits vollstreckte Entscheidung der ersten landesgesetzlichen Instanz durch endgültige Entscheidungen höherer Landesinstanzen oder in Gemäßheit der §§. 38—51. dieses Gesetzes wieder aufgehoben, so hat die zur Entscheidung in erster Instanz zuständige Behörde desjenigen Armenverbandes, welcher die Vollstreckung der Exekution erwirkt hatte,[1] die erforderlichen Anordnungen zu treffen, um die Exekution und deren Folgen wieder rückgängig zu machen.

1. also nicht die Spruchbehörde, welche nach § 53 die Exekution vollstreckt hat.

§ 55. Den zur vorläufigen Unterstützung (§. 28.) und beziehungsweise zur Uebernahme (§. 31.) eines Hülfsbedürftigen verpflichteten Armenverbänden ist es unbenommen, die thatsächliche Vollstreckung[1] der Ausweisung (§. 5. des Gesetzes über die Freizügigkeit vom 1. November 1867.) durch eine unter sich zu treffende Einigung über das Verbleiben der auszuweisenden Person oder Familie in ihrem bisherigen Aufenthaltsorte gegen Gewährung eines bestimmten Unterstützungsbetrages von Seiten des letztgedachten Armenverbandes, dauernd oder zeitweilig auszuschließen.

Die erstinstanzlichen Behörden (§§. 38. 39. 40.)[2] sind verpflichtet, auf Anrufen eines oder des anderen Betheiligten, Zwecks thunlicher Herstellung einer solchen Einigung vermittelnd einzuschreiten.

Ist die Einigung urkundlich in Form eines Anerkenntnisses[3] festgestellt, so findet auf Grund derselben die administrative Exekution statt (§. 53.).

1. Der zur Ausweisung berechtigte A.V. kann, statt auf der zwangsweisen Durchführung der Uebernahme zu bestehen, nach §§ 55, 56 verfahren, und dies Recht auch gegenüber seiner nach § 32 begründeten Ueberführungspflicht ausüben; — der zur Uebernahme verpflichtete A.V. kann die Exekution auf Uebernahme nach §§ 55, 56 abwenden. Vgl. a. § 57.

2. die Spruchbehörde, welcher die Entscheidung obliegt, § 53 Abs. 2.

3. Besondere Formen für Anerkenntnisse giebt es nicht. Nach Sten.Ber. II S. 984/85 hat man die exekutivische Wirkung daran knüpfen wollen, daß die Parteien der Einigung vor einer bestimmten Behörde eine gewisse Form geben lassen. Eine einfache schriftliche Urkunde dürfte daher nicht genügen, wenn sie auch ein Anerkenntniß enthält. Man scheint an gerichtlich oder notariell anerkannte Privaturkunden gedacht zu haben.

§ 56. Wenn mit der Ausweisung Gefahr für Leben oder Gesundheit des Auszuweisenden oder seiner Angehörigen verbunden sein würde, oder wenn die Ursache der Erwerbs- oder Arbeitsunfähigkeit des Auszuweisenden durch eine im Reichskriegsdienste oder bei Gelegenheit einer That persönlicher Selbstaufopferung erlittene Verwundung oder Krankheit herbeigeführt ist, oder endlich, wenn sonst die Wegweisung vom Aufenthaltsorte mit erheblichen Härten oder Nachtheilen [1] für den Auszuweisenden verbunden sein sollte, kann auch bei nicht erreichter Einigung das Verbleiben der auszuweisenden Person oder Familie in dem Aufenthaltsorte, gegen Festsetzung eines von dem verpflichteten Armenverbande zu zahlenden Unterstützungsbetrages, durch die zur Entscheidung in erster Instanz zuständige Behörde des Ortsarmenverbandes des Aufenthaltsortes [2] angeordnet werden. [3]

Gegen diese Anordnung, welche, wenn die Voraussetzungen fortfallen, unter welchen sie erlassen ist, jederzeit zurückgenommen werden kann, steht innerhalb vierzehn Tagen nach der Zustellung beiden Theilen die Berufung zu. Dieselbe erfolgt, wenn die streitenden Armenverbände einem und demselben Bundesstaate angehören, an die nächst höchste landesgesetzliche Instanz,[4] sofern die streitenden Theile verschiedenen Bundesstaaten angehören, an das Bundesamt für das Heimathswesen. Bei der hierauf ergehenden Entscheidung bewendet es endgültig.

Dasselbe findet statt, wenn der Antrag des verpflichteten Armenverbandes auf Erlaß einer solchen Anordnung zurückgewiesen ist.

1. Entsch. V. 125, XII. 140.

2. also — abweichend von §§ 38, 53 d. G. — des zur Ausweisung berechtigten A.V.

3. Der Antrag kann wie im Falle des § 55 Abs. 2 von jedem der beiden A.V. gestellt werden. — Ueber die Zulässigkeit einer Verbindung dieses eigentlich erst in die Exekutionsinstanz gehörenden Antrages mit der Klage auf Anerkennung der Uebernahmepflicht unter Voraussetzung, daß die erstinstanzliche Spruchbehörde für beide A.V. zuständig ist s. Entsch. V. 126, VII. 141, 147, X. 140, XV. 130.

4. s. § 52

§ 57. So lange das Verfahren, betreffend den Versuch einer Einigung nach §. 55., oder betreffend den Erlaß der im §. 56. bezeichneten Anordnung, schwebt, bleibt die Vollstreckbarkeit der Entscheidung erster Instanz ausgesetzt (§. 53.).

§ 58. Ist die Ausweisung durch Transport zu bewerkstelligen, so fallen die Transportkosten als ein Theil der zu erstattenden Kosten der Unterstützung des Hülfsbedürftigen dem hierzu verpflichteten Armenverbande zur Last.[1]

Entsteht über die Nothwendigkeit des Transports oder die Art der Ausführung desselben Streit, so erfolgt die Entscheidung hierüber endgültig durch die in erster Instanz in der Hauptsache zuständige Behörde des Armenverbandes des Aufenthaltsortes (§. 38. Abs. 2.).

1. s. § 32 Abs. 2.

§ 59. Ist ein Armenverband zur Zahlung der ihm endgültig auferlegten Kosten, laut Bescheinigung der ihm vorgesetzten Behörde, ganz oder theilweise außer Stande, so hat der Bundesstaat, welchem er angehört, entweder mittelbar oder unmittelbar [1] für die Erstattung zu sorgen.

1. §§ 36 und 59 Preuß. Ausf.Ges. und die entsprechenden Bestimmungen der übrigen Landesgesetze s. Anhang B. und E.

Oeffentliche Unterstützung hülfsbedürftiger Ausländer.

§ 60. Ausländer müssen vorläufig von demjenigen Ortsarmenverbande unterstützt werden, in dessen Bezirke sie sich bei dem Eintritte der Hülfsbedürftigkeit befinden. Zur Erstattung der Kosten beziehungsweise zur Uebernahme des hülfsbedürftigen Ausländers ist derjenige Bundesstaat verpflichtet, welchem der Ortsarmenverband der vorläufigen Unterstützung angehört, mit der Maaßgabe, daß es jedem Bundesstaate überlassen bleibt, im Wege der Landesgesetzgebung diese Verpflichtung auf seine Armenverbände zu übertragen. [1]

1. Anhang D.; über den Begriff Ausländer s. Einl. S. 6.

Verhältniß der Armenverbände zu einander und zu anderweit Verpflichteten.

(Die landesgesetzlichen Bestimmungen s. Anh. F.)

§ 61. Durch die Bestimmungen dieses Gesetzes werden Rechte und Verbindlichkeiten nur zwischen den zur Gewährung öffentlicher Unterstützung nach Vorschrift dieses Gesetzes verpflichteten Verbänden (Orts-, Landarmenverbände, Bundesstaaten) begründet.

Daher werden die auf anderen Titeln (Familien- und Dienstverhältniß, Vertrag, Genossenschaft, Stiftung u. s. w.) beruhenden Verpflichtungen, einen Hülfsbedürftigen zu unterstützen, von den Bestimmungen dieses Gesetzes nicht betroffen.

§ 62. Jeder Armenverband, welcher nach Vorschrift dieses Gesetzes einen Hülfsbedürftigen unterstützt hat, ist befugt, Ersatz derjenigen Leistungen, zu deren Gewährung ein Dritter aus anderen, als den durch dieses Gesetz begründeten Titeln verpflichtet ist, von dem Verpflichteten in demselben Maaße und unter denselben Voraussetzungen zu fordern, als dem Unterstützten auf jene Leistungen ein Recht zusteht.[1]

Der Einwand, daß der unterstützende Armenverband den Ersatz von einem anderen Armenverbande zu fordern berechtigt sei, darf demselben hierbei nicht entgegengestellt werden.

1. Vgl. §§ 57 Abs. 1, 65 Abs. 5, 72, 73 Ges. betr. die Krankenversicherung der Arbeiter (R.G.Bl. S. 73), § 8 Unfallversicherungsges., (R.G.Bl. S. 69.)

Verhältniß der Armenverbände zu den Behörden.

§ 63. Die Verwaltungs- und Polizeibehörden sind verpflichtet, innerhalb ihres Geschäftskreises den Armenverbänden Behufs der Ermittelung der Heimaths-, Familien- und Aufenthaltsverhältnisse eines Hülfsbedürftigen auf Verlangen behülflich zu sein.

§ 64. Das Eintreten der in den §§. 10. und 22. an den Ablauf einer bestimmten Frist geknüpften Wirkungen kann durch Vertrag oder Verzicht der betheiligten Behörden oder Personen nicht ausgeschlossen werden.

Zeitpunkt der Geltung des Gesetzes und Uebergangsbestimmungen.

§ 65. Dieses Gesetz tritt mit dem 1. Juli 1871. in Kraft.[1] Nach diesem Tage finden die bis dahin innerhalb des Reichs gültigen Vorschriften über die durch das gegenwärtige Gesetz geregelten Rechtsverhältnisse nur insoweit noch Anwendung, als es sich um die Feststellung des Unterstützungswohnsitzes für die Zeit vor dem 1. Juli 1871. handelte.

Insbesondere kommen hierbei folgende Bestimmungen zur Anwendung:

1) Diejenigen Deutschen, welche am 30. Juni 1871. innerhalb des Reichs ein Heimathsrecht[2] besitzen, haben kraft desselben am 1. Juli 1871. den Unterstützungswohnsitz in demjenigen Ortsarmenverbande, welchem ihr Heimathsort angehört.

2) Diejenigen Deutschen, welche am 30. Juni 1871. innerhalb des Reichs einen Unterstützungswohnsitz[3] haben, besitzen denselben am 1. Juli 1871. mit den Folgen und Maaßgaben dieses Gesetzes, gleichviel ob die Voraussetzungen des Erwerbes andere waren, als die durch dieses Gesetz vorgeschriebenen.

3) Wo und insoweit bisher ein Heimathsrecht oder

Unterstützungswohnsitz durch bloßen Aufenthalt nicht erworben, durch bloße Abwesenheit nicht verloren werden konnte,[4] beginnt der Lauf der durch dieses Gesetz vorgeschriebenen zweijährigen Frist für den Erwerb beziehungsweise Verlust des Unterstützungswohnsitzes mit dem 1. Juli 1871.

4) Wo bisher für den Erwerb beziehungsweise Verlust des Unterstützungswohnsitzes die nämliche oder eine längere, als die durch dieses Gesetz vorgeschriebene Frist galt, kommt bei Berechnung der letzteren die vor dem 1. Juli 1871. abgelaufene Zeitdauer in Ansatz.[5]

5) Wo bisher für den Erwerb beziehungsweise Verlust des Unterstützungswohnsitzes eine kürzere, als die durch dieses Gesetz vorgeschriebene Frist bestand, gilt, sofern die kürzere Frist vor dem 1. Juli 1871. abgelaufen war, die Wirkung des Ablaufs als eingetreten, auch wenn die Entscheidung hierüber erst nach dem 1. Juli 1871. erfolgt. War die kürzere Frist vor dem 1. Juli 1871. noch nicht abgelaufen, so bedarf es zum Eintritt der durch dieses Gesetz vorgeschriebenen Wirkungen des Ablaufs der durch dieses Gesetz vorgeschriebenen Frist, jedoch unter Anrechnung der vor dem 1. Juli 1871. abgelaufenen Zeitdauer.

6) Das durch dieses Gesetz für die Entscheidung der Streitsachen über die öffentliche Unterstützung Hülfsbedürftiger vorgeschriebene Verfahren kommt nach Maaßgabe der Vorschrift des §. 37. zur Anwendung bei denjenigen Streitsachen der Armenverbände (Armenkom-

munen, Armenbezirke, Heimathsbezirke), welche nach dem 30. Juni 1871. anhängig gemacht werden.

1. s. Einl. S. 4, 5.

2. Das System des Heimathsrechts, welches nur Ortsarme kennt und nach welchem das außer durch Abstammung, Ehe und Aufnahme in den Gemeindeverband durch einen besonders (aber verschieden) qualifizirten Aufenthalt (von verschiedener Dauer) erworbene Heimathsrecht fortbestand, bis ein neues Heimathsrecht erworben wurde, galt im ganzen Bundesgebiete mit Ausnahme der acht älteren Preuß. Provinzen und Waldeck.

3. Preußisches System — Ges. v. 31. Dezember 1842 (Erwerb und Verlust des U.W. durch nicht besonders qualifizirten Aufenthalt oder Abwesenheit; Landarme).

4. wo vielmehr besonders qualifizirter Aufenthalt oder Abwesenheit erfordert wurde (Nr. 1 Anm. 3).

5. Die Nr. 4 und 5 gelten nur da, wo bloßer Aufenthalt (altpreußische Provinzen, Schleswig-Holstein) bez bloße Abwesenheit (altpreußische Provinzen) während gewisser Zeitdauer zum Erwerb bez. Verlust des U.W. genügte.

Urkundlich unter Unserer Höchsteigenhändigen Unterschrift und beigedrucktem Bundes-Insiegel.

Gegeben Schloß Babelsberg, den 6. Juni 1870.

(L. S.) **Wilhelm.**

Gr. v. Bismarck-Schönhausen.

Die armenrechtliche Familiengemeinschaft.

(Grundsätze des Bundesamts; R.Centr.Bl. 1883 S. 87.)

I. Zur Familie im armenrechtlichen Sinne gehören alle diejenigen, welche an den Unterstützungswohnsitz-Verhältnissen des Familienhauptes theilnehmen, mag letzteres einen Unterstützungswohnsitz haben oder landarm sein (Entsch. II. 18, VI. 13, XII. 17, XIV. 25).

1. Familienglieder sind danach
   a. die Ehefrau während der Dauer der ehelichen Gemeinschaft (U.W.G. § 15);
   b. die ehelichen und den ehelichen gesetzlich gleichstehenden Kinder bis zum zurückgelegten 24. Lebensjahre (U.W.G. §§ 18, 19, 20) nebst Ehefrau, Kindern 2c. (Entsch. X. 35);
   c. die in die Ehe gebrachten ehelichen (U.W.G. § 18, Absatz 1) und außerehelichen (U.W.G. § 21) Vorkinder der Ehefrau nebst den ihre Unterstützungswohnsitz-Verhältnisse theilenden Personen (Ehefrauen, eheliche, Stief- u. s. w. Kinder) (Entsch. VI. 14).
2. Nur in einigen Beziehungen — vergleiche unter III. 2 — gehören zur armenrechtlichen Familie
   a. die in Bezug auf Erwerb und Verlust des Unterstützungswohnsitzes selbständige Ehefrau (U.W.G. § 17);
   b. in Bezug auf den Vater diejenigen Kinder, welche den Unterstützungswohnsitz der selbständigen Mutter theilen (U.W.G. § 19[2]).
3. Nicht zur Familie gehören
   a. die rechtskräftig geschiedene Ehefrau und die von ihr bezüglich der Unterstützungswohnsitz-Verhältnisse abhängigen Personen (Entsch. XIV. 26, 43);

b. eheliche 2c. Kinder nach zurückgelegtem 24. Lebensjahre und die von ihnen abhängigen Personen (Entsch. X. 35, XIV. 26).

II. Die Familiengemeinschaft entsteht

1. mit der Eheschließung für die Ehefrau und die bis dahin ihre Unterstützungswohnsitz-Verhältnisse theilenden Personen — selbst wenn Armenpflege unmittelbar oder mittelbar bereits eingetreten war (Entsch. III. 14. 18);
2. mit der Geburt, Adoption, Legitimation für die Kinder.

III. Familienhaupt und Familienglieder bilden eine Personeneinheit.

Daraus folgt,

1. die Unterstützung, welche einem landarmen Familienhaupte gewährt wird, bestimmt, so lange sie andauert, den fürsorgepflichtigen Landarmenverband für alle Familienglieder, wenngleich diese in einem anderen Landarmenbezirke hülfsbedürftig werden;
2. die Unterstützung, welche einem Familiengliede gewährt wird, gilt als dem Familienhaupte gewährt;
   a. dieselbe bringt für des Familienhaupt den Lauf der zum Erwerb und Verlust des Unterstützungswohnsitzes führenden Fristen zum Stillstand (Entsch. II. 21, XI. 94);
   b. sie bestimmt den fürsorgepflichtigen Landarmenverband auch für das Familienhaupt und andere Familienglieder, welche während der Dauer dieser Unterstützung an andern Orten hülfsbedürftig werden (Entsch. II. 72, IX. 99, XI. 93, XII. 61, XIII. 94).*)

   In den hier (unter 2a und 2b) aufgeführten Beziehungen gelten auch die unter I. 2 bezeichneten Personen als zur Familie gehörend (Entsch. XII. 61 — Central-Blatt 1875, Seite 724 — Entsch. XIII. 30).
3. Die Uebernahme der Familienglieder kann nicht ohne die des Familienhauptes verlangt werden, falls auch letzteres sich im Bezirk des vorläufig unterstützenden Armenverbandes befindet (Entsch. I. 69).

   In der sub 3 hervorgehobenen Beziehung gelten die unter I. 2 aufgeführten Personen nicht als zur Familie gehörend.

*) Ueber die abweichende Ansicht des Sächs. Min. des Innern s. Reichs-Centr. 1883, S. 58, 141.

Anhang.

Landesgesetzliche Bestimmungen.

Vgl. das Verzeichniß der Ausführungsgesetze, Einl. S. 6 ff.

A.

Umfang der Unterstützungspflicht.

Preußen. 1. **Preußen** (einschließlich Kreis Herz. Lauenburg).

a. Ausf.Ges. v. 8. März 1871. (Instr. v. 10. April 1871 M. f. i. V. S. 132).

§ 1. Jedem hülfsbedürftigen Deutschen (§. 69)[1] ist von dem zu seiner Unterstützung verpflichteten Armenverbande Obdach, der unentbehrliche Lebensunterhalt,[2] die erforderliche Pflege in Krankheitsfällen und im Falle seines Ablebens ein angemessenes Begräbniß zu gewähren.

Die Unterstützung kann geeigneten Falles, so lange dieselbe in Anspruch genommen wird, mittelst Unterbringung in einem Armen- oder Krankenhause, sowie mittelst Anweisung der den Kräften des Hülfsbedürftigen entsprechenden Arbeiten außerhalb oder innerhalb eines solchen Hauses gewährt werden.

Gebühren für die einem Unterstützungsbedürftigen geleisteten geistlichen Amtshandlungen sind die Armenverbände zu entrichten nicht verpflichtet.

Gleichlautend § 1 Ausf.Ges. f. Lauenburg. Preußen.

1. Einl. S. 6.

2. Dazu gehören, außer der erforderlichen Nahrung, alle sonstigen zur Existenz eines Menschen unentbehrlichen Gegenstände: — Kleidung, Heizung u. s. w. ebenso wie das (nur besonders hervorgehobene) Obdach. (Instr.) Die Erziehung der Kinder ist nicht Gegenstand der Armenpflege (siehe jedoch unter b.). Die Unfähigkeit, durch Zahlung des Schulgeldes zu den Schulunterhaltungskosten beizutragen, kann nicht als Mangel der Fähigkeit, den Kindern den nothdürftigen Lebensunterhalt zu verschaffen (§ 4 Fr.G.), aufgefaßt werden. (Vgl. Instr.).

Ueber den civilrechtlichen Erstattungsanspruch gegen den Unterstützten und dessen Nachlaß s. Entsch. des Ob.Trib. 11 S. 413. — (§ 50 II. 19 A.L.R.)

§ 63. Einen Anspruch auf Unterstützung kann der Arme gegen einen Armenverband niemals im Rechtswege, sondern nur bei der Verwaltungsbehörde geltend machen, in deren Pflicht es liegt, keine Ansprüche zuzulassen, welche über das Nothdürftige hinausgehen.

Beschwerden gegen Verfügungen der Vorstände der Ortsarmenverbände darüber, ob, in welcher Höhe und in welcher Weise Armenunterstützungen zu gewähren sind, folgen dem durch die bestehenden Gesetze angeordneten Instanzenzuge mit der Maßgbe, daß an die Stelle der Bezirksregierung die Deputation für das Heimathwesen tritt, welche endgültig entscheidet.[1]

Gleichlautend § 51 Ausf.Ges. f. Lauenburg.

1. § 41 Zust.Ges. vom 1. August 1883 (s. Vorbemerkung zu Anh. E) bestimmt:

„Beschwerden von Armen gegen Verfügungen von Ortsarmenverbänden, ob u. s. w., unterliegen:

1. sofern eine Stadt von mehr als 10,000 Einwohnern an dem Armenverbande betheiligt ist, der endgültigen Beschlußfassung des Bezirksausschusses,
2. andernfalls der endgültigen Beschlußfassung des Kreisausschusses.

Desgleichen unterliegen Beschwerden von Armen gegen Verfügungen von Landarmenverbänden über die Art und Höhe der Unterstützung der endgültigen Beschlußfassung des Bezirksausschusses, sofern die Landarmenverbände nur aus einem Kreise bestehen.“

In den Landestheilen, in welchen § 63 Abs. 2 noch gilt (Vorbemerkung zu Anh. E.), geht die Beschwerde an die Aufsichtsbehörde,

Preußen. in letzter Instanz an die Deputation für das Heimathwesen (Instr. zu § 1; § 2 Nr. 8 Regulativ vom 1. Februar 1872 (G.S. S. 130).

b. Gesetz, betr. die Unterbringung verwahrloster Kinder.) v. 13. März 1873 (G.S. S. 132.

Der §. 7. (vgl. den Zusatz zu demselben durch das Ges. v. 27. März 1881. (G.S. S. 275.)) legt den dort bezeichneten Kommunalverbänden die Unterbringung der betr. Kinder auf (vgl. §. 12. Abs. 1 a. a. O.). — Der § 12. Abs. 2 bestimmt:

Die Kosten, welche durch Einlieferung in die Familie oder Anstalt und die dabei nöthige reglementsmäßige erste Ausstattung des Zöglings und durch die Rückreise des Entlassenen erwachsen, fallen dem Ortsarmenverbande, in welchem der Zögling seinen Unterstützungswohnsitz hat, alle übrigen Kosten des Unterhalts und der Erziehung, sowie der Fürsorge bei Beendigung der Zwangserziehung den vorerwähnten Verbänden zur Last, soweit sie nicht aus dem eigenen Vermögen des Zöglings getragen oder von dem aus privatrechtlichen Titeln zur Alimentation Verpflichteten eingezogen werden können.

Sachsen. 2. **Sachsen.** a. § 1 Ver. v. 6. Juni 1871 (s. Anh. B.) b. Armenordnung v. 22. Oktober 1840.

§ 33. Die verschiedenen Gegenstände der Armenpflege sind:

1. Verabreichung von Almosen (§§. 34., 35.).
2. Krankenpflege (§§. 36—48.).
3. Kindererziehung (§§. 49., 50., 59., s. unten).
4. Verschaffung von Unterkommen (§§. 52—56.).
5. Gänzliche Versorgung (§§. 57., 58.).

§ 49. Abs. 1. Arme Waisen, zu deren Versorgung und Erziehung keine privatrechtlich verpflichtete An=

gehörige vorhanden sind, oder deren sich sonst Niemand freiwillig anzunehmen geneigt ist, sind entweder in den vorhandenen Waisenhäusern oder auf Kosten der Armenkasse in ehrbaren Familien unterzubringen. Sachsen.

§ 50. Abs. 1. Für schulfähige Kinder armer Eltern ist, wo nicht besondere Armenschulen bestehen, das Schulgeld nach der Hälfte des gewöhnlichen Satzes aus der Armenkasse zu bestreiten.[1]

1. Nach dem Gesetz, betr. das Volksschulwesen, v. 26. April 1873 (Ges.= und Ver.Bl. S. 350) liegt die Unterhaltung der Volksschule besonderen Schulgemeinden mit selbständiger juristischer Persönlichkeit (§ 9) ob, deren Vertretung durch einen Schulvorstand oder Schulausschuß (§§ 24 ff.) erfolgt, und zu deren Unterhaltung diejenigen Mitglieder der Schulgemeinde, welchen die Sorge für die Erziehung der die Schule besuchenden Kinder obliegt, ein gewisses Schulgeld zu entrichten haben (§ 9), welches zur Schulkasse fließt (§ 10).

§ 59. Die Heimathsbezirke sind verpflichtet, nach vollendeter Erziehung der ... Waisen deren bürgerliches Fortkommen dadurch zu begründen, daß sie die zur Aufnahme als Lehrlinge unentbehrlich nöthigen Kosten für Bekleidung, Handwerkszeug und dergleichen darreichen.

§ 65. Jede öffentliche Armenunterstützung ist nur als ein Vorschuß zu betrachten, insoweit nicht nach Funktionen und dem Zwecke der vorhandenen Anstalten, Kranken=, Armen= und Waisenhäusern die Aufnahme und Verpflegung als eine unwiderrufliche Wohlthat anzusehen ist.

§ 66. Nach diesem Grundsatze ist jeder Arme, welcher nicht blos durch eigene Thätigkeit und Anstrengung, sondern durch äußere zufällige Glücksumstände zu besserem Vermögen gelangt, das Genossene, Almosen oder andere Unterstützungen, der Armenkasse wieder zu erstatten verbunden. Um jedoch solchenfalls dem gewesenen Armen nicht die Mittel, sich forthin ohne Unterstützung selbst zu erhalten, zu nehmen oder zweckwidrig zu schmälern, ist demselben nach Ermessen der

Sachsen. Armenbehörde, oder im Falle letztere klagbar geworden, durch richterlichen Ausspruch, zu verstatten, den Wiederersatz in leidlichen Fristen zu bewirken.

Württemberg. 3. **Württemberg.** Ausf. Ges. v. 17. April 1873.

(Instr. v. 30. Mai 1873. Reg.Bl. S. 207.)

Art. 1. übereinstimmend mit §. 1. Pr. A.G. Der Eingang zu Abs. 2. lautet:

Wenn Jemand für seine Person oder seine nicht arbeitsfähigen Angehörigen (vgl. §. 4. des Freizügigkeitsgesetzes vom 1. Nov. 1867.) Unterstützung in Anspruch nimmt, so kann solche mittels Unterbringung in einem Armen- oder Krankenhause, geeigneten Falls mittels Anweisung u. s. w.

Vgl. Instr. §§ 1—4; insbes. § 1 Abs. 2 u. 3. Bei Kindern erstreckt sich die Verpflichtung der Armenverbände auch auf die Fürsorge für deren Erziehung und für die Gewährung des Volksschulunterrichts, ein Anspruch an die Armenverbände auf Bezahlung von Schulgeld wird jedoch durch letztere Verpflichtung nicht begründet, da arme Kinder nach Art. 21 Abs. 4 des Ges. vom 29. September 1836 von der Bezahlung von Schulgeld durch die Ortsbehörden freizulassen sind. — Mit der Entlassung aus der Schule hört die Verpflichtung zur Unterstützung von Kindern auf, wenn es diesen möglich ist, durch Eintritt in einen Dienst, eine Gewerbelehre oder ein sonstiges Arbeitsverhältniß sich ihren Unterhalt selbst zu verschaffen; es bleibt jedoch eine besondere Obliegenheit der Armenbehörden, durch entsprechende Berathung und Thätigkeit für die Vermittelung eines derartigen Unterkommens zu sorgen.

Art. 2. Die öffentliche Unterstützung Hülfsbedürftiger hat nur insoweit einzutreten, als dieselben weder von anderen zu ihrer Alimentation rechtlich Verpflichteten, noch durch die freiwillige Armenpflege die nöthige Hülfe erhalten.

Die Verweisung an dritte Verpflichtete (Abs. 1.) ist nicht zulässig, wenn der Unterstützungsbedürftige sich in einer Lage befindet, welche sofortige Hülfeleistung erfordert. (Vgl. Instr. §. 5.)

Art. 3. Personen, welche ungeachtet des Besitzes

genügender Mittel auf Grund des gegenwärtigen Gesetzes öffentliche Armenunterstützung erlangt haben, sind zum Ersatze des Empfangenen verpflichtet. Württemberg.

Außerdem ist jede auf Grund dieses Gesetzes an eine Person über 18 Jahre für sich, ihre Ehefrau oder Kinder, welche mit ihr in häuslicher Gemeinschaft stehen, aus einer Armenkasse abgegebene Unterstützung, mit Ausnahme des Aufwands für Schulunterricht, als ein Vorschuß zu betrachten, dessen Wiedererstattung die Armenbehörde verlangen kann, sobald der Unterstützte in eine Lage gekommen ist, welche ihm die Ersatzleistung, unbeschadet der Sicherstellung seiner und der Seinigen Lebensunterhaltes, ermöglicht. (Instr. §. 6.)

Art. 4. Dritten Personen, welche, ohne dazu rechtlich verpflichtet zu sein, einem im Sinne des Art 2. Unterstützungsbedürftigen eine dringend nöthige Hülfe leisten, steht ein Anspruch auf Ersatz des durch die Umstände gebotenen Aufwandes aus Mitteln der öffentlichen Armenpflege, und zwar von dem zunächst verpflichteten Armenverband (Reichsges. v. 6. Juni 1870. §. 28.) zu, jedoch nur, wenn die Ortsarmenbehörde dieses Verbandes von der Hülfeleistung innerhalb 24 Stunden oder, sofern diese Frist nicht eingehalten werden kann, sobald als möglich in Kenntniß gesetzt worden ist. (Instr. §. 7.)

Art. 5. Die Bestimmungen des Art. 4. finden auch Anwendung auf Aerzte (Wundärzte, Heilärzte) rücksichtlich des Anspruchs auf den Bezug der regulativmäßigen Gebühren für ärztliche Hülfe in Fällen, wo für die Armenverbände andere Aerzte zur Behandlung der Hülfsbedürftigen der betreffenden Verbände aufgestellt sind.

Sind öffentliche Aerzte für die Behandlung der Armen nicht bestellt, so haben die Aerzte Anspruch auf Bezug der regulativmäßigen Gebühren für ihre Dienstleistungen an den zunächst verpflichteten Armenverband. Der Anspruch muß jedoch binnen drei Monaten, von dem Beginn der Hülfeleistung an gerechnet, erhoben werden.

Württemberg. Unter den gleichen Voraussetzungen haben auch Hebammen Anspruch auf den Bezug der regulativmäßigen Gebühren für die geleistete Kunsthülfe. (Instr. §. 8.)

Art. 6. Apotheker haben Anspruch auf die Bezahlung der für Arme auf ärztliche rc. Verordnung abgegebenen Arzneimittel durch den zunächst verpflichteten Armenverband, wenn

1. die Abgabe
   a) auf Verordnung des bestellten Armenarztes,
   b) wo ein solcher nicht bestellt ist oder in Nothfällen (vgl. Art 4. und 5.) auf Verordnung eines anderen Arztes erfolgt, und
2, der Anspruch binnen 3 Monaten von der Abgabe an bei dem zunächst verpflichteten Ortsarmenverbande erhoben worden ist.

Art. 7. Abs. 1 übereinstimmend mit §. 63. Abs. 1. Pr. A.G.

Ueber Beschwerden gegen Verfügungen der Ortsarmenbehörden darüber, ob, in welcher Höhe und in welcher Weise Armenunterstützungen zu gewähren sind, entscheidet das vorgesetzte Oberamt. Gegen dessen Entscheidung ist eine weitere einmalige Beschwerde zulässig. Ueber Beschwerden der vorbezeichneten Art gegen Anordnungen der Landarmenbehörden erkennt die Kreisregierung, gegen der Verfügung eine weitere einmalige Beschwerde an das Ministerium des Innern stattfindet. (Zu Abs. 1—3 Instr. §. 9.)

Streitigkeiten über die Anwendung der Bestimmungen in Art 3—6. sind im Verwaltungsrechtswege zu entscheiden.[1]

1. § 10 Nr. 3. Ges. über die Verwaltungsrechtpflege v. 16. Dezember 1876 s. Anh. E.

Baden. **4. Baden.** a. Gesetz v. 5. Mai 1870, die öffentliche Armenpflege betr. (Ges. u. Ver.Bl. S. 287).

§ 2. Die öffentliche Armenpflege unterstützt diejenigen Personen, welche dauernd oder vorübergehend außer Stande sind, aus eigenen Mitteln oder durch eigene Kraft sich den nothdürftigen Unterhalt selbst zu verschaffen. Baden.

§ 3. Unterstützung aus Mitteln der öffentlichen Armenpflege wird nur gewährt, wenn und soweit der Unterstützungsbedürftige den nöthigen Unterhalt nicht von zur Leistung desselben rechtlich verpflichteten Dritten, oder durch die freiwillige Armenpflege erhält.

§ 4. Die Verweisung an dritte Verpflichtete ist nicht zulässig, wenn der Unterstützungsbedürftige sich in einer Lage befindet, welche alsbaldige Hülfeleistung erfordert.

Vielmehr hat in solchen Falle die Armenbehörde desjenigen Armenverbandes, wo das Bedürfniß hervortritt, die Unterstützung zu leisten, vorbehaltlich des Ersatzanspruchs an die dazu noch öffentlichen oder bürgerlichen Rechte Verpflichteten.

§ 5. Der Unterstützte, welcher zu hinreichendem Vermögen gelangt, ist zur Rückerstattung der von seinem 18. Lebensjahr an von der öffentlichen Armenpflege ihm gewährten Unterstützung in angemessenen Fristen verpflichtet.

Sofern nicht arme Notherben vorhanden sind, ist auch der Nachlaß des Unterstützten ersatzpflichtig. Gegen den überschuldeten Nachlaß findet die Rückforderung nicht statt.

§ 6. Dritten Personen, welche, ohne kraft öffentlichen oder Privatrechts dazu verpflichtet zu sein, einem im Sinne des §. 2. Unterstützungsbedürftigen eine dringend nöthige Hülfe leisten, steht ein Anspruch auf Ersatz des durch die Umstände gebotenen Aufwands aus Mitteln der öffentlichen Armenpflege nur zu, wenn die Armenbehörde von der Hülfeleistung sobald als möglich in Kenntniß gesetzt wird. Außerdem beginnt der Anspruch auf Ersatz erst mit dem Tage der geschehenen Anzeige.

Baden. § 7. Aerzte[1] und Apotheker[2] haben einen Anspruch auf den Bezug der geordneten Gebühren und Taxen[3] aus Mitteln der öffentlichen Armenpflege auch dann, wenn sie zur Hülfeleistung öffentlich rechtlich verpflichtet sind.

Wo jedoch die Armenverbände vertragsmäßig bestimmte Aerzte und Apotheker zur Dienstleistung für Arme bestellt haben, steht andern Aerzten und Apothekern der erwähnte Anspruch nur dann zu, wenn sie in einem dringenden Fall die erforderliche Hülfe geleistet haben.

1. Armenverbände, welche keine festremunerirten Aerzte angestellt haben (vgl. § 30 Abs. 2 U.W.G.), dürfen gegenüber Badischen öffentlichen Kassen als Ersatz der Kosten für ärztliche Behandlung armer Kranker höchstens 17½ Kreuzer für den in der Wohnung des Arztes ertheilten ärztlichen Rath und 35 Kreuzer für einen ärztlichen Besuch bei dem Kranken in Anrechnung bringen. Die Vergütung für wundärztliche oder hebärztliche Verrichtungen, welche einen größeren Aufwand von Zeit und Mühe erfordern, werden von dieser Verordnung nicht berührt. (Ver. v. 12. Dezember 1873; Ges. und Ver.Bl. 1874 S. 5.) Bei Besuchen außerhalb des Wohnorts, wenn sie nicht gelegentlich anderer Krankenbesuche erfolgten, können außerdem für je 3 volle Kil. je 2 Mark in Anrechnung gebracht werden. (Ver. v. 16. April 1880; Ges. und Ver.Bl. S. 131.)

2. Nach § 22 Ver., betr. den Geschäftsbetrieb in Apotheken, v. 29. Mai 1880 (Ges. und Ver.Bl. S. 153) sind die Apotheker verpflichtet, die Arzneien auch ohne vorgängige Bezahlung zu verabfolgen, wenn ein von dem Armenrathe als Armenarzt bestellter oder für den einzelnen Fall beauftragter Arzt das Rezept mit dem Vermerke: Armenarzt (Armensache) der Gemeinde N. N. versieht, und die Gemeinde nicht eine andre Apotheke zur Abgabe von Arzneien an Arme bestimmt hat.

3. Vgl. § 25 der Ver. v. 29. Mai 1880 (Anm. 2).

§ 8. Der verpflichtete Armenverband hat dem Unterstützungsbedürftigen den unentbehrlichen Unterhalt nach Maßgabe des Bedürfnisses und unter Verwendung der etwa vorhandenen Arbeitskraft zu gewähren, insbesondere Sorge zu tragen für Erziehung, Unterricht[1] und Erwerbsbefähigung der Kinder, für ärztliche Behandlung und Verpflegung der Kranken und für die Bestreitung des Begräbnisses.

1. Wegen des Unterrichts bestimmt § 54 des Ges., betr. den Elementarunterricht, v. $\frac{\text{6. März 1868 (Reg.Bl. S. 251)}}{\text{19. Februar 1874 (Ges. u. Ver.Bl. S. 96)}}$. Baden.
„Das Schulgeld wird für Rechnung der Gemeindekasse in vierteljährlichen Raten erhoben. Die Betreffnisse der Unvermöglichen hat der zu deren Unterstützung verpflichtete Armenverband je nach dem Grade ihrer Unvermöglichkeit ganz oder zu bestimmten Theilen zu bestreiten.“

§ 19. betrifft die Aufstellung von Hausordnungen und die Disziplin in den öffentlichen Armenanstalten.

§ 20. Die Gemeinden sind verbunden, die für die örtliche Armenpflege nothwendigen Einrichtungen zu treffen.

Auch können sie Verträge abschließen, wonach die Armen einer Gemeinde in den Armenanstalten einer anderen Gemeinde untergebracht werden sollen, oder wonach mehrere Gemeinden zur Beschaffung gemeinschaftlicher Einrichtungen für die Armenpflege sich vereinigen.

§ 21. Arme Inländer oder Ausländer, welche außerhalb ihres Wohnsitzes erkranken, sind an dem Orte, wo sie sich im hülfsbedürftigen Zustand befinden, so lange zu verpflegen und ärztlich zu behandeln, bis sie ohne Nachtheil für ihre oder Anderer Gesundheit weiter kommen, oder ihren Erwerb im Ort fortsetzen können.

b. Ausf.Ges. v. 14. März 1872.

§ 4. Abs. 5. Ueber die Hülfsbedürftigkeit, die Art und das Maß der Unterstützung entscheiden die Verwaltungsbehörden.[1]

1. d. h. dem Armen gegenüber, vgl. § 4 Abs. 2 (Anh. E.).

5. **Hessen.** Ausf.Ges. v. 14. Juli 1871. Hessen.

Art. 1. übereinstimmend mit §. 1. Pr. A.G., doch fehlt dessen Abs. 3.

Art. 19. Abs. 1. gleichlautend mit §. 63. Abs. 1. Pr.A.G.

Hessen.

Abs. 2. Beschwerden gegen Verfügungen der Vorstände der Armenverbände darüber, ob, in welcher Höhe und in welcher Weise Armenunterstützungen zu gewähren sind, werden, insofern sie gegen Verfügungen der Ortsarmenverbände gerichtet sind, von der Bezirksraths-Kommission (Art. 4.),[1] insofern sie Verfügungen der Landarmenverbände zum Gegenstande haben, von dem Administrativ-Justiz-Hof[2] endgültig entschieden.

1. s. Anh. E., jetzt vom Kreistage bez. Kreisausschuß. Art. 31 Nr. 12, 44 ff., 48 Nr. II. 7, 52 Abs. 3; (endgültig Art. 67 Abs. 1) 73; Ges., betr. die innere Verwaltung u. s. w., v. 12. Juni 1874.

2. jetzt von dem Provinzialausschuß. Art. 98 Nr. 2. h., Art. 100 Abs. 4, 109/110 (endgültig Art. 111 Abs. 1) a. a. O.

Mecklenburg-Schwerin.

6. Mecklenburg-Schwerin Ausf.Ver. v. 20. Februar 1871.

§ 4. Rücksichtlich der Art und des Maßes der im Fall der Hülfsbedürftigkeit zu gewährenden öffentlichen Unterstützung bewendet es bei den bestehenden landesgesetzlichen Bestimmungen mit nachstehenden Modifikationen:

1. Das im §. 11. sub. lit. c. der Patent-Verordnung vom 21. Juli 1821. den arbeitsfähigen Hülfsbedürftigen zugesprochene Recht auf Anweisung von Arbeit kommt in Wegfall.
2. Arbeitsfähigen Personen braucht im Fall der Obdachlosigkeit nur ein Obdach, nicht aber eine eigene Wohnung oder Zusammenwohnen mit ihrer Familie gewährt zu werden.
3. Arbeitsunfähige, obdachlos gewordene Personen sind möglichst so unterzubringen, daß Eltern und Kinder zusammen bleiben.
4. Jedem Armenverbande ist es gestattet, die einem Hülfsbedürftigen zu gewährende Unterstützung durch Zuweisung von Arbeit resp. durch Unterbringung in einer öffentlichen Armen- oder

Arbeits-Anstalt zu gewähren, die dem Orts-Armenverbande zu solchem Zwecke zugänglich ist. In diesem Falle ist der Unterstützte dem Reglement solcher Anstalt unterworfen, insbesondere auch zu den durch dasselbe vorgeschriebenen Arbeiten verpflichtet. Mecklenburg-Schwerin.

§ 5: 1) Die von einem Armenverbande gewährte öffentliche Unterstützung ist ein dem Unterstützten gewährter Vorschuß, zu dessen Erstattung er dem betreffenden Armenverbande gegenüber verpflichtet bleibt. Die Beitreibung solcher Vorschüsse geschieht in dem im §. 7. (s. Anh. F.) vorgeschriebenen Wege.

Unterstützungen, die Kindern unter 14 Jahren gewährt sind, sind von diesen selbst nicht zurückzufordern.

Zur Erstattung ist der Nachlaß des Unterstützten vorzugsweise verhaftet, und hat die Erstattungs-Forderung die Vorzüge einer Forderung wegen öffentlicher Abgaben. Die zur Regulirung des Nachlasses kompetente Behörde hat die zur Sicherung des Anspruches des betreffenden Armenverbandes nöthigen Schritte von Amtswegen zu thun, wenn ihr bekannt war, daß der Verstorbene ein Armen-Benefiziat war. Die von der Orts-Armenbehörde eingereichten Extrakte aus ihren Rechnungen liefern vollen Beweis.

§ 6. Beschwerden Hülfsbedürftiger über verweigerte oder verzögerte Unterstützung, sowie über die Art und das Maß derselben sind hinfort auch in denjenigen Fällen, für welche die Patent-Verordnung vom 21. Juli 1821. den Rechtsweg zuließ, mithin insbesondere auch in der Ritterschaft von den Patrimonial-Gerichten, nicht mehr im Rechtswege, sondern allgemein im Verwaltungswege[1] und daher in letzter Instanz von Unserem Ministerium des Innern zu erledigen, bei welchem nicht minder die etwa gegen den Inhaber der Ortsobrigkeit erforderlichen exekutivischen Maßregeln zu beantragen sind.

Mecklenburg-Schwerin. 1. In den Gütern der drei Landesklöster haben die Klosterämter die Untersuchung bez. der Hülfsbedürftigkeit (Dekl.Ver. v. 11. Januar 1872).

Sachsen-Weimar. 7. **Sachsen-Weimar.** Ausf.Ges. v. 23. Febr. 1872.

§ 4. Abs. 1., 2. u. 4. übereinstimmend mit §. 1. Abs. 1—3. Pr. A.G.

Abs. 3. Arbeitsfähige Unterstützung suchende Personen sind zu Leistung geeigneter Arbeit nöthigen Falls zwangsweise anzuhalten.

Mecklenburg-Strelitz. 8. **Mecklenburg-Strelitz.**

§§ 4., 5. Ausf.Ver. f. Strelitz und Ratzeburg übereinstimmend mit §§. 4., 5. der Ver. f. Mecklenburg-Schwerin. Doch fehlt in der Ratzeburger Verordnung die Nr. 1. des §. 4.

§ 6. Strelitz. — Uebereinstimmend mit §. 6. Ausf.Ver. f. Mecklenb.Schwerin. „Sie (die Beschwerden) sind zunächst bei der Behörde, welche der angeblich die Beschwerde veranlassenden Armenbehörde übergeordnet ist, und wenn solche nicht vorhanden ist, bei Unserer Landesregierung anzubringen und von letzterer endgültig zu entscheiden. Bei Unserer Landesregierung sind auch die etwa gegen den Inhaber der Ortsobrigkeit u. s. w."

§ 6. Ratzeburg. — Beschwerden Hülfsbedürftiger über verweigerte oder verzögerte Unterstützung, sowie über die Art und das Maß derselben, sind nur im Verwaltungswege zu erledigen. Sie sind bei unserer Landvogtei in Schönberg anzubringen, welche zunächst darüber unter Beobachtung der Vorschrift des §. 2. Nr. 1. der Ausführungs-Verordnung vom 6. November 1869., die Mitwirkung der Vertretung bei Verwaltung des Armenwesens betreffend, zu entscheiden hat. Hinsichtlich der Güter Dodow und Horst entscheidet das betreffende Patrimonialgericht. In letzter Instanz entscheidet unsere Landesregierung. Bei dieser sind auch die gegen den Inhaber der Ortsobrigkeit hinsichtlich der im Fürstenthum belegenen Allodialgüter erforderlichen exekutivischen Maßregeln zu beantragen. Mecklenburg-Strelitz.

9. Oldenburg. a. Rev. Gemeindeordnung für das Herzogthum Oldenburg v. 15. April 1873. (Ges.Bl. S. 551.) Oldenburg.

Art. 70. §. 1. Die Armenkommission ist verpflichtet, über den Stand und die Ursachen der Armuth in der Gemeinde sich Kenntniß zu verschaffen und den darin sich aufhaltenden Hülfsbedürftigen nach Maßgabe des Bedürfnisses und unter Verwendung der etwa vorhandenen Arbeitskraft die nöthige Unterstützung zu gewähren.

§ 2. Die Unterstützung darf niemals über das Nothwendige hinausgehen und kann, so lange sie in Anspruch genommen wird, namentlich auch mittelst u. s. w. wie in §. 1. Abs. 2. Pr. A.G.

Vgl. Instruktion für die Armenkommissionen und Armenväter v. 15. Juni 1877.

Fürstenthum Birkenfeld: Ges. über das Armenwesen v. 28. März 1876 Art. 13 Abs. 1. Die jedem hülfsbedürftigen Deutschen zu leistende öffentliche Unterstützung befaßt die Gewährung der nothwendigsten Lebensbedürfnisse an Obdach, Feuerung, Bekleidung und Nahrungsmitteln, die Sorge für die Erziehung und Erwerbsbefähigung der Kinder, die erforderliche Pflege und ärztliche Behandlung in Krankheitsfällen und im Falle des Ablebens die Gewährung eines angemessenen Begräbnisses.

Abs. 2 gleichlautend mit Art. 70 § 2 der rev. Gem.Ord. für Oldenburg. (Vgl. auch Instruktion für die Armenkommissionen und Armenväter v. 16. August 1877, Ges.Bl. S. 403.)

Fürstenthum Lübeck: rev. Gem.Ord. v. 30. März 1876.

Art. 77. § 1 gleichlautend mit § 1 Abs. 1 Pr. A.G.

§ 2 gleichlautend mit Art. 70 § 2 der rev. Gem.Ord. für Oldenburg.

Art. 71 § 1. Als hülfsbedürftig sind nur die-

Oldenburg. jenigen Personen anzusehen, welche dauernd oder vorübergehend außer Stande sind, aus eigenen Mitteln oder durch eigene Kräfte sich das zur Erhaltung des Lebens und der Gesundheit Unentbehrliche selbst zu beschaffen, auch dasselbe nicht durch andere zur Leistung desselben privatrechtlich Verpflichtete erhalten können.

§ 2 übereinstimmend mit § 4. des Badischen Ges. über die Armenpflege (s. S. 73).

Gleichlautend Art. 14 Armengesetz für Birkenfeld; Art. 78 §§ 1 und 2 rev. Gem.Ord. für Lübeck.

Art. 72 §. 1. Ein Anspruch auf Unterstützung kann von dem Armen gegen die Gemeinde niemals im Rechtswege, sondern nur im Wege der Beschwerde bei der vorgesetzten Verwaltungsbehörde geltend gemacht werden.

Gleichlautend Art. 19 § 1 Armengesetz für Birkenfeld; Art. 79 § 1 rev. Gem.Ord. für Lübeck.

Art. 73. Jede einem Hülfsbedürftigen nach zurückgelegtem 18. Lebensjahre gewährte Unterstützung ist als vorschußweise geleistet anzusehen und kann von der Armenkommission, wenn der Unterstützte nach billigem Ermessen derselben dazu im Stande ist, zurückgefordert, auch aus dem Nachlasse des Unterstützten mit einfachen Zinsen ersetzt verlangt werden. Die Erstattung kann nur im gerichtlichen Wege verfolgt werden.

Gleichlautend Art. 20 Armenges. für Birkenfeld; Art. 80 rev. Gem.Ord. für Lübeck.

Art. 74. Dritten Personen, welche, ohne dazu verpflichtet zu sein, einem Hülfsbedürftigen eine dringend nöthige Hülfe leisten, steht ein Anspruch auf Ersatz des durch die Umstände gebotenen Aufwandes aus den Mitteln der öffentlichen Armenpflege nur zu, wenn die Armenbehörde von der Hülfsleistung spätestens binnen 48 Stunden in Kenntniß gesetzt wird. Erfolgt die Anzeige nicht in dieser Frist, so beginnt der Anspruch auf

Ersatz erst mit dem Tage der geschehenen Anzeige. Der Anspruch kann im Wege Rechtens verfolgt werden. Oldenburg.

Gleichlautend Art. 21 Armenges. für Birkenfeld, Art. 81 rev. Gem.Ord. für Lübeck.

b. Gesetz, betr. die Einrichtung des Unterrichts- und Erziehungswesens v. 3. April 1855, [Ges.Bl. S. 617.]

Art. 59 §. 2. Die Armenbehörden sind verpflichtet, das Schulgeld für Armenkinder auf die Armenkasse zu übernehmen.

10. **Braunschweig.** Ausf.Ges. v. 5. Juni 1871. Braunschweig.

§ 1 übereinstimmend mit §. 1. Pr.A.G.

11. **Sachsen-Meiningen** Ausf.Ges. v. 24. Febr. 1872. Sachsen-Meiningen.

Art. 1 übereinstimmend mit §. 1 Pr. A.G. — Abs. 2. mit folgendem Zusatz: Die Vorsteher dieser Anstalten üben über deren Insassen die Ordnungsstrafgewalt, wie die Hausordnung mit Genehmigung des Herzogl. Staatsministeriums, Abtheilung des Innern, bestimmt.
Abs. 4. übereinstimmend mit §. 63. Abs. 1. Pr.A.G.

12. **Sachsen-Altenburg.** Ausf.Ver. v. 3. Juni 1871. Sachsen-Altenburg.

§ 1. übereinstimmend mit Abs. 1. und 2. des §. 1. Pr. A.G.

Vgl. auch Ges. über das Heimathsrecht und das Armenwesen v. 9. August 1833 §§ 119 ff. — insbesondere § 134. „Das Schulgeld ist aus Gemeindemitteln zu bestreiten."

§ 16. übereinstimmend mit §. 63. Pr. A.G. — Beschwerden (Abs. 2.) folgen dem durch die Gesetze geordneten Instanzenzuge.

Sachsen-Coburg-Gotha. **13. Sachsen-Coburg-Gotha.** Ausf.Ges. v. 31. Mai 1871.

§ 1. übereinstimmend mit §. 1. Pr. A.G.

§ 36. übereinstimmend mit §. 63. Pr. A.G. — Beschwerden folgen dem für die Verwaltungssachen bestehenden Instanzenzuge.

Anhalt. **14. Anhalt.** Ausf.Ges. v. 29. Juni 1871.

§ 1. übereinstimmend mit §. 1. Pr. A.G.

§ 2. Außer der vorstehend gedachten allgemeinen Unterstützungspflicht liegt den betreffenden Armenverbänden noch die weitere Verpflichtung ob, für eine angemessene Unterbringung geisteskranker, blödsinniger oder an einer unheilbaren, beziehentlich Ekel erregenden Krankheit leidender (siecher) Personen, sowie für die Erziehung verwaister und verwahrloster, und für die erforderliche Ausbildung blinder, taubstummer oder blödsinniger Kinder, insoweit zu sorgen, als anderweit Verpflichtete nicht vorhanden oder dazu außer Stande sind.

§ 50 übereinstimmend mit §. 63. Pr.A.G. Beschwerden folgen den durch die bestehenden Gesetze angeordneten Instanzenzuge.

Vgl. jetzt § 40 der Gemeinde- u. s. w. Ordg. v. 26. Mai 1882 G.S. S. 463).

Schwarzburg-Sondershausen. **15. Schwarzburg-Sondershausen.**

§ 4 Ausf.Ges. v. 25. Dezember 1872 übereinstimmend mit §. 1. Pr. A.G.

§ 10 Ges. v. 18. Okt. 1872 übereinstimmend mit §. 63. Pr.A.G. Den Beschwerden folgen dem allgemeingesetzlich angeordneten Instanzenzuge.

16. Schwarzburg-Rudolstadt Ausf.Ges. v. 23. Juni 1871. Schwarzburg-Rudolstadt.

§ 1 übereinstimmend mit §. 1. Pr. A.G.

§ 20 übereinstimmend mit §. 63. Pr. A.G. Die Beschwerde folgt dem gesetzlichen Instanzenzuge; an die Stelle des Ministeriums tritt die Deputation für das Heimathwesen welche endgültig entscheidet.

17. Waldeck. Ausf. Ges. v. 29. Juni 1871. Waldeck.

§ 1 übereinstimmend mit Abs. 1. u. 2. des §. 1. Pr. A.G.

§ 25 Abs. 1 u. 2 übereinstimmend mit §. 63. Pr. A.G.

Die Beschwerden folgen dem gesetzlichen Instanzenzuge.

Abs. 3. Auf die vor die Kreis-Armendirektion gehörigen Beschwerden kann in dringenden, keinen Aufschub leidenden Fällen von dem Vorsitzenden unter Zuziehung der etwa am Kreisorte wohnenden und gegenwärtigen Mitglieder vorläufig mit Wirkung der Vollstreckbarkeit verfügt werden; die Beschwerde ist jedoch in der nächsten Sitzung der Kreis-Armendirektion zur definitiven Beschlußfassung zu unterbreiten.

18. Reuß (Greiz) **ä. L.** Ges. v. 1. Juli 1878. Reuß ä. L.

§ 1 Abs. 1 u. 2 übereinstimmend mit §. 1. Pr. A.G.

§ 3. Ueber Beschwerden eines Deutschen (s. §. 1. al. 1. [Einl. S. 6]) gegen den Ortsarmenverband, in welchem er sich befindet, wegen gänzlicher oder theilweiser Verweigerung einer Unterstützung — weil seine Hülfsbedürftigkeit entweder gar nicht oder nicht im behaupteten Umfange anerkannt wird — entscheidet das Landrathsamt und über den Rekurs gegen dessen Entscheidung Unsere Landesregierung.

Aufschiebende Wirkung hat ein solcher Rekurs nicht. Die durch eine in der Rekursinstanz erfolgte Entschei-

Reuß ä. L. dung Unserer Landesregierung oder durch ein unangefochten gebliebenes Dekret des Landrathsamts getroffene Feststellung der Frage über die Hülfsbedürftigkeit des die Unterstützung eines Armenverbandes nachsuchenden Deutschen ist zugleich für den von dem Armenverbande, der danach die Unterstützung gewährt hat, gegen einen andern deshalb zu erhebenden Regreßanspruch maßgebend, und die Einrede des auf Ersatz belangten Armenverbandes, die Hülfsbedürftigkeit des Unterstützten sei überhaupt nicht oder nicht im festgesetzten Umfange vorhanden gewesen, ist nicht zu beachten.[1]

1. Der letzte Satz gilt nur für Landessachen. Anm. 2 zu § 37 U.W.G.

Reuß j. L. 19. **Reuß** (Gera) j. L. Ges. v. 21. Juni 1871.

§ 1 übereinstimmend mit §. 1. Pr. A.G.

§ 33 übereinstimmend mit §. 63. Pr. A.G.

„Bei Beschwerden ꝛc. entscheidet in zweiter Instanz die Deputation für das Heimathswesen endgültig.

Die Landraths-Aemter sind verpflichtet, mündliche Beschwerden von Angehörigen der Land-Gemeinden anzunehmen, zu erörtern, und sofern die gütliche Erledigung derselben nicht erfolgt, der Deputation für das Heimathwesen zur Entscheidung vorzulegen.“

Schaumburg-Lippe. 20. **Schaumburg-Lippe.** Ausf. Ges. v. 7. März 1872.

§ 1 übereinstimmend mit §. 1. Pr. A.G.

§ 51 übereinstimmend mit §. 63. Pr. A.G.

Die Beschwerden sind bei den Aemtern und Magisträten anzubringen und von diesen zu entscheiden.

§ 52. Gegen diese Entscheidungen steht den Betheiligten der Rekurs an die Deputation für das Heimathwesen zu. Derselbe muß binnen einer ausschließlichen Frist von 10 Tagen vom Tage der bekanntgegebenen Entscheidung an bei der entscheidenden Behörde eingelegt und binnen einer ausschließenden Frist von Einem Monate vom Tage der Einlegung an bei der nämlichen Behörde, entweder zu Protokoll oder in besonderer schriftlicher Ausführung gerechtfertigt werden. Schaumburg-Lippe.

Es ist auch gestattet, statt weiterer Rechtfertigung lediglich auf die bisherigen Akten Bezug zu nehmen.

Aemter und Magisträte haben gleichzeitig mit der Entscheidung den Betheiligten dem Vorstehenden gemäß Eröffnung zu machen.

Nach stattgehabter Rechtfertigung des Rekurses, resp. wenn gebeten ist, acta prout jacent an die Deputation für das Heimathswesen einzusenden, haben Aemter und Magisträte die Akten an die Deputation mit Bericht einzusenden."

21. **Lippe.** Ausf. Ges. v. 12. September 1877. Lippe.

§ 1 übereinstimmend mit §. 1. Pr. A.G.

§ 2. Ferner liegt den betreffenden Armenverbänden noch die Verpflichtung ob, für die Unterbringung der Geisteskranken in die Irren-, Heil- und Pflegeanstalt Brake, sowie für die Erziehung verwaister und verwahrloster Kinder insoweit zu sorgen, als anderweit Verpflichtete nicht vorhanden oder dazu außer Stande sind.

§ 29 übereinstimmend mit §. 63. Pr. A.G. Die Beschwerden folgen dem gewöhnlichen Instanzenzuge.

§ 36. Die ohne Betheiligung der Armenverbände ausschließlich aus kirchlichen Armenmitteln, wohlthätigen Stiftungen und sonstigen milden Fonds gewährten Unterstützungen sind als öffentliche Unterstützungen im Sinne des Reichsgesetzes nicht anzusehen.

22. **Lübeck.** Ausf. Ver. v. 29. März 1871. Lübeck.

§ 2. Jedem hülfsbedürftigen Angehörigen derjenigen

Lübeck. Deutschen Staaten, in welchen das Gesetz über den Unterstützungs-Wohnsitz vom 6. Juni 1870. Geltung hat, ist von dem zu seiner Unterstützung verpflichteten Armenverbande der unentbehrliche Lebensunterhalt, die erforderliche Pflege in Krankheitsfällen und im Falle seines Ablebens ein angemessenes Begräbniß zu gewähren. Im Einzelnen kommen hinsichtlich der Art und des Maßes der zu gewährenden Unterstützung (§. 8. des Bundes-Gesetzes) die bisher für Lübeckische Staatsangehörige gültigen Normen[1] zur Anwendung.

1. Vgl. Geschäftsordg. der Allg. Armenanstalt v. 1846 §§ 41—91. Armen Kindern wird unentgeltlicher Unterricht in den Armenschulen ertheilt (§ 71).

Bremen. **23. Bremen.** Ausf. Ver. v. 2. Januar 1871.

§ 2. Hinsichtlich der Art und des Maßes der zu gewährenden Unterstützung kommen die bisher gültig gewesenen Normen bis auf Weiteres und dergestalt zur Anwendung, daß jeder Norddeutsche den Bremischen Staats-Angehörigen (Staatsgenossen) beziehungsweise Gemeinde-Angehörigen gleich behandelt wird.

Hamburg. **24. Hamburg.** Ausf. Ver. v. 25. Juni 1871.

§ 3. Hinsichtlich der Art und des Maßes der zu gewährenden Unterstützung gelten bis auf Weiteres, unter Beibehaltung der bestehenden Armen-Verwaltungen und der vorgesetzten Behörden, die bisher maßgebenden Bestimmungen und Einrichtungen, und sind namentlich alle Angehörigen derjenigen Deutschen Staaten, in welchen das Bundes-Gesetz über den Unterstützungs-Wohnsitz Geltung hat, in dieser Beziehung gleichmäßig zu behandeln.

B.

Organe der öffentlichen Unterstützung Hülfsbedürftiger.

1. **Preußen** (einschl. Kreis Herz. Lauenburg). Ausf. Ges. v. 8 März 1871. (Instr. v. 10. April 1871, M. f. i. V. S. 132.) Preußen.

A. Orts-Armenverbände.

a. Gemeinden.

§ 2. Jede Gemeinde bildet für sich einen Ortsarmen-Verband, sofern sie nicht einem, mehrere Gemeinden oder Gutsbezirke umfassenden einheitlichen [1] Ortsarmen-Verbande (Gesammt-Armen-Verbande) schon angehört oder nach den folgenden Bestimmungen einzuverleiben ist. Die Verwaltung der öffentlichen Armenpflege steht in den Gemeindebezirken überall den für die Verwaltung der Gemeinde-Angelegenheiten durch die Gemeinde-Verfassungsgesetze angeordneten Gemeindebehörden zu. [2] Die Bestimmungen der Gemeinde-Verfassungsgesetze über die Verwaltung der Gemeinde-Angelegenheiten, insbesondere die Bestimmungen über die Zuständigkeit des Gemeindevorstandes und der Gemeindevertretung sind überall auch für die Verwaltung der öffentlichen Armenpflege maßgebend.[2]

Die in diesem Gesetze der Gemeindevertretung zugewiesenen Verrichtungen werden da, wo eine gewählte

Preußen. Gemeindevertretung nicht besteht, von der Gemeindeversammlung wahrgenommen.

Gleichlautend § 2 Ausf.Ges. f. Lauenburg.

1. Anm. 2 zu § 3 U.W.G.

2. Vgl. § 3 d. Ges. und § 56 Städteordg. für die sechs östl. Prov. v. 30. Mai 1853; § 56 Städteordg. f. d. Prov. Westphalen v. 19. März 1856; § 53 Städteordg. f. d. Rheinprov. v. 15. Mai 1856; Stadtrezesse der neuvorpommerschen Städte, Ges. v. 31. Mai 1853; § 63 Gem.Verf.Ges. der Stadt Frankfurt a/M. v. 25. März 1867; § 60 Städteordg. f. Schleswig-Holstein v. 14. April 1869; § 71 Hannoversche Städteordg. v. 24. Juni 1858; §§ 59, 60, 63, 80, 85 der Kurhessischen Gem.Ordg. v. 23 Oktober 1834; § 3 der Nassauischen Gem.Ordg. v. 26. Juli 1854. — Für die Kreisordnungsprovinzen §§ 21, 22 der Kreisordg. v. 13. Dezember 1871; / 19. März 1881; für dieselben und die Provinz Posen §§ 10 ff. Landgem.Ordg. v. 14. April 1856; §§ 23, 41, 65, 70 Landgem.Ordg. f. Westphalen v. 19. März 1859; §§ 44, 61, 76, 97, 102 der Gem.Ordg. f. die Rheinprovinz v. 23. Juli 1845, Art. 17 Ges. v. 15. Mai 1856; §§ 23, 26 Landgem.Ordg. f. Hannover v. 28. April 1859.

§ 3. Auf Grund eines Gemeindebeschlusses [1] können in allen Gemeinden für die Verwaltung der öffentlichen Armenpflege besondere, dem Gemeindevorstand untergeordnete Deputationen aus Mitgliedern des Gemeindevorstandes und der Gemeindevertretung, geeigneten Falles unter Zuziehung anderer Ortseinwohner, [2] gebildet werden. Den Vorsitz in solchen Deputationen führt, sofern nicht die Gemeinde-Verfassungsgesetze über den Vorsitz in Deputationen Anderes bestimmen, der Bürgermeister — in den Landgemeinden der Provinz Westphalen der Amtmann — oder ein dazu von ihm abgeordnetes Mitglied des Gemeindevorstandes. Wo kein Bürgermeister (Amtmann) an der Spitze der Gemeindeverwaltung steht, tritt an seine Stelle der Gemeindevorsteher.

Bei den sonstigen näheren Bestimmungen der Gemeinde-Verfassungsgesetze über die Zusammensetzung und Geschäftsführung besonderer Verwaltungs-Deputationen hat es sein Bewenden; [3] die Wahl der in die letzteren zu entsendenden Mitglieder der Gemeinde-vertretung und anderen Ortseinwohner steht jedoch fortan überall, soviel den Gegenstand dieses Gesetzes betrifft, der Gemeindevertretung zu. Preußen.

Ortspfarrer oder deren Stellvertreter, deren Pfarrbezirk über die Grenzen der politischen Gemeinde ihres Wohnorts sich erstreckt, sind hinsichtlich des in der auswärtigen Gemeinde belegenen Kirchspieltheiles den dortigen Ortseinwohnern gleich zu achten.

Uebereinstimmend § 3 Ausf.Ges. f. Lauenburg. — Den Vorsitz in den Deputationen führt in den Städten der Bürgermeister oder ein von ihm abgeordnetes Mitglied des Gemeindevorstandes, in den Landgemeinden der Gemeindevorsteher (Bauernvoigt).

1. Derselbe bedarf einer Genehmigung der Aufsichtsbehörde nicht (Instr.).

2. auch der nicht stimmfähigen Bürger, z. B. der Ortspfarrer (Instr.).

3. § 59 Städteordg. für die sechs östl. Prov. v. 30. Mai 1853; § 59 Städteordg. f. die Prov. Westphalen v. 19. März 1856; § 54 Städteordg. f. die Rheinprovinz; Stadtrezesse der neuvorpommerschen Städte, Ges. v. 31. Mai 1853; § 66 Gem.Verf.Ges. f. Frankfurt a/M.; §§ 66—70 der Städteordg. f. Schleswig-Holstein.

§ 4. Jedes zur Theilnahme an den Gemeindewahlen berechtigte Gemeindemitglied ist verpflichtet, eine unbesoldete Stelle in der Gemeinde-Armenverwaltung zu übernehmen und drei Jahre oder die sonst in den Gemeinde-Verfassungsgesetzen vorgeschriebene längere Zeit hindurch fortzuführen.[1] Von dieser Verpflichtung befreien nur folgende Gründe: 1) anhaltende Krankheit; 2) Geschäfte, die eine häufige oder lange dauernde Abwesenheit mit sich bringen; 3) ein Alter von 60 oder mehr Jahren; 4) die Verwaltung eines anderen öffentlichen Amtes; 5) sonstige besondere, eine gültige Entschuldigung begründende Verhältnisse, über deren Vorhandensein, sofern die Gemeinde-Verfassungsgesetze nicht etwas Anderes bestimmen, von der Gemeindevertretung zu beschließen ist.[2]

Wer eine unbesoldete Stelle die gesetzlich vorgeschrie-

Preußen. bene Zeit hindurch wahrgenommen hat, ist während der nächstfolgenden gleich langen Zeit von der Wahrnehmung einer solchen Stelle befreit.

Uebereinstimmend § 4 Ausf.Ges. f. Lauenburg.

1. Vgl. § 5.

2. Aerztliche und wundärztliche Praxis bildet für die Gemeindearmenverwaltung keinen Befreiungsgrund (Instr.).

§ 5. Wer ohne gesetzlichen Grund die Uebernahme oder fernere Wahrnehmung einer unbesoldeten Stelle in der Gemeinde-Verwaltung verweigert oder sich dieser Wahrnehmung entzieht, kann auf drei bis sechs Jahre des Rechts zur Theilnahme an den Gemeindewahlen und zur Wahrnehmung unbesoldeter Stellen verlustig erklärt und um ein Achtel bis ein Viertel stärker zu den direkten Gemeindeabgaben herangezogen werden. Die Beschlußfassung hierüber steht, sofern die Gemeinde-Verfassungsgesetze nicht etwas Anderes bestimmen, der Gemeindevertretung zu; der Beschluß bedarf der Genehmigung der Aufsichtsbehörde

Uebereinstimmend § 5 Ausf.Ges. f. Lauenburg.

§ 6. Die Vorsteher von Korporationen und anderen juristischen Personen[1] sind verpflichtet, den Gemeindebehörden auf deren Erfordern Auskunft über den Betrag der Unterstützungen zu ertheilen, welche einem Hülfsbedürftigen des Gemeindebezirks aus den unter ihrer Verwaltung stehenden, einem Zwecke der Wohlthätigkeit gewidmeten Fonds gewährt werden.[2] Vorsteher, welche diese Auskunft innerhalb einer vierzehntägigen Frist, von Empfang der Seitens der Gemeindebehörden ergangenen Aufforderung an gerechnet, zu ertheilen unterlassen, werden mit einer Geldstrafe bis zu zehn Thaler bestraft.[3]

Gleichlautend § 6 Ausf.Ges. f. Lauenburg.

1. nicht auch von Privatwohlthätigkeitsinstituten und Vereinen (Instr.).

2. nur in dem speziellen Falle; zur Erforderung fortlaufender

vollständiger Unterstützungslisten sind die Gemeindebehörden nicht berechtigt (Instr.). Preußen.

3. Die Strafe ist keine Exekutivstrafe, vielmehr ist auf dieselbe von dem Gerichte im ordentlichen Strafverfahren zu erkennen.

b. Gutsbezirke.[1]

§ 7. Den Gemeinden werden, soviel den Gegenstand dieses Gesetzes betrifft, die außerhalb des Gemeindeverbandes stehenden Gutsbezirke gleich geachtet. Die Bestimmungen der Gesetze über die Verwaltung der örtlichen Angelegenheiten in den außerhalb des Gemeindeverbandes stehenden Bezirken[2] sind in den letzteren überall auch für die Verwaltung der öffentlichen Armenpflege maßgebend.

§ 7 Ausf.Ges. f. Lauenburg erwähnt neben den Gutsbezirken noch die landesherrlichen Domänenvorwerke und bezeichnet als Gutsbezirke im Sinne dieses Gesetzes die adligen Güter im engern Sinne mit Ausschluß der zu denselben gehörigen Dorfschaften.

1. Alle einer Gemeinde nicht einverleibten, zur Anerkennung als selbständige Gutsbezirke (— wegen mangelnder Prästationsfähigkeit, R. des Min. d. J. v. 7. Oktober 1871, M.Bl. f. d. i. V. S. 292) nicht geeigneten Grundstücke sind einer Gemeinde oder einem Gutsbezirke, sofern dies nach den Gesetzen des betr. Landestheils zulässig ist, einzuverleiben (Instr., insbes. Anl. A. und B. derselben.) Vgl. auch:

§ 2 Städteordg. f. die östl. Prov. v. 30. Mai 1853; § 2 Städteordg. f. Westphalen v. 19. März 1856; § 2 Städteordg. f. die Rheinprovinz v. 15. Mai 1856; § 5 Gem.Verf.Ges. f. Frankfurt a/M. v. 25. März 1867; § 3 Städteordg. f. Schleswig Holstein v. 14. April 1869; §§ 10, 11 Hannoversche Städteordg. v. 24. Juni 1858.

§ 1 Landgem.Ordg. f. die östl. Prov. v. 14. April 1856; § 6 Landgem.Ordg. f. Westphalen v. 19. März 1856; § 4 Gem.Ordg. f. die Rheinprovinz v. 23. Juli 1845; § 1 Landgem.Ordg. f. Schleswig-Holstein v. 22. September 1867; § 7 des Hannov.Landgem.Verf.Ges. v. 28. April 1859; §§ 4, 5 Gem.Ordg. f. Kurhessen v. 23. Oktober 1834; § 1 Nassauische Gem.Ordg. v. 26. Juli 1854.

§§ 8, 9, 25, 26 Zust.Ges. v. 1. August 1883.

2. §§ 31—34 Kreisordg. v. $\frac{\text{13 Dezember 1871}}{\text{19. März 1881.}}$

§ 8. Die Gutsbesitzer haben in den Gutsbezirken die Kosten der öffentlichen Armenpflege gleich den Gemeinden zu tragen.

Preußen. Steht der Gutsbezirk nicht ausschließlich im Eigenthum des Gutsbesitzers,[1] so ist auf dessen[2] Antrag ein Statut zu erlassen, welches die Aufbringung der Kosten der öffentlichen Armenpflege in dem Gutsbezirke anderweitig regelt und den mit heranzuziehenden Grundbesitzern oder Einwohnern eine entsprechende Betheiligung bei der Verwaltung der Armenpflege einräumt. Das Statut wird, wenn sich die Betheiligten nicht vereinigen, nach Anhörung derselben durch den Kreistag[3] festgestellt und muß hinsichtlich der Regelung der Beitragspflicht den gesetzlichen Bestimmungen über die Vertheilung der Kommunallasten in den ländlichen Gemeinden folgen. Dasselbe unterliegt der Bestätigung der Bzirksregierung.[3]

§ 8 Ausf.Ges. f. Lauenburg fügt dem Absatz 1 hinzu: Auf den Domänenvorwerken fallen dieselben der Landesherrschaft zur Last. — Die Feststellung des Statuts (Abs. 2) ist der Ritter- und Landschaft übertragen. Diese ist durch die Ver. v. 24. August 1882 (G.S. S. 343) / 19. März 1883 (G.S. S. 35) durch die Kreisversammlung ersetzt.

1. Nach der in den sechs östlichen Provinzen so wie in den Provinzen Schleswig-Holstein und Westphalen geltenden Gesetzgebung scheidet ein Grundstück dadurch, daß es aufhört dem Gutsbesitzer als Eigenthum zu gehören, nicht ohne Weiteres aus dem Gutsbezirke aus; auch kann dort ein dem Gutsbesitzer nicht eigenthümlich zugehöriges Grundstück dem Gutsbezirke, unter Umständen auch ohne die Zustimmung des Gutsbesitzers, zugeschlagen werden (Instr.).

2. also nicht auf Antrag anderer Interessenten (Instr.).

3. nach § 40 des Zust.Ges. v. 1. August 1883 erfolgt die Feststellung des Statuts durch den Kreisausschuß, die Bestätigung durch den Bezirksausschuß. Vgl. auch Abs. 3 a. a. O. — Wegen der Beschwerden und Einsprüche, betr. die Verpflichtung zur Theilnahme an den Lasten der Armenpflege in Gutsbezirken, vgl. § 44 des Zust.Ges. v. 1. August 1883. Ueber den Geltungsbereich desselben s. Vorbemerkung zu Anh. E.

c. Gesammt-Armenverbände.[1]

§ 9. Die einen einheitlichen Ortsarmenverband (Gesammt-Armenverband) gegenwärtig bereits bildenden Verbände von Gemeinden oder Gutsbezirken bleiben als solche bestehen.[2] Die für die Verwaltung der Angelegenheiten dieser Verbände maßgebenden statutarischen Vorschriften können durch verfassungsmäßigen, von der Bezirksregierung[3] bestätigten Beschluß des betreffenden Verbandes, in Ermangelung eines solchen Beschlusses aber nur gemäß den Vorschriften des §. 10., abgeändert werden.[4] Preußen.

Uebereinstimmend § 9 Ausf.Ges. f. Lauenburg.

1. Ein Gesammtarmenverband kann nur aus Gemeinden bez. aus Gutsbezirken zusammengesetzt sein. Eine Dominial-Kolonie, welche rechtlich als eine Gemeinde nicht zu betrachten ist, kann nicht mit dem betr. Gutsbezirke bez. mit einer Gemeinde zu einem Gesammt-Armenverband vereinigt werden; die Einwohner einer solchen Kolonie sind vielmehr als Einwohner des Gutsbezirks zu betrachten und können zu den auf den Gutsbezirk fallenden Armenpflegekosten nur gemäß § 8 dieses Ges. herangezogen werden. R. d. Min. d. J. v. 9. Oktober 1871 (M. f. i. V. S. 293).

2. Solche Verbände bestehen a. in Schlesien ausschließlich der Oberlausitz (§ 1 Edikt v. 14. Dezember 1747, Korn, Edikt.Samml. II S. 540; Entsch. des Ob.Trib. Bd. 48 S. 432. § 7 Ges. v. 31. Dezember 1842 G.S. S. 843 S. 8). Ein Zwang zur Bildung von Gesammtarmenverbänden findet auch in Schlesien nicht mehr statt (Instr.), b) in Hannover (§ 85 Hannov. Landgem.Verf.Ges.). c) in Neuvorpommern und Rügen (Kirchspielsarmenverbände; soweit dieselben nicht Verbände von Gemeinden oder Gutsbezirken sind, findet § 16 Anwendung.)

3. nach § 40 Zust.Ges. v. 1. August 1883 von dem Bezirksausschuß.

4. Dabei sind die Normativvorschriften des § 10 Abs. 2—4 zum Grunde zu legen (Instr.).

§ 10. Soweit die Verfassung der bestehenden Gesammt-Armenverbände nicht durch statutarische Vorschriften geregelt ist, bleibt den betheiligten Gemeinden und Gutsbezirken die Vereinbarung solcher statutarischen Vorschriften, vorbehaltlich der Bestätigung der letzteren durch die Bezirksregierung,[1] überlassen; in Ermangelung einer derartigen Vereinbarung wird die Verfassung des Gesammt-Armenverbandes durch ein nach Anhörung der Betheiligten von dem Kreistage[1] nach Maßgabe der nachfolgenden Bestimmungen zu beschließendes, von der Bezirksregierung[1] zu bestätigendes Statut geregelt.

Preußen. Es wird für den Gesammt-Armenverband eine besondere, aus Abgeordneten der Gemeinden und Gutsbezirke bestehende Vertretung gebildet. Die Zahl der von den Gemeinden und Gutsbezirken zu entsendenden Abgeordneten, sowie geeigneten Falles die Zahl der dem Abgeordneten eines Gutsbezirkes einzuräumenden Stimmen wird nach dem Verhältniß der von den Gemeinden und Gutsbezirken zu leistenden Beiträge zu den Kosten der gemeinsamen Armenpflege bestimmt, mit der Maßgabe, daß jede Gemeinde und jeder Gutsbezirk wenigstens Einen Abgeordneten zu entsenden hat. Die Abgeordneten der Gemeinden, zu denen jedoch in allen Fällen der Vorsteher der betreffenden Gemeinde gehören muß, werden von der Gemeindevertretung auf drei bis sechs Jahre gewählt. Die Vertretung des Gesammt-Armenverbandes wählt einen Vorsitzenden und einen stellvertretenden Vorsitzenden, in der Regel aus ihrer Mitte. Dem Vorsitzenden kann eine Dienstunkosten-Entschädigung gewährt werden. Die Wahlen erfolgen nach den entsprechenden Vorschriften der Gemeinde-Verfassungsgesetze. In Beziehung auf die Verwaltung der gemeinsamen Armenpflege stehen, nach Maßgabe der Gemeinde-Verfassungsgesetze, der Vertretung des Gesammtarmenverbandes die Rechte der Gemeindevertretung (Gemeindeversammlung), dem Vorsitzenden derselben aber die Rechte des Gemeindevorstehers (Gemeindevorstandes) zu. Die Vertheilung der Kosten der gemeinsamen Armenpflege auf die einzelnen Gemeinde- und Gutsbezirke erfolgt nach Maßgabe der in ihnen aufkommenden Klassen und Einkommensteuer, der halben Gewerbesteuer, sowie der halben Grund- und Gebäudesteuer. Das Einkommen, welches aus außerhalb belegenem Grundbesitz oder betriebenem Gewerbe fließt, ist außer Berechnung zu lassen.[2]

Das Einkommen, welches die außerhalb des Bezirkes des Gesammtarmenverbandes wohnenden Personen mit Einschluß der juristischen Personen, der Aktiengesellschaften und Kommanditgesellschaften auf Aktien aus dem innerhalb dieses Bezirkes belegenen Grundbesitz oder betriebenen Gewerbe beziehen, wird hinsichtlich der Klassen- und Einkommensteuer besonders veranlagt.[2] Preußen.

Den einzelnen Gemeinden bleibt die Aufbringung des auf sie vertheilten Kostenbeitrages nach den Vorschriften der Gemeindeverfassungsgesetze überlassen.

Uebereinstimmend § 10 des Ausf.Ges. f. Lauenburg. Statt des Kreistages ist die Beschlußfassung über das Statut (Abs. 1) der Ritter- und Landschaft übertragen; jetzt der Kreisversammlung (s. zu § 8). — In Abs. 2. wird bezüglich der Wahlen bestimmt: „Die Wahlen erfolgen nach Mehrheit der Stimmen. Bei Stimmengleichheit entscheidet das Loos.“ — Die Vertheilung der Kosten erfolgt bis auf Weiteres nach Maßgabe der direkten Staats- und Grundsteuern, namentlich der Kontribution und Exemtensteuern, sowie der Klassen- und Einkommensteuer, jedoch mit Ausschluß der in der ersten Hauptklasse der Klassensteuer entrichteten Beiträge. Das Einkommen, welches aus außerhalb belegenem Grundbesitz der betriebenen Gewerbe fließt, ist außer Berechnung zu lassen. — (Bezüglich der Steuerverfassung vgl. § 9 Ges. v. 23. Juni 1876, G.S. S. 169, Ver. v. 4. Oktober 1877, G.S. S. 229.)

1. an Stelle des Kreistages tritt nach § 40 Zust.Ges. v. 1. August 1883 der Kreisausschuß, an Stelle der Bezirksregierung der Bezirksausschuß. — Vgl. a. Abs. 3 auch a. a. O.

2. Wegen der Beschwerden und Einsprüche, betr. die Verpflichtung zur Theilnahme an den Lasten der Armenpflege in Gesammtarmenverbänden, vgl § 44 Zust.Ges. v. 1. August 1883.

§ 11. Die einen einheitlichen Ortsarmenverband gegenwärtig noch nicht bildenden, aus mehreren Gemeinden oder Gutsbezirken zusammengesetzten Kommunalverbände (Bürgermeistereien, Aemter, Sammtgemeinden) können unter Zustimmung des Kreistages in den Formen, welche für die Beschlußfassung über die gemeinschaftlichen Angelegenheiten dieser Verbände vorgeschrieben sind, als Gesammtarmenverbände eingerichtet werden. Die Bestimmungen der Gesetze über die Verwaltung der gemeinschaftlichen Angelegenheiten der ge-

Preußen. dachten Kommunalverbände sind alsdann auch für die Verwaltung der gemeinsamen Armenpflege maßgebend.[1]

Uebereinstimmend § 11 Ausf.Ges. f. Lauenburg. An Stelle des Kreistages tritt jetzt die Kreisversammlung, s. zu § 8.

1. Der § 11 bezieht sich auf die Westphälischen Aemter und Rheinischen Bürgermeistereien (Instr.). — Vgl. §§ 4. 5, 69—77 Landgem.Ordg. f. Westphalen v. 19. März 1856; § 8 der Gem.Ordg. f. die Rheinprovinz v. 23. Juli 1845; Art. 15 Ges. v. 15. März 1856 betr. die Gemeindeverfassung in der Rheinprovinz.

§ 12. Gemeinden oder Gutsbezirke, welche einem der in den §§. 9. und 11. gedachten Verbände nicht angehören, können mittelst gegenseitiger Vereinbarung als Gesammtarmenverbände eingerichtet oder einem bestehenden Gesammtarmenverbande einverleibt werden. Die Art der Beschlußfassung über die gemeinschaftlichen Angelegenheiten, die Vertretung des Gesammtarmenverbandes nach außen, die Formen der Verwaltung und die Aufbringungsweise der Kosten der gemeinsamen Armenpflege sind in diesem Falle durch ein von der Bezirksregierung[1] zu bestätigendes Statut zu regeln.

Uebereinstimmend § 12 Ausf.Ges. f. Lauenburg.

1. nach § 40 Zust.Ges. v. 1. August 1883 von dem Bezirksausschuß. Vgl. auch Abs. 3 a. a. O.

§ 13. Die Bestimmungen der §§. 3. bis 5., betreffend die Bildung besonderer Deputationen und die Verpflichtung zur Annahme unbesoldeter Stellen, sowie die Bestimmungen des §. 6. kommen auch bezüglich der Gesammtarmenverbände und deren Vertretung zur Anwendung.

Gleichlautend § 13 Ausf.Ges. f. Lauenburg.

§ 14. Die Wiederauflösung eines Gesammtarmenverbandes kann nur in den Formen, welche für die Beschlußfassung über die gemeinschaftlichen Angelegenheiten vorgeschrieben sind, und nur mit Genehmigung der Bezirksregierung[1] vorgenommen werden.

Gleichlautend § 14 Ausf.Ges. f. Lauenburg.

1. nach § 40 Zust.Ges. v. 1. August 1883 durch den Bezirksausschuß. — Die Wiederauflösung ist nicht zu fördern und ohne genügenden Grund nicht zu genehmigen (Instr.). Preußen.

§ 15. Jede Einrichtung und jede Wiederauflösung eines Gesammtarmenverbandes ist durch das Amtsblatt zur öffentlichen Kenntniß zu bringen.

Uebereinstimmend § 15 Ausf.Ges. f. Lauenburg.

d. Umwandelung und räumliche Begrenzung der, dem Reichsgesetze vom 6. Juni 1870 nicht entsprechenden Ortsarmenverbände.

§ 16. Die in einigen Landestheilen [1] bestehenden Ortsarmenverbände (Armenkommunen u. s. w.), welche den Vorschriften des Reichsgesetzes über den Unterstützungswohnsitz vom 6. Juni 1870. nicht entsprechen, werden in Ortsarmenverbände nach Maßgabe jenes Gesetzes umgebildet. Dieselben erhalten ihre räumliche Begrenzung durch Beschluß der in Gemäßheit des §. 18. zu bildenden Kommissionen unter Bestätigung der Bezirksregierung nach vorgängiger Anhörung der Betheiligten. Die räumliche Begrenzung geschieht in der Weise, daß diejenigen Verbände, welche schon jetzt mehrere ganze Gemeinden oder Gutsbezirke umfassen, als Gesammtarmenverbände in Gemäßheit des §. 10. gegenwärtigen Gesetzes einzurichten sind. [2]

1. Schleswig-Holstein, Ostfriesland, und zum Theil auch in Neuvorpommern und Rügen (vgl. Anm. 2 c zu § 9).

2. Ueber die Durchführung vgl. die Instr. des Min. d. Innern v. 2. März 1871 (Anl. C. der Instr).

§ 17. Das Vermögen der im §. 16. gedachten Ortsarmenverbände (Armenkommunen u. s. w.) geht zur bestimmungsmäßigen Verwendung auf die neu zu bildenden Ortsarmenverbände über, unter Wahrung aller bestehenden Rechte der Religionsgesellschaften,

Preußen. Stiftungen und sonstigen juristischen Personen und unter Vorbehalt des Rechtsweges für dieselben.

Die Theilnahmerechte der neu zu bildenden Ortsarmenverbände an dem vorgedachten Vermögen bestimmen sich in Ermangelung besonderer Rechtstitel oder einer anderweitigen Vereinbarung der Betheiligten zunächst nach dem Maßstabe, nach welchem die Betheiligten zu diesem Vermögen im Durchschnitt der letzten zehn Jahre beigetragen haben, und wenn ein solcher Maßstab nicht nachweisbar ist, nach der Seelenzahl.

Eine Vertheilung des bisher ungesondert verwalteten Armenvermögens ist nur zuläſsig, wenn sie nach der von der Bezirksregierung zu treffenden Entscheidung mit den bestimmungsmäßigen Zwecken des Armenvermögens vereinbar ist. Wo die Vertheilung nicht stattfindet, kann eine gemeinschaftliche Verwaltung nach Maßgabe der §§. 10., 12. und 13. eingerichtet werden.

§ 18. Die zur Ausführung der Vorschriften der §§. 16. und 17. erforderliche Regulirung der Vermögensverhältnisse erfolgt durch Kommissionen, bestehend aus einem von dem Oberpräsidenten zu ernennenden Vorsitzenden und aus zwei oder vier weiteren, gemäß Beschluß der Provinzialvertretung zu wählenden Mitgliedern. Die Provinzialvertretung beschließt über die Zahl der zu bestellenden Kommissionen. Gegen die Beschlüsse der Kommissionen bleibt den Betheiligten der Rechtsweg vorbehalten.

e. Aufzuhebende örtliche Armenbehörden.

§ 19. Es werden diejenigen besonderen Behörden (Armenkommissionen, Hospitienkommissionen, Armenverwaltungen, Pflegschaftsräthe ꝛc.) hierdurch aufgehoben, welche in einigen Landestheilen, insbesondere im Bezirk des Appellationsgerichtshofes zu Cöln,[1] für die Verwaltung der örtlichen Armenpflege[2] neben den, durch die Gemeindeverfassungsgesetze angeordneten Gemeindebehörden bestehen. Auf die letzteren gehen alle, aus Gesetzen, Verordnungen und anderen Titeln entspringenden Rechte und Pflichten der gedachten besonderen Armenbehörden über, insbesondere ist das unter ihrer Verwaltung stehende Vermögen, soweit dasselbe bisher zu bestimmten Stiftungszwecken zu verwenden war, auch fernerhin in gleicher Weise zu verwenden. Preußen

Uebereinstimmend § 16 Ausf.Ges. f. Lauenburg.

1. Vgl. die Denkschrift, betr. die örtliche Verwaltung des Armenwesens in der Rheinprovinz. — Anl. zu den Motiven des Ausf.Ges.
2. in ihrer Gesammtheit.

§ 20. Soweit bisher, insbesondere im Bezirk des Appellationsgerichtshofes zu Cöln, von den nach §. 19. aufzuhebenden besonderen Armenbehörden Armenfonds und Armenanstalten ungesondert verwaltet wurden, welche für die Armenzwecke mehrerer Gemeinden bestimmt sind, kommen die Vorschriften der §§. 21. bis 32. zur Anwendung.

§ 21. Sind die Armenfonds und Armenanstalten für die Armenzwecke mehrerer Landgemeinden bestimmt, so geht deren Verwaltung auf diejenigen Behörden über, welche nach den Gemeindeverfassungsgesetzen für die Verwaltung der gemeinschaftlichen Angelegenheiten der Landgemeinden angeordnet sind.[1] Der Artikel 15. des Gesetzes vom 15. Mai 1856, betreffend die Gemeindeverfassung in der Rheinprovinz (Gesetz-Samml. S. 435 ff.), kommt entstehenden Falles mit der Maßgabe zur Anwendung, daß die in dem letzten Satze dieses Artikels erwähnten Rechte des Vorsitzes und der Verwaltung demjenigen Bürgermeister zustehen, in dessen Amtsbezirke die betreffende Armenbehörde ihren Sitz gehabt hat.

1. Anm. 1 zu § 11.

Preußen. § 22. Sind die Armenfonds und Armenanstalten für die Armenzwecke mehrerer Stadtgemeinden oder für die Armenzwecke von Stadt- und Landgemeinen bestimmt, so geht deren Verwaltung auf die Behörden derjenigen Gemeinde über, in welcher die aufzuhebende Armenbehörde ihren Sitz gehabt hat. In Fällen dieser Art ist den betheiligten Außengemeinden eine Mitwirkung bei der Verwaltung der Armenfonds und Armenanstalten nach Maßgabe der Bestimmungen der §§. 10., 12., 13. einzuräumen.

§ 23. Die zur Ausführung der Vorschriften der §§. 19. bis 22. erforderliche Regulirung erfolgt nach Maßgabe der Bestimmungen der §§. 17. und 18.

§ 24. Den Religionsgesellschaften, den Stiftungen und sonstigen juristischen Personen verbleibt in allen Fällen die Verwaltung des ihnen zugehörigen Armenvermögens, insoweit diese Verwaltung gegenwärtig noch nicht auf die gemäß §. 19. aufzuhebenden Armenbehörden übergegangen ist. Insoweit den Religionsgesellschaften, den Stiftungen und sonstigen juristischen Personen schon nach den bisherigen Gesetzen ein Anspruch auf Rückgewähr des in die Verwaltung der aufzuhebenden Armenbehörden übergangenen Vermögens zusteht, bleibt ihnen die Verfolgung desselben im Rechtswege vorbehalten.

Uebereinstimmend § 17 Ausf.Ges. f. Lauenburg.

f. Aufsichtsrecht der Staatsregierung.

§ 25. Der Staatsregierung steht nach Maßgabe der Gemeindeverfassungsgesetze[1] die Aufsicht über die Verwaltung der Ortsarmenverbände zu. Sie hat insbesondere auch in den Fällen der §§. 19. ff. darüber zu wachen, daß das Armenvermögen seinen bestimmungsmäßigen Zwecken nicht entfremdet werde.

Uebereinstimmend § 18 Ausf.Ges. f. Lauenburg.

1. §§ 7, 24 Zust.Ges. v. 1. August 1883.

B. Landarmenverbände.

Preußen.

§ 26. Die bestehenden Landarmenverbände werden in ihren gegenwärtigen Grenzen bis auf Weiteres beibehalten, jedoch wird der Kreis Meisenheim dem Landarmenverbande des Regierungsbezirks Coblenz und die Enklave Kaulsdorf dem Landarmenverbande der vormals Sächsischen Kreise der Regierungsbezirke Merseburg und Erfurt und des Kreises Erfurt zugelegt. Einen besonderen Landarmenverband bilden außerdem 1) die Provinz Schleswig-Holstein, 2) die Provinz Hannover, 3) der kommunalständische Verband des Regierungsbezirks Kassel, 4) der kommunalständische Verband des Regierungsbezirks Wiesbaden mit Ausschluß des Stadtkreises Frankfurt a. M., 5) der Stadtkreis Frankfurt a. M., 6) der Regierungsbezirk Sigmaringen.[1]

Für das Jadegebiet werden die Funktionen des Landarmenverbandes bis auf Weiteres vom Staate übernommen.[2]

§§ 19, 20 Ausf.Ges. f. Lauenburg:

§ 19. Das Herzogthum Lauenburg bildet einen Landarmenverband.

§ 20. Die Verwaltung der Angelegenheiten des Landarmenverbandes liegt der Ritter- und Landschaft ob. — Die maßgebenden Verwaltungsvorschriften werden durch eine Allerhöchste Verordnung geregelt werden. Bis zum Erlaß derselben bewendet es bei den zur Zeit bestehenden Verwaltungsvorschriften.

1. Die gegenwärtig bestehenden Landarmenverbände sind:

1. Ostpreußischer Landarmenverband (Reglement v. 26. September 1864, G S S. 621). Derselbe hat nur die Verwaltung der Landarmen- und Korrektionsanstalt Tapiau, sowie die Aufbringung der Kosten des Korrigendenwesens zu seiner Aufgabe. Im Uebrigen bildet jeder Kreis für sich einen besonderen Landarmenverband, welcher nach außen hin vom Landrath vertreten wird (§§ 76, 130, 137 der Kreisordg.). Wegen Königsberg s. u. Nr. 17.

2. Westpreußischer Landarmenverband (Reglement v. 11. September 1867, G.S. S. 1709).

3. Landarmenverband der Provinz Brandenburg mit Ausnahme von Berlin (unten Nr. 17) (Ver. v. 25. Februar und 20. April 1878, G.S. S. 94 und 143).

4. Landarmenverband der Provinz Pommern (Ver. v. 15. März 1877, G.S. S. 95).

Preußen. 5. Landarmenverband der Provinz Sachsen (Ver. v. 2. Oktober 1871 (G.S. S. 473) und v. 10. Juni 1876 (G.S. S. 243).

6. Landarmenverband der Provinz Schlesien mit Ausnahme der Stadt Breslau (unten Nr. 17) (Ver. v. 16. Februar 1878, G.S. S. 91).

Zu Nr. 1—6. Die Vertretung der Landarmenverbände steht in den vorgenannten 6 Provinzen nach der Prov.Ordg. v. $\frac{\text{29. Juni 1875}}{\text{22. März 1881}}$ dem Landesdirektor zu. Vgl. §§ 59, 87, 90, 120 (8, 35), 128 a. a. O. — Die Amtssitze derselben sind in Königsberg, Danzig, Berlin, Stettin, Merseburg, Breslau.

7. Landarmenverband der Provinz Posen (Ver. v. 29. Juli 1871, G.S. S. 329), vertreten durch den Landarmendirektor zu Posen.

8. Landarmenverband der Provinz Westphalen (V. v. 15. September 1871, G.S. S. 461), vertreten durch den Landarmendirektor zu Münster.

9. Landarmenverband der Rheinprovinz (Ver. v. 2. Oktober 1871, G.S. S. 477; Regul. v. 27. September 1871, G.S. S. 469, und Erl. v. 12. April 1873, G.S. S. 251), vertreten durch den Landesdirektor zu Düsseldorf.

10. Landarmenverband der Provinz Hannover (Ver. v. 1. August 1871, G.S. S. 325, und Regulativ v. 1. November 1868, G.S. S. 979), vertreten durch das Landesdirektorium zu Hannover. Vgl. auch §§ 87 ff. Prov.Ordg. v. 7. Mai 1884 (G.S. S. 342).

11. Landarmenverband der Provinz Schleswig-Holstein (Ver. v. 1. September 1871, G.S. S. 371, und Regul. v. 14. August 1871, G.S. S. 372), vertreten durch den Landesdirektor zu Kiel.

12. Landarmenverband des Reg.Bezirks Cassel (Ver. v. 29. Juli 1871, G.S. S. 323, und Regul. v. 11. November 1868, G.S. S. 999), vertreten durch den Landesdirektor zu Cassel.

13. Landarmenverband des Reg.Bezirks Wiesbaden (Ver. v. 4. September 1871, G.S. S. 378, Ver. v. 26. September 1867, G.S. S. 1659, Regul. v. 17. Juli 1871, G.S. S. 299), vertreten durch den Landesdirektor zu Wiesbaden.

14. Landarmenverband des Stadtkreises Frankfurt a/M. (V. v. 29. Juli 1871, G.S. S. 324), vertreten durch die kreisständische Armenkommission daselbst.

15. Landarmenverband des Reg.Bezirks Sigmaringen. Die Verwaltung steht dem Kommunallandtag nach Maßgabe der Ver. v. 16. September 1874 (G.S. S. 311) zu. (Vgl. Hohenzollernsche Amts- und Landesordg. v. 2. April 1873, G.S. S. 145).

16. Landarmenverband des Kreises Herzogthum Lauenburg. — Die Verwaltung steht an Stelle der Ritter- und Landschaft nach Art. I der Ver. v. $\frac{\text{24. August 1882 (G.S. S. 343)}}{\text{19. März 1883 (G.S. S. 35)}}$ der Kreisversammlung zu.

17. Die Städte Berlin, Königsberg, Breslau bilden

Landarmenverbände für sich, deren Vertretung sich nach § 28 Abs. 1 bestimmt. Preußen.

2. Der Landarmenverband des Jadegebiets besteht nicht mehr. Das Jadegebiet ist durch § 1 Ges. v. 23. März 1873 (G.S. S. 107) in die Provinz Hannover, insbesondere in den provinzialständischen Verband derselben einverleibt (vgl. auch §§ 1, 6, 16 des Dotationsges. v. 8. Juli 1875, G.S. S. 497).

§ 27. Die Grenzen der Landarmenverbände können unter Zustimmung der Betheiligten und, wo für den Bezirk eines Landarmenverbandes eine besondere Vertretung nicht besteht, unter Zustimmung der Provinzialvertretung durch Königliche Verordnung geändert werden. Ohne diese Zustimmung ist eine solche Aenderung nur im Wege der Gesetzgebung zulässig.

§ 28. Die Verwaltung der Angelegenheiten derjenigen Landarmenverbände, welche nur aus einer Gemeinde bestehen, erfolgt nach den für die Verwaltung der Angelegenheiten der Gemeinden maßgebenden Vorschriften.

In allen anderen Fällen wird die Verwaltung der Angelegenheiten der Landarmenverbände durch Königliche Verordnung, soweit es bisher noch nicht geschehen ist, den betreffenden kreis-, beziehungsweise provinzial- und kommunalständischen Verbänden und deren Organen nach Maßgabe der für diese Verbände und deren Organe gültigen Verfassungsgesetze übertragen. Bis zum Erlaß der betreffenden Königlichen Verordnung bewendet es überall bei den zur Zeit bestehenden Verwaltungsvorschriften, vorbehaltlich der Bestimmungen des §. 71.

§ 29. Die zur Erfüllung der Verpflichtungen der Landarmenverbände aufzubringenden Kosten werden auf die betreffenden Kreise nach dem Maßstabe der in ihnen aufkommenden direkten Staatssteuern (§. 70.) vertheilt, sofern nicht die Vertretung eines Landarmenverbandes mit Genehmigung der Minister des Innern und der Finanzen eine andere Aufbringungsweise beschließt.

Preußen. Den Vertretungen der Kreise bleibt die Beschlußfassung über die Aufbringungsweise des auf die letzteren vertheilten Kostenbetrages überlassen.

In der Provinz Hannover werden die vorgedachten Kosten auf die Amtsverbände beziehungsweise auf die nicht zu einem Amtsverbande gehörigen Städte vertheilt.

Im Regierungsbezirk Sigmaringen erfolgt die Vertheilung auf die Oberamtsbezirke. Die Aufbringungsweise der auf die letzteren vertheilten Kostenbeträge wird bis zur Einführung von Kreis- und Provinzialvertretungen durch eine Versammlung der Ortsvorsteher (Bürgermeister, Stadtschultheiß, Vogt) des Oberamtsbezirks unter dem Vorsitze des Oberamtmanns bestimmt.[1]

§ 29 Ausf.Ges. f. Lauenburg: Die zur Erfüllung der Verpflichtungen des Land-Armenverbandes aufzubringenden Kosten werden bis auf Weiteres auf die Aemter, Städte und Güter nach dem Maßstabe der direkten Staats- und Grundsteuern, nämlich der Kontribution und Exemtensteuern, sowie der Klassen- und Einkommensteuer, jedoch mit Ausschluß der in der ersten Hauptklasse der Klassensteuer entrichteten Beträge vertheilt, sofern nicht die Ritter- und Landschaft (jetzt die Kreisversammlung, s. zu § 8) mit Genehmigung Unseres Ministers für Lauenburg (jetzt des Ministers des Innern und der Finanzen, § 3 Ges. v. 23. Juni 1876, G.S. S. 169) eine andere Aufbringungsweise beschließt.

1. Wegen der Beschwerden und Einsprüche, betr. die Heranziehung oder Veranlagung zu den Lasten der Landarmenverbände, vgl. § 44 Zust.Ges. v. 1. August 1883.

§ 30. Die Bestimmungen des §. 29. treten in den Provinzen Preußen, Brandenburg, Pommern, Posen, Schlesien, Sachsen, Westphalen und in der Rheinprovinz erst mit dem 1. Januar 1873. in Geltung. Mit demselben Tage treten in der Provinz Schlesien die zur Zeit dort geltenden gesetzlichen Bestimmungen, betreffend die Erhebung von Abgaben für das Landarmen- und Korrigendenwesen bei Erb- und Besitzveränderungsfällen, außer Kraft.

Pflichten und Rechte der Landarmenverbände.

Preußen.

§ 31. Die Landarmenverbände sind befugt, die Kosten der öffentlichen Armenpflege, welche die Fürsorge für Geisteskranke, Idioten, Taubstumme, Sieche und Blinde verursacht, unmittelbar zu übernehmen. Kreise oder Armenverbände, welche für einen der unmittelbar zu übernehmenden Zweige der Armenpflege bis dahin in ausreichender Weise gesorgt haben,[1] können nicht gegen ihren Willen verpflichtet werden, an der betreffenden Einrichtung des Landarmenverbandes Theil zu nehmen oder zu den Kosten derselben beizutragen. Die auf besonderen gesetzlichen Bestimmungen oder Titeln beruhenden Verpflichtungen einzelner Landarmenverbände, sowie die Verpflichtung der Ortsarmenverbände zur vorläufigen Unterstützung der in ihrem Bezirke (§. 28. des Bundesgesetzes) der Hülfsbedürftigkeit anheimfallenden Personen werden hierdurch nicht berührt.

Die vorstehende Bestimmung findet gleichmäßig auf die aus mehreren Gemeinden oder Gutsbezirken zusammengesetzten Kommunalverbände (Bürgermeistereien, Aemter, Sammtgemeinden), sowie auf die Amtsbezirke und Kreise Anwendung. Diese Verbände können überdies auch die Fürsorge für Kranke unmittelbar übernehmen.

Uebereinstimmend § 22 Ausf.Ges. f. Lauenburg, in welchem aber der zweite Satz des Abs. 1 fehlt.

1. Die Entscheidung, ob dies der Fall ist, steht der Staatsaufsichtsbehörde zu (Instr.).

§ 32. Die in einigen Landestheilen bereits bestehenden Verbände von Gemeinden und Gutsbezirken zur Bestreitung der Kosten einzelner besonderer Zweige der öffentlichen Armenpflege (außerordentliche Armenlast)[1] bleiben als solche aufrecht erhalten; bezüglich der

Preußen. Verwaltung der Angelegenheiten derselben kommen die §§. 9., 10., 13. bis 15. gleichmäßig zur Anwendung.

Ohne Zustimmung der Betheiligten findet die Bildung solcher Verbände nicht ferner statt.

Uebereinstimmend § 23 Ausf.Ges. f. Lauenburg. Hinter „aufrecht erhalten" ist hinzugefügt: (Nebenanlagen).

1. Solche Verbände bestehen:

a) in der Provinz Hannover auf Grund des § 83 des Hannoverschen Landgemeinde-Verfassungsgesetzes und des § 9 der Ministerial-Instruktion v. 28. April 1859 (Hann. G.S. S. 408, 410); nach diesen Bestimmungen können durch ministerielle Anordnung mehrere Gemeinden nach Anhörung derselben und der Amtsversammlung, zu einem Verbande behufs Bestreitung der „außerordentlichen Armenlast (Irre, langwierige Krankheiten, Seuchen)" vereinigt werden;

b. in den ehemals Bayerischen Landestheilen auf Grund des Art. 6 der Ver. v. 17. November 1816 (Bayer. Ges.Bl. S. 780), wonach jedes Land- und Herrschaftsgericht für seinen ganzen Umfang eine gemeinsame Bezirkspflege bilden soll, — unter anderem „zu dem Ende, daß solche Bedürfnisse, welche nicht blos örtlich sind, durch gemeinsame Kräfte bestritten werden." (Instr.)

§ 33. Die in einigen Landestheilen bestehenden Verpflichtungen des Staats zur Bestreitung einzelner besonderer Zweige der öffentlichen Armenpflege werden insoweit aufgehoben, als diese Verpflichtungen nicht auf besonderen Rechtstiteln beruhen.[1]

Desgleichen werden aufgehoben die Bestimmungen des Ausschreibens des vormaligen Kurhessischen Staatsministeriums vom 15. Oktober 1822. (Kurhessische Gesetz-Samml. S. 45.), sowie die Bestimmungen in §. 1. Nr. 5. des Gesetzes, betreffend die Erweiterung der Verwendungszwecke der Einnahmen aus dem vormals Kurhessischen Staatsschatze vom 25. März 1869. (Gesetz-Samml. 525.).

1. Danach kommt die Verpflichtung des Staates zur Bestreitung der Armenpflegekosten

a) bezüglich der Waisenkinder, sowie bezüglich der Unterstützung nicht prästationsfähiger Gemeinden in dem größeren Theile des Regierungsbezirks Wiesbaden, mit der im § 74 unter 5 c ausgesprochenen Maßgabe,

b) bezüglich der unehelichen Kinder in einem Theile des Land- Preußen.
drosteibezirks Stade
v. 1. Juli 1873 ab in Wegfall (Instr.).

§ 34. Die Landarmenverbände sind befugt, die ihrer Fürsorge gesetzlich anheimfallenden Personen demjenigen Ortsarmenverbande gegen Entschädigung zu überweisen, welcher nach §. 28. des Bundesgesetzes vom 6. Juni 1870. zu vorläufigen Unterstützung derselben verpflichtet ist.

Die Landarmenverbände sind verpflichtet, in ihren Armenhäusern, soweit es der Raum gestattet, gegen Entschädigung die der Fürsorge der Ortsarmenverbände gesetzlich anheimfallenden Personen auf Antrag dieser Verbände aufzunehmen.

Uebereinstimmend § 24 Ausf.Ges. f. Lauenburg, in welchem indeß Abs. 2 fehlt.

§ 35. Die für den Betrag der Erstattungsforderungen der Armenverbände maßgebenden Tarife werden von dem Minister des Innern nach Anhörung der Provinzialvertretung beziehungsweise der Kommunal-Landtage aufgestellt. Bei den gegenwärtig in Geltung stehenden Tarifen bewendet es, bis sie in vorgedachter Weise abgeändert worden sind.[1]

Uebereinstimmend § 25 Ausf.Ges. f. Lauenburg. — An Stelle der dort statt der Provinzialvertretung gedachten Ritter- und Landschaft ist die Kreisversammlung getreten (s. oben zu § 8).

1. Vgl. Anhang C.

§ 36. Die Landarmenverbände sind verpflichtet, denjenigen, ihrem Bezirke angehörigen Ortsarmenverbänden eine Beihülfe zu gewähren, welche den ihnen obliegenden Verpflichtungen[1] zu genügen unvermögend sind. Ob und welche Beihülfe zu leisten ist, entscheidet nach Anhörung des Kreistages endgültig die Deputation für das Heimathwesen (§. 40.), zu deren Sprengel der betreffende Ortsarmenverband gehört.[2] Die Beihülfe kann in Geld oder mittelst Bereitstellung von Pflegeanstalten oder in sonst geeigneter Weise gewährt werden.

Preußen. Die in einigen Theilen des Regierungsbezirks Cassel bestehenden Verbände zur Unterstützung solcher Gemeinden, welche die Lasten der öffentlichen Armenpflege für sich allein nicht aufzubringen im Stande sind, werden insoweit aufgehoben, als diese Verbände nicht gleichzeitig zur Verfolgung anderer Zwecke eingerichtet sind, beziehungsweise insoweit auf sie nicht gleichzeitig der §. 32. Anwendung findet.[3] Auf das Vermögen dieser Verbände, soweit dasselbe lediglich zur Unterstützung der vorgedachten Gemeinden bestimmt ist, kommen die Vorschriften der §§. 17. und 18. zur Anwendung.

Mit Abs. 1 stimmt § 26 Ausf.Ges. f. Lauenburg überein. — An Stelle der dort gedachten Ritter- und Landschaft ist die Kreisversammlung (s. oben zu § 8), an Stelle der Deputation für das Heimathwesen zu Ratzeburg die schleswigsche Deputation getreten (Ges. v. 9. März 1879, G.S. S. 134).

1. sei es nach § 28, sei es nach § 30 U.W.G. (vgl. auch § 59 U.W.G.).

2. Beschwerden von Ortsarmenverbänden gegen Verfügungen der Landarmenverbände darüber, ob, in welcher Höhe und in welcher Weise Beihülfen zu gewähren sind, unterliegen nach § 42 Zust.Ges. v. 1. August 1883 der endgültigen Beschlußfassung des Provinzialraths.

3. Dergl. Verbände bestanden in den Kreisen Fulda, Hünfeld, Schlüchtern und den ehemals Bayerischen Gebietstheilen (Instr.).

§ 38. Die Landarmenverbände sind verpflichtet, die in ihrem Bezirke festgenommenen, auf Grund der Bestimmungen des §. 361. Nr. 3. bis 8. des Strafgesetzbuchs für den Norddeutschen Bund vom 31. Mai 1870.[1] verurtheilten und nach verbüßter Strafe der Landes-Polizeibehörde überwiesenen[2] Personen, auf dahin gehenden Beschluß dieser Behörde, in ein Arbeitshaus unterzubringen. Die Kosten des Transportes der vorgedachten Personen aus dem Gerichtsgefängniß in das Arbeitshaus, sowie der ihnen etwa Behufs dieses Transportes zu gewährenden unentbehrlichen Bekleidung fallen dem Staate zur Last, wogegen die Landarmenverbände die Kosten der Verpflegung in der Anstalt, der bei der Entlassung aus dieser, wenn nöthig, zu gewährenden Bekleidung und entstehenden Falls der Beerdigung insoweit zu tragen haben, als diese Kosten durch den aufkommenden Arbeitsverdienst nicht gedeckt werden. Preußen.

Uebereinstimmend § 28 Ausf.Ges. f. Lauenburg.

1. jetzt St.G.B. für das Deutsche Reich v. $\frac{\text{15. Mai 1871}}{\text{26. Febr. 1876}}$

§ 361. Mit Haft wird bestraft:

3) wer als Landstreicher umherzieht;

4) wer bettelt oder Kinder zum Betteln anleitet oder ausschickt, oder Personen, welche seiner Gewalt und Aufsicht untergeben sind und zu seiner Hausgenossenschaft gehören, vom Betteln abzuhalten unterläßt;

5) wer sich dem Spiel, Trunk oder Müßiggang dergestalt hingiebt, daß er in einen Zustand geräth, in welchem zu seinem Unterhalte oder zum Unterhalte derjenigen, zu deren Ernährung er verpflichtet ist, durch Vermittlung der Behörde fremde Hülfe in Anspruch genommen werden muß;

6) eine Weibsperson, welche wegen gewerbsmäßiger Unzucht einer polizeilichen Aufsicht unterstellt ist, wenn sie den in dieser Hinsicht zur Sicherung der Gesundheit und des öffentlichen Anstandes erlassenen polizeilichen Vorschriften zuwiderhandelt, oder welche, ohne einer solchen Aufsicht unterworfen zu sein, gewerbsmäßig Unzucht treibt;

7) wer, wenn er aus öffentlichen Armenmitteln eine Unterstützung empfängt, sich aus Arbeitsscheu weigert, die ihm von der Behörde angewiesene, seinen Kräften angemessene Arbeit zu verrichten;

8) wer nach Verlust seines bisherigen Unterkommens binnen der ihm von der zuständigen Behörde bestimmten Frist sich kein anderweitiges Unterkommen verschafft hat und auch nicht nachweisen kann, daß er solches der von ihm angewandten Bemühungen ungeachtet nicht vermocht habe.

2. § 362 St.G.B.

§ 39. Die Landarmenverbände sind fortan, soweit es bisher noch der Fall ist, nicht mehr verpflichtet, die Kosten der Vollstreckung gerichtlich erkannter Freiheitsstrafen bezüglich der im §. 38. gedachten Personen zu tragen.

§ 70. Soweit die Vertheilung der von den einzelnen Verbänden, Kreisen und Gemeinden in Folge dieses Gesetzes aufzubringenden Kosten nach Maßgabe der

Preußen. direkten Staatssteuern erfolgt, kommen folgende Bestimmungen zur Anwendung: 1) in den mahl- und schlachtsteuerpflichtigen Städten tritt die Mahl- und Schlachtsteuer, nach Abzug des für die Städte erhobenen Steuerdrittels, an die Stelle der Klassensteuer; 2) die in §. 4. Litt. a. und b. des Grundsteuergesetzes vom 21. Mai 1861. (Gesetz-Samml. S. 253.) und beziehungsweise in §. 3. des Grundsteuergesetzes vom 11. Februar 1870. (Ges.-S. S. 85.) bezeichneten Grundstücke werden nach Maßgabe derjenigen Grundsteuerbeträge herangezogen, welche von ihnen zu entrichten sein würden, wenn ihnen ein Anspruch auf Grundsteuerbefreiung oder Bevorzugung nicht zustände. Die Berechnung dieser Grundsteuerbeträge erfolgt durch Anwendung des allgemeinen Grundsteuer-Prozentsatzes auf die in Ausführung der vorerwähnten beiden Gesetze für die gedachten Grundstücke festgestellten oder festzustellenden Reinerträge. In den Provinzen Schleswig-Holstein, Hannover und Hessen-Naussau, sowie in dem Kreise Meisenheim geschieht diese Berechnung so lange, als die neu zu regelnde Grundsteuer noch nicht erhoben wird, nach den gesetzlich feststehenden oder hergebrachten Besteuerungsgrundsätzen; 3) die nach §. 3. unter 1. des Gesetzes, betreffend die Einführung einer allgemeinen Gebäudesteuer, vom 21. Mai 1861. (Ges.-Samml. S. 317. ff.) von der Gebäudesteuer befreiten Gebäude, mit Ausnahme derjenigen, welche sich im Besitze der Mitglieder des Königlichen Hauses oder des Hohenzollernschen Fürstenhauses, sowie des Hannoverschen Königshauses oder des Kurhessischen oder des Herzoglich Nassauischen Fürstenhauses befinden, werden nach Maßgabe ihres, den Grundsätzen des angeführten Gesetzes entsprechend, besonders einzuschätzenden Nutzungswerthes und der danach zu berechnenden Gebäudesteuerbeträge herangezogen; 4) die Steuer für den Gewerbebetrieb im Umherziehen bleibt außer Berücksichtigung.

2. Sachsen.

Sachsen.

§ 1. Ver. v. 6. Juni 1871: Die Heimathsbezirke des Königreichs Sachsen sind Ortsarmenverbände im Sinne des Bundesgesetzes.

Es bewendet bei den landesgesetzlichen Bestimmungen über deren Bildung und Organisation,[1] über die Armenversorgungsbehörde und deren Geschäfte,[2] über die Grundzüge der Armenpflege[3] und die Mittel zur Armenversorgung.[4]

1. §§ 2 und 3 des Heimathsgesetzes v. 26. November 1834 (Samml. der Ges. u. Ver. S. 449); — §§ 1 und 2 der Armenordnung für das Königreich Sachsen v. 22. Oktober 1840 (Ges. u. Ver.Bl. S. 257).

2. §§ 71—93 der Armenordnung; §§ 98, 116, 121 ff. der revid. Städteordnung v. 24. April 1873 (Ges. u. Ver.Bl. S. 295); § 12e der Städteordnung für kleinere und mittlere Städte v. 24. April 1873 (Ges. u. Ver.Bl. S. 321); §§ 29, 74e (Landgemeinden), 82—86 (Gutsbezirke) der revidirten Landgemeindeordnung v. 24. April 1873 (Ges. u. Ver.Bl. S. 328.) — Ueber die Assoziation mehrerer Heimathsbezirke zur Verminderung der Armuth und Bettelei vgl. § 30 der Armenordnung, und über die Mitwirkung der Bezirksverbände bei Einrichtungen zum Zwecke der Armenversorgung, und der öffentlichen Krankenpflege vgl. §§ 20 Nr. 1, 21 des Ges., betr. die Bildung von Bezirksverbänden v. 21. April 1873 (Ges. u. Ver.Bl. S. 284).

3. §§ 33—60 Armenordnung, s. auch Anhang A.

4. § 5 des Heimathsgesetzes; §§ 9—22 der Armenordnung.

§ 1. Ver. v. 15. Juni 1876: Der Bezirk der Festung Königstein bildet einen besonderen Ortsarmenverband, welcher von dem jedesmaligen Kommandanten der Festung verwaltet wird.

§ 2. Ver. v. 6. Juni 1871: Bis auf Weiteres übernimmt für das Gebiet des Königreichs Sachsen der Staat die Obliegenheiten des Landarmenverbandes.

Derselbe bedient sich jedoch Behufs der öffentlichen Unterstützung solcher Hülfsbedürftiger, für deren Versorgung kein Ortsarmenverband endgültig aufzukommen verpflichtet ist (Landarmen), einstweilen der Ortsarmenverbände (Heimathbezirke) als seiner Organe.

Sachsen. § 3. Ver. v. 6. Juni 1871: Die Leistung der Unterstützung an Landarme durch die Ortsarmenverbände und die Erstattung des dadurch verursachten Aufwandes richtet sich in Allgemeinen nach den in den §§. 28—30. des Bundesgesetzes aufgestellten Grundsätzen.

§ 4. Ver. v. 6. Juni 1871: Die Erstattung des durch die Unterstützung von Landarmen entstandenen Aufwands setzt voraus, daß im einzelnen Unterstützungsfalle von dem betreffenden Ortsarmenverbande die Vorschrift in §. 34. Abs. 1. und 2. des Bundesgesetzes beobachtet worden ist.

Die in §. 34. des Bundesgesetzes vorgeschriebene Anmeldung des Erstattungsanspruchs ist, wenn es sich um den Aufwand für die Unterstützung von Landarmen handelt, von den Ortsarmenverbänden bei der vorgesetzten Kreishauptmannschaft[1] zu bewerkstelligen.

1. An Stelle der Kreisdirektionen sind nach dem § 22 Ges., die Organisation der Behörden für die innere Verwaltung betreffend, v. 21. April 1873 (Ges. u. Ver.Bl. S. 275) die Kreishauptmannschaften getreten.

Der Anmeldung sind die Akten oder Schriftstücke beizufügen, welche die Verhandlungen über die stattgefundenen Erhebungen bezüglich der Heimath-, Familien- und Aufenthaltsverhältnisse des Hülfsbedürftigen und über die bewilligten Unterstützungen enthalten.

§ 5. Ver. v. 6. Juni 1871: Nach Prüfung der mit der Anmeldung eingereichten Unterlagen werden dieselben dem betreffenden Ortsarmenverband mit einer Eröffnung dahin zurückgegeben, ob seiner Annahme, daß es sich um die Unterstützung eines Landarmen handle, beigetreten wird.

Bejahenden Falles ist nach Beendigung der Unterstützung und außerdem jedenfalls nach dem Jahresschlusse eine Berechnung des gehabten Aufwands unter

Beachtung der Vorschrift im §. 30. Abs. 2. des Bundesgesetzes aufzustellen und mit der obrigkeitlichen Bescheinigung, daß die in Rechnung gestellten Sätze den über das Maß der öffentlichen Armenunterstützung am Orte geltenden Grundsätzen entsprechen, sowie unter Beifügung der zugehörigen Belege und Akten an die vorgesetzte Kreishauptmannschaft einzusenden, welche dieselben weiter an das Ministerium des Innern befördert. Sachsen.

Nachdem die Rechnung geprüft und richtig befunden worden ist, erfolgt die Erstattung des Betrages aus der Staatskasse an den betreffenden Ortsarmenverband.

§ 2. Ver. v. 15. Juni 1876: Vom 1. Juli 1876. ab haben die Kreishauptmannschaften jede für ihren Bezirk selbständig über Anerkennung Hülfsbedürftiger als Landarmer oder unterstützungsberechtigter Ausländer, sowie über Anerkennung oder Ablehnung von Ersatzansprüchen der Armenverbände zu beschließen. Gegen ihre betreffenden Entschließungen finden Rekurse an das Ministerium des Innern im reinen Verwaltungswege nicht statt, vielmehr können bezügliche Ansprüche an die Staatskasse nur im Wege des Administrativprozesses geltend gemacht werden.[1]

Die Berechtigung, sich Behufs der öffentlichen Unterstützung Landarmer oder hülfsbedürftiger Ausländer der Ortsarmenverbände als ihrer Organe zu bedienen, steht den Kreishauptmannschaften besonders auch dann zu, wenn der Landarmenverband nach §. 31. des Bundesgesetzes zur Uebernahme eines Hülfsbedürftigen verpflichtet ist.

1. § 4 Ver. v. 15. Juni 1876, s. Anh. E.

3. Württemberg. Ausf. Ges. v. 17. April 1873. Württemberg.

(Instr. v. 30. Mai 1873, Reg.Bl. S. 207.)

Art. 8. Jede Gemeinde bildet für sich einen Ortsarmenverband.

Württemberg. Theilgemeinden, welche mit eigener Markung versehen sind und die Unterstützung nothleidender Genossen schon bisher für sich zu bestreiten hatten (Gesetz über die Verhältnisse der zusammengesetzten Gemeinden vom 17. September 1853 Art. 7. Abs. 2), können auch fernerhin als besondere Ortsarmenverbände fortbestehen.

Die Vereinigung mehrerer Theilgemeinden einer zusammengesetzten Gemeinde und die Vereinigung mehrerer Gemeinden eines Oberamtsbezirks zu einem Gesammtortsarmenverbande ist statthaft und erfolgt durch Uebereinkunft der bürgerlichen Kollegien, beziehungsweise der Vertreter der Theilgemeinden (Gesetz über die Verhältnisse der zusammengesetzten Gemeinden vom 17. September 1853. Art. 8 Abs. 5 und 6).

Der Art. 15. des eben erwähnten Gesetzes findet auf solche Vereinbarungen keine Anwendung. (Instr. § 10.)

Art. 9. Die Verwaltung der öffentlichen Armenpflege steht in den einen eigenen Ortsarmenverband bildenden Gemeinden und Theilgemeinden den durch die Gemeinde-Verfassungs- und Verwaltungsgesetze für die Besorgung der Gemeinde-Angelegenheiten bestellten Organen mit der Maßgabe zu, daß bei den bezüglichen Verhandlungen und Beschlußfassungen des Gemeinderaths der erste Ortsgeistliche oder sein Stellvertreter stimmberechtigtes Mitglied des Collegiums ist. In Gemeinden, wo Ortsgeistliche verschiedener religiöser Bekenntnisse angestellt sind, ist von jeder Konfession der erste Ortsgeistliche oder sein Stellvertreter zur Mitwirkung berufen.

Bestehen innerhalb einer und derselben Gemeinde mehrere Parochien, so hat der erste Ortsgeistliche einer jeden Parochie, deren Pfarrsitz innerhalb der Gemeinde ist, oder sein Stellvertreter, mitzuwirken.

Hat in einer, einen eigenen Ortsarmenverband bildenden Gemeinde oder Theilgemeinde keiner der für dieselbe bestellten Geistlichen seinen Pfarrsitz, so ist zu den auf die Armenpflege sich beziehenden Verhandlungen und Beschlüssen des Gemeinderaths derjenige Geistliche mit Stimmrecht beizuziehen, dessen Pfarrsprengel die Gesammtheit oder die Mehrzahl der Einwohner des Armenbezirks angehört. Württemberg.

Die Leitung der Sitzungen der Ortsarmenbehörde steht dem Ortsvorsteher und dem ersten Ortsgeistlichen oder seinem Stellvertreter gemeinschaftlich zu; dem Geistlichen gebührt die erste ordentliche, dem Ortsvorsteher im Falle der Stimmengleichheit die entscheidende Stimme. Im Uebrigen kommt die Führung der Geschäfte dem Ortsvorsteher zu.

Wenn Geistliche verschiedener Konfessionen in der Ortsarmenbehörde mitwirken, so kommt der hievor bezeichnete Antheil am Vorsitz dem Geistlichen der in der Gemeinde überwiegenden Konfession zu. Andernfalls ist ein geeigneter Wechsel festzustellen. Unter Geistlichen derselben Konfession entscheidet die dienstliche Stellung, beziehungsweise das Dienstalter.

Die näheren Vorschriften für die Verwaltung der aus mehreren Gemeinden oder Theilgemeinden zusammengesetzten Ortsarmenverbände werden durch ein von den Vertretern der Gemeinden und Theilgemeinden zu vereinbarendes Statut festgestellt, das der Genehmigung der Gemeinde-Aufsichtsbehörde unterliegt. (Instr. §§ 11—14.)

Art. 10. Auf Grund eines Beschlusses der bürgerlichen Kollegien können in allen Gemeinden besondere dem Gemeinderath untergeordnete Deputationen aus Mitgliedern der bürgerlichen Kollegien, geeignetenfalls unter Zuziehung anderer Ortseinwohner, für die Verwaltung der gesammten öffentlichen Armenpflege und ebenso Kommissionen für die Verwaltung einzelner Zweige oder Anstalten der Armenpflege gebildet, auch für

Württemberg. einzelne Bezirke der Gemeinde besondere Armenpfleger bestellt werden.

Die näheren Bestimmnngen über den Geschäftskreis und die Geschäftsführung der Armen-Deputationen und Kommissionen werden durch Beschlüsse der Gemeinde-Kollegien festgesetzt, welche der Bestätigung des Ministeriums des Innern bedürfen.

Der erste Ortsgeistliche eines jeden religiösen Bekenntnisses oder sein Stellvertreter ist mit der in Art. 9 vorgesehenen Stellung stimmberechtigtes Mitglied der Armen-Deputation. (Instr. § 15.)

Art. 11. Stiftungen einer Gemeinde, welche ausschließlich dem Zweck der öffentlichen Armenunterstützung im Sinne des gegenwärtigen Gesetzes gewidmet sind, gehen, soweit nicht vom Stifter eine besondere Verwaltungsbehörde bestimmt worden ist (Verwaltungs-Edikt vom 1. März 1822 §. 120), in welchem Falle es bei dieser Bestimmung sein Bewenden hat, in die Verwaltung der Ortsarmenbehörde über. Soweit das Vermögen dieser Stiftungen bisher zu bestimmten Zwecken zu verwenden war, ist es auch fernerhin in gleicher Weise zu verwenden.

An den Vorschriften über die Art der Verwaltung des Vermögens dieser Stiftungen tritt eine Aenderung nicht ein.

Die Verwaltung anderer öffentlicher Stiftungen als der in Abs. 1. bezeichneten verbleibt den durch die Gesetzgebung hiefür bestimmten Behörden. Die Verwaltungen dieser Stiftungen sind jedoch verpflichtet, aus dem Ertrage des Vermögens derselben alljährlich der Gemeinde-Armenverwaltung die für die öffentliche Armenunterstützung stiftungsgemäß zu verwendenden Mittel (Verwaltungs-Edikt vom 1. März 1822 §. 135 Abs. 1 und §. 136) zum Zwecke der Verwendung für die den Gemeinden obliegende Armenfürsorge zur Verfügung zu stellen, soferne sie nicht vorziehen, mit der Gemeinde sich durch Ueberlassung eines bestimmten Antheils an dem Stiftungsvermögen ein für allemal auseinander zu setzen. Würt-temberg.

Auch sind diese Stiftungen, soweit solche im Besitze von Vermögensobjekten oder von Einrichtungen sind, welche bisher ausschließlich oder theilweise für die öffentliche Armenunterstützung gedient haben, wie Kranken-, Armen-, Siechenhäuser, Spitäler &c. verbunden, solche künftig der Gemeinde-Armenverwaltung zur Benützung für die Zwecke der öffentlichen Armenpflege insoweit, als dies bisher der Fall war, zu überlassen, sofern nicht über die Abtretung derselben an die Gemeinde-Armenverwaltung eine Uebereinkunft zu Stande kommt. (Instr. §§ 16. 17.)

Art. 12. Zu den der öffentlichen Armenunterstützung gewidmeten Stiftungen (Art. 11) sind nicht zu zählen diejenigen Bestandtheile des örtlichen Stiftungsvermögens, welche den örtlichen Kirchenfonds als solchen für Unterstützungszwecke zugewendet worden sind, und deren Verwaltung die Stiftungsräthe bisher nur in ihrer Eigenschaft als Verwalter des örtlichen Kirchenvermögens geführt haben.

Art. 13. In Streitsachen, welche durch die Vorschriften der Art. 11 und 12 veranlaßt werden, entscheiden, wenn die stiftungsmäßige Bestimmung einer Stiftung oder eines Vermögenstheils einer solchen in Frage steht, die Verwaltungsjustizbehörden, in den übrigen Fällen die Verwaltungsbehörden, und zwar in letzter Instanz das Ministerium des Innern.

In derartigen Fällen ist die oberste Kirchenbehörde befugt, in Vertretung der Kirchengemeinde eine Sache als streitig an die zuständige Behörde zu bringen, beziehungsweise Beschwerden gegen Entscheidungen der Verwaltungsjustizbehörden oder der Verwaltungsbehörden zu erheben.

Art. 14. Die Vorsteher der Korporationen und

Württemberg. anderer juristischer Personen sind verpflichtet, den Organen der Ortsarmenverbände auf deren Erfordern Auskunft über den Betrag der Unterstützungen zu ertheilen, welche einem Hülfsbedürftigen aus den unter ihrer Verwaltung stehenden, einem Zwecke der Wohlthätigkeit gewidmeten Fonds gewährt worden sind. (Instr. § 18.)

Art. 15. Bis zu Konstituirung größerer Landarmenverbände hat jeder Oberamtsbezirk die Funktionen des Landarmenverbandes zu übernehmen, und es erfolgt die Verwaltung nach Maßgabe der für die Verwaltung der Amtskörperschaften bestehenden gesetzlichen Bestimmungen.

Der Amtsversammlung steht im Besonderen zu: über den Etat für die Einnahmen und Ausgaben der Landarmenpflege Beschluß zu fassen, die Jahresrechnungen abzunehmen, zu prüfen und darüber zu entscheiden, die Landarmenbeiträge festzustellen, über Maßregeln wegen Gründung und Veränderung von — dem Landarmenbezirke gemeinschaftlichen — Landarmenanstalten und die Aufbringung der Mittel dazu Beschluß zu fassen, die Beamten und Offizianten für die Verwaltung des Landarmenwesens und der Landarmenanstalten zu bestellen und zu entlassen. (Instr. §. 19.)

Art. 16. Dem von der Amtsversammlung zur Besorgung der laufenden Geschäfte zu bestellenden Ausschuß (Verw.-Edikt vom 1. März 1882 §. 83 Abs. 1 vergl. mit §. 84. Abs. 1), welcher für die Besorgung der Armenpflege durch zwei von der Amtsversammlung gewählte, derselben nicht angehörige, Mitglieder zu verstärken ist, liegt insbesondere ob: die Anweisung der Einnahmen und Ausgaben auf Grund des Etats, die Entscheidung darüber, ob der Fall einer von dem Landarmenverband zu übernehmenden Fürsorge für einen Hilfsbedürftigen vorliege und in welcher Art diese zu bewirken sei, die Leitung der einzelnen Landarmenanstalten und die Beaufsichtigung des Dienst- personals derselben, die Entwerfung des Etats und in Verbindung hiemit die Erstattung von Berichten über die Geschäftsführung und Verwaltung an die Amts- versammlung, deßgleichen die Vertretung des Land- armenverbands in Streitsachen. Württemberg.

In dringenden Fällen hat der Oberamtmann allein die vorläufige Verfügung zu treffen, von deren Inhalt jedoch in der nächsten Sitzung dem Ausschuß Kenntniß zu geben und die künftigen Maßnahmen dessen Be- schlußfassung zu unterstellen. (Instr. §. 20.)

Der Ausschuß führt den Namen „Landarmenkommission".

Art. 17. In dem Stadtdirektionsbezirke Stuttgart werden die Angelegenheiten des Landarmenverbandes nach den Vorschriften für die Verwaltung der Orts- armenverbände besorgt.

Art. 18. Die näheren Bestimmungen über die Verwaltung der Landarmenverbände und die Geschäfts- führung ihrer Organe werden durch Verfügung des Ministeriums des Innern getroffen. (Instr. §. 21.)

Art. 19. Der Staatsregierung steht nach Maß- gabe der Gesetze über die Verfassung und Verwaltung der Gemeinden und Amtskörperschaften die Aufsicht über die Verwaltung der Orts- und Landarmenverbände zu.

Art. 20. Die Ortsarmenverbände sind verpflichtet, die für die örtliche Armenpflege nothwendigen Ein- richtungen zu treffen.

Sie dürfen Verträge abschließen, wonach die Armen eines Orts-Armenverbands in den Armen-Anstalten eines anderen Ortsarmenverbands untergebracht werden sollen oder wonach mehrere Ortsarmenverbände zu Beschaffung gemeinschaftlicher Einrichtungen für die Armenpflege sich vereinigen.

Auf Antrag des Ortsarmenverbandes kann der Ortsvorsteher mit Zustimmung des Gemeinderaths Vor- schriften über die Verpflichtung zur Anzeige des Aus-

Württemberg. tritts von Dienstboten, Lehrlingen, Gewerbegehilfen oder Arbeitern erlassen, auf deren Uebertretung die Strafbestimmung des Art. 15 des Gesetzes vom 27. Dezember 1871, betreffend Aenderungen des Polizeistrafrechts Anwendung findet. (Instr. §. 22.)

Art. 21. Die Landarmenverbände sind befugt, die Kosten der öffentlichen Armenpflege, welche die Fürsorge für Geisteskranke, für geistesschwache oder an Epilepsie oder ähnlichen Krankheiten leidende Personen, für verwahrloste Kinder (Art. 13 des Gesetzes vom 27. Dezember 1871, betreffend Aenderungen des Polizeistrafrechts), sowie für Taubstumme oder Blinde verursacht, unmittelbar zu übernehmen. Die Verpflichtung der Ortsarmen-Verbände zur vorläufigen Unterstützung (§. 28 des Reichsgesetzes über den Unterstützungswohnsitz vom 6. Juni 1870) der in ihrem Bezirk der Hilfsbedürftigkeit anheimfallenden Personen jener Kategorien wird hiedurch nicht berührt.

Vereinigungen mehrerer Landarmenverbände zu Gründung und Unterhaltung gemeinschaftlicher Anstalten für Zwecke der ihnen obliegenden Armenpflege sind gestattet. Die Einrichtung und Verwaltung solcher Anstalten wird durch Statuten geregelt, welche von den betheiligten Landarmenverbänden zu vereinbaren sind, und der Genehmigung des Ministeriums des Innern unterliegen. Das letztere hat auch Bestimmung darüber zu treffen, in welcher Weise die Verwaltung dieser gemeinschaftlichen Anstalten und die Amtsführung ihrer Organe zu beaufsichtigen ist. (Instr. §. 23.)

Art. 22. Die Landarmen-Verbände sind befugt, die ihrer Fürsorge gesetzlich anheimfallenden Personen demjenigen Ortsarmen-Verband gegen Entschädigung zu überweisen, welcher nach §. 28 des Reichsgesetzes vom 6. Juni 1870 zur vorläufigen Unterstützung derselben verpflichtet ist.

Im Falle des Bestehens von Landarmen-Anstalten

(Art. 15) sind diejenigen dem Landarmen-Verband angehörigen Ortsarmen-Verbände, welche selbst keine geeignete Einrichtung für den von der Anstalt zu verfolgenden Zweck besitzen, verpflichtet, auf Verlangen der Landarmen-Verwaltung dieselben gegen Bezahlung der statutenmäßigen Beiträge zu benützen. Württemberg.

Die Landarmen-Verbände sind dagegen verbunden, in den Landarmen-Anstalten, soweit es der Raum gestattet, gegen Entschädigung die der Fürsorge der Orts-armen-Verbände gesetzlich anheimfallenden, zur Aufnahme in jene Anstalten sich eignenden Personen auf Antrag dieser Verbände aufzunehmen.

Im Fall der Weigerung enscheidet die vorgesetzte Kreisregierung, in zweiter Instanz endgiltig das Ministerium des Innern. (Instr. §. 24)

Art. 23. Die Organe der öffentlichen Armenpflege sind ermächtigt, mit Genehmigung des Ministeriums des Innern für die öffentlichen (Orts- oder Land-) Armenanstalten Hausordnungen zu erlassen, durch welche den Vorgesetzten eine Disciplinarstrafgewalt bis zu zwei Tagen Haft übertragen werden kann. Gegen derartige Erkenntnisse findet ein einmaliger Rekurs nach Maßgabe des Gesetzes vom 26. Juni 1821, betreffend den Rekurs in außergerichtlichen Strafsachen, statt. Der Vollzug der erkannten Strafen erfolgt in der Anstalt selbst oder auf Requisition des Vorstandes im Ortsgefängnisse.

Nach Maßgabe der genehmigten Hausordnung üben jene Organe oder die mit der unmittelbaren Leitung einer Anstalt Beauftragten über die darin aufgenommenen Personen die Hausdisciplin.

Wiederholte Uebertretung der Hausordnung wird mit Haft bis zu 8 Tagen bestraft. Die Untersuchung und das Erkenntniß kommt den Ortspolizeibehörden innerhalb ihrer gesetzlichen Strafbefugnisse, in schwereren Fällen den Oberämtern zu. Diese Behörden haben

Württemberg. die in §. 362 Abs. 1 des Reichsstrafgesetzbuchs enthaltenen Befugnisse. (Instr. §. 25.)

Art. 24. Die für den Betrag der Erstattungsforderungen der Armen-Verbände maßgebenden Tarife (Reichsgesetz vom 6. Juni 1870, §. 30 Abs. 3) werden von dem Ministerium des Innern aufgestellt.

Ein amtlicher Tarif ist bisher nicht aufgestellt.

Art. 25. Die Landarmen-Verbände sind verpflichtet, denjenigen ihrem Bezirk angehörigen Ortsarmen-Verbänden eine Beihilfe zu gewähren, welche durch Erfüllung der ihnen obliegenden Verpflichtungen überbürdet werden, sowie die Zahlung und Erstattung der ihnen auferlegten Kosten, welche sie ganz oder theilweise zu tragen außer Stande sind, zu übernehmen (§. 59 des Reichsgesetzes über den Unterstützungswohnsitz vom 6. Juni 1870).

Die Beihilfe kann in Geld oder mittelst Bereitstellung von Pflegeanstalten oder in sonst geeigneter Weise geschehn.

Ob und welche Beihilfe zu leisten ist, entscheidet im Streitfalle die dem betreffenden Landarmen-Verband vorgesetzte Kreisregierung, in zweiter Instanz endgiltig das Ministerium des Innern. (Instr. §. 26.)

Art. 26. Insolange ein Ortsarmenverband eine Beihilfe von dem Landarmenverbande erhält (Art. 25), sind die für die Armenpflege bestehenden Organe des ersteren verpflichtet, die öffentliche Armenpflege nach den Weisungen des Oberamts einzurichten.

Den betreffenden Landarmenbehörden ist gestattet, von der Verwaltung des Armenwesens in solchen Ortsarmenverbänden jederzeit durch Abgeordnete Einsicht nehmen zu lassen und wegen der dabei gefundenen Mängel die geeigneten Verfügungen durch das Oberamt zu veranlassen. (Instr. §. 27.)

Art. 28. Der Ersatz der Kosten, welche durch die

Unterbringung der auf Grund der Bestimmungen des §. 361 Ziff. 3—8 des Reichsstrafgesetzbuchs verurtheilten und nach verbüßter Strafe der Landespolizeibehörde überwiesenen Personen (R.St.G.B. §. 362) in einem Arbeitshaus (Art. 11 Abs. 3 des Gesetzes vom 27. Dezember 1871, betreffend Aenderungen des Polizeistrafrechts bei Einführung des Strafgesetzbuchs für das Deutsche Reich), desgleichen derjenigen Kosten, welche durch die Unterbringung jugendlicher Verbrecher in einer Erziehungs- oder Besserungsanstalt entstehen, liegt demjenigen Landarmenverband ob, zu welchem der Ort gehört, in dem der Betreffende seinen Unterstützungswohnsitz hat. Württemberg.

In Ermangelung eines solchen, oder wenn sich der Unterstützungswohnsitz nicht ermitteln läßt, hat derjenige Landarmenverband einzutreten, in dessen Bezirk der in dem Arbeitshaus beziehungsweise in der Erziehungs- oder Besserungsanstalt Untergebrachte festgenommen worden ist. (Instr. §. 29.)

Art. 29. Insoweit die Einnahmen aus Armenfonds, Armenstiftungen, Armengefällen und aus den auf Grund von Ortsstatuten errichteten besonderen Unterstützungskassen für die Krankenpflege zu Deckung der Kosten für die öffentliche Armenpflege nicht ausreichen, sind die von den Ortsarmenverbänden aufgewendeten Kosten von den Gemeinden, die von den Landarmenverbänden aufgewendeten Kosten von den Oberamtsbezirken zu bestreiten. (Instr. §. 30.)

Art. 30. Die Aufbringung der von den Gemeinden zu bestreitenden Kosten erfolgt bis zu anderweiter Regelung der Besteuerungsrechte der Gemeinden nach Maßgabe der Vorschriften des Verwaltungsedikts vom 1. März 1822 und des Gesetzes vom 18. Juni 1849.

Der Aufwand der Landarmenverbände wird, soweit derselbe nicht aus eigenen Einnahmen gedeckt werden kann, nach den Grundsätzen für die Umlage des Amts-

Württemberg. Auch die nichtbürgerlichen steuerpflichtigen Einwohner schadens mit diesem auf die einzelnen zu denselben gehörigen Gemeinden ausgetheilt. (Instr. §§. 31. 32.)

Baden.

4. Baden. a. Ausf.Ges. v. 14. März 1872.

§ 1. Jede politische Gemeinde bildet einen Ortsarmenverband, jeder Kreis einen Landarmenverband.

Abgesonderte Hofgüter werden den Gemeinden gleichgerechnet.

b. Ges. v. 5 Mai 1870., die öffentliche Armenpflege betreffend (Ges. und Ver.Bl. S. 387.).

§ 1. Die öffentliche Armenpflege ist ein Theil der inneren Verwaltung und wird in Unterordnung unter die Staatsverwaltung von den Gemeinden und Kreisen besorgt

§ 16. Abs. 3: Der Kreisverband ist befugt, die Verpflegung eines Hülfsbedürftigen gegen Ersatz des Aufwands mit Rücksicht darauf, wo zuletzt die Verpflichtung zu seiner Unterstützung bestand, oder wo er sich aufhält, einer Gemeinde des Kreises zu übertragen. Ein Unterstützungswohnsitz in der Gemeinde entsteht daraus nicht, so lange nicht die Gemeinde von dem Kreis die Anzeige erhalten hat, daß die Unterstützung eingestellt sei.[1]

Die vom Kreis gereichte Unterstützung berechtigt die Gemeinde nicht zur Ausweisung.

1. vgl. §§ 12, 14 U.W.G.

§ 26. Die örtliche Armenpflege verwaltet der Armenrath. Derselbe besteht aus dem Gemeinderath unter Zuzug eines Ortspfarrers jeder Konfession, des Armenarztes oder in Ermangelung eines solchen des Staatsarztes, wo ein solcher seinen Wohnsitz hat, endlich des Polizeibeamten, wo die Lokalpolizei einer Staatsstelle übertragen ist.

werden in dem Armenrath durch Abgeordnete aus ihrer Mitte vertreten, deren Zahl, welche jedoch 3 nicht übersteigen soll, von der Staatsbehörde mit Rücksicht auf die Zahl der nichtbürgerlichen steuerpflichtigen Einwohner und die Größe ihrer Steuerkapitalien nach Vernehmung der Gemeindebehörde bestimmt wird, und welche durch geheime Abstimmung gewählt werden. Baden.

Nicht wählbar in den Armenrath als Vertreter der nicht bürgerlichen Einwohner sind Diejenigen:

1) welche zu einer peinlichen Strafe oder
2) innerhalb der letzten fünf Jahre zu einer Arbeitshausstrafe von wenigstens sechs Monaten oder durch richterliches Erkenntniß zur Dienstentlassung oder wegen Diebstahls, Unterschlagung, Betrugs oder Fälschung zu irgend einer andern Strafe verurtheilt wurden;
3) über deren Vermögen die Gant eröffnet worden ist, sofern sie nicht nachweisen, daß sie ihre Gläubiger befriedigt haben;
4) die mit andern Mitgliedern in auf- und absteigender Linie oder im zweiten oder dritten Grad der Seitenlinie verwandt oder verschwägert sind.

Die Gewählten sind zur Annahme der Wahl, welche auf sechs Jahre geschieht, nicht verpflichtet; wegen dienstwidriger Handlungen kann ihre Entlassung durch den Bezirksrath ausgesprochen werden.

Vgl. Ver. des Min. d. Innern, die Wahlen in den Armenrath betr., v. 17. Juni 1870 (Ges. u. Ver.Bl. S. 563). In den Städten wird die öffentliche Armenpflege von einer dem Stadtrathe untergeordneten Armenkommission verwaltet (§§ 19, 19a und 19b Städteordnung v. 20. Juni 1884 Ges. und Ver.Bl. S. 245).

§ 27. Der Armenrath kann für die verschiedenen Zweige oder Anstalten der Armenpflege aus seiner Mitte oder aus der Zahl der selbstständigen Einwohner eine oder mehrere Kommissionen bilden und für ein-

Baden. zelne Bezirke der Gemeinde besondere Armenpfleger bestellen.

§ 28. Der Armenrath ist befugt, von der Verwendung solcher Stiftungen für Armenzwecke, über welche von anderen Behörden verfügt wird, Kenntniß zu nehmen und ist verpflichtet, durch Zusammenwirken mit den Organen der Stiftungsverwaltung und der freiwilligen Armenpflege eine möglichst einheitliche Leitung des gesammten örtlichen Armenwesens und die thunlichste Verminderung des öffentlichen Armenaufwands herbeizuführen.

§ 29. Die Kreisarmenpflege wird von den gesetzlichen Organen der Kreise verwaltet und bleibt, soweit nicht das gegenwärtige Gesetz ihnen die Verpflichtung zu bestimmten Leistungen auferlegt, ihrer freien Beschlußfassung überlassen.

Vgl. §§ 25, 26, 41 Nr. 3 u. 4, 43, 48—50 Ges. v. 5. Oktober 1863, die Organisation der innern Verw. betr. (R.G.Bl. S. 399).

§ 30. Der für die örtliche Armenpflege erforderliche öffentliche Aufwand wird in dem Gemeindevoranschlag der Zustimmung der Gemeinde unterbreitet (§. 56. a. der Gemeindeordnung) und in der Gemeinderechnung verrechnet. Er wird vorbehaltlich der Bestimmung des §. 31. gleich den übrigen Gemeindeausgaben bestritten.

§ 31. Reichen die Gemeindeeinkünfte einschließlich der Auflagen auf die Bürgernutzungen zur Bestreitung der Gemeindeausgaben nicht hin, so werden diese Einkünfte zunächst auf den Armenaufwand und auf den übrigen Gemeindeaufwand nach Verhältniß ihrer Beträge vertheilt. Der hierdurch nicht gedeckte Theil des Armenaufwands wird mittelst besonderer Umlage von den in das Gemeindekataster aufgenommenen Steuerkapitalien, unter Beizug der Klassen- und Kapitalsteuerkapitalien, mit Ausnahme jener der Stiftungen, erhoben.

Dabei wird nur klassensteuerpflichtiges Einkommen

über 500 fl., dieses aber nur im zweifachen Betrag der Umlage zu Grunde gelegt. Die Ortsgeistlichen und Schullehrer werden nicht mit dem gemeindeumlagepflichtigen Steuerkapital ihrer Pfründe, sondern mit ihrem klassensteuerpflichtigen Einkommen beigezogen. Baden.

Das Kapitalsteuerkapital ist im nämlichen Verhältniß umlagepflichtig, wie es verglichen mit der Grundsteuer zur Staatssteuer beizutragen hat.

Auf Umlagen für Armenzwecke findet §. 78. der Gemeindeordnung keine Anwendung.

Die Gemeinde kann beschließen, daß auch der Armenaufwand lediglich nach Maßgabe der Bestimmungen der Gemeindeordnung aufgebracht werden soll.

§ 32. Die Bestimmungen des §. 31. über den Beizug der zur Gemeindearmenumlage beitragspflichtigen Steuerkapitalien gelten gleichmäßig für Umlagen zur Bestreitung des Aufwands für die Kreisarmenpflege.

§ 33. Beträgt die zufolge des §. 16. erforderliche Umlage auf die zur Kreisarmenpflege beizuziehenden Steuerkapitalien (§. 32.) mehr als einen halben Kreuzer von hundert Gulden, so ist die Staatskasse verpflichtet, den Mehrbetrag auf Anfordern an die Kreiskasse zu ersetzen.

(Vgl. § 3 Nr. 12 Ges. betr. die Verwaltungsrechtspflege v. 14. Juni 1884).

§ 34. Dienstboten, Fabrik- und Handarbeiter, Gewerbsgehilfen und Lehrlinge, welche am Ort, wo sie in Dienst oder Arbeit stehen, nicht im Familienverband leben, können, auch wenn sie daselbst den Unterstützungswohnsitz oder Bürgerrecht haben, auf den Antrag der örtlichen Armenbehörde durch Gemeindebeschluß mit Staatsgenehmigung verpflichtet werden, zur Deckung des Aufwandes für zu ihrer Verpflegung im Fall der Erkrankung bestimmte Anstalten besondere Beiträge bis zum Betrag von wöchentlich 3 kr. zu entrichten, sofern sie nicht den Nachweis liefern, daß ihre Verpflegung in

Baden. Krankheitsfällen in anderer Weise sichergestellt ist. Die Dienstherrschaften, Arbeitgeber und Lehrherren haben die Obliegenheit, für die bei ihnen in Dienst, Arbeit oder Lehre stehenden Verpflichteten die festgesetzten Beiträge zu bezahlen; sie sind dagegen berechtigt, deren Betrag von denselben zu erheben.

Die Entrichtung solcher Versicherungsbeiträge berechtigt zu freier Verpflegung auf die Dauer von 8 Wochen. Wird die Verpflegung länger gewährt, so ist der weitere Aufwand aus dem Vermögen des Verpflegten oder von den nach Maßgabe dieses Gesetzes Verpflichteten (§§. 3., 24. Absatz 2.) der Anstalt zu ersetzen.

Auf die Entscheidung über die aus § 34 entstehenden Rechte und Verbindlichkeiten findet § 58 Abs. 1 des Reichsgesetzes v. 15. Juni 1883, die Krankenversicherung der Arbeiter betr. Anwendung (§ 47 Nr. VI Ges. betr. die Verwaltungsrechtspflege v. 14. Juni 1884).

Hessen. 5. **Hessen.** Ausf.Ges. v. 14. Juni 1871.

Art. 2. Jede Gemeinde bildet für den Umfang ihrer Gemarkung oder ihrer Gemarkungen, wenn mehrere Orte mit besonderen Gemarkungen zusammen Eine Gemeinde bilden, einen Ortsarmenverband. Haben zwei Gemeinden eine gemeinschaftliche Gemarkung, so hat jede derselben für einen bestimmten Theil derselben die Verpflichtungen als Ortsarmenverband zu übernehmen. Können sich die Gemeinden über die zu diesem Behufe erforderliche Theilung der Gemarkung nicht verständigen, so entscheidet hierüber der Administrativjustizhof[1] endgültig.

Die Ortsarmenverbände der Gemeinden werden durch den betreffenden Ortsvorstand vertreten, welchem die Verwaltung der öffentlichen Armenpflege als Gemeindeangelegenheit obliegt.

Auf Grund eines Gemeinderathsbeschlusses können in allen Gemeinden für die Verwaltung der öffentlichen

Armenpflege besondere, ihm untergeordnete Deputationen aus Mitgliedern des Ortsvorstandes, geeigneten Falls unter Zuziehung anderer Ortseinwohner, gebildet werden. Den Vorsitz in solchen Deputationen führt der Bürgermeister, beziehungsweise der Beigeordnete oder ein dazu von ihnen abgeordnetes Mitglied der Deputation. Hessen.

Abs. 4. gleichlautend mit §. 3. Abs. 3. Pr. A.G.

1. jetzt der Kreisausschuß, s. zu Art. 15 Anhang E.

Art. 3. Diejenigen Gemarkungen, welche keiner Gemeinde angehören, bilden, jede für sich, einen Ortsarmenverband. Sie können jedoch unter Zustimmung der Betheiligten mit einem andern Ortsarmenverband zu Einem Ortsarmenverband vereinigt werden.

Die Kosten der öffentlichen Armenpflege in den nicht mit einer Gemeinde verbundenen Gemarkungen haben deren Eigenthümer zu tragen. Sind mehrere Eigenthümer vorhanden und besteht für die Gemarkung noch keine für die gemeinschaftlichen Angelegenheiten angeordnete Vertretung, so ist nach deren Anhörung von dem Kreisamte[1] ein Statut zu erlassen, welches die Vertretung der Gemarkung als Ortsarmenverband und die Aufbringung der Kosten der öffentlichen Armenpflege nach Maßgabe der für die Gemeindeverwaltung bestehenden Vorschriften regelt und der Genehmigung des Ministeriums des Innern unterliegt.

1. Die Zustimmung des Kreisausschusses ist erforderlich. Art. 48, V. 4 Ges. betr. die innere Verwaltung u. s. w. v. 12. Juni 1874.

Art. 4. Sämmtliche zu Einem Kreise gehörenden Ortsarmenverbände bilden zusammen einen Landarmenverband. Die Verwaltung der Angelegenheiten des Landarmenverbandes wird dem Bezirksrath[1] übertragen. Derselbe hat aus seiner Mitte eine Kommission von drei Mitgliedern[1] zu wählen, welche ihn in allen Angelegenheiten des Landarmenverbandes vertritt und ihm bei seinem nächsten Zusammentritt über ihre Geschäftsführung zur geeigneten Beschlußnahme Vorlage macht.

Hessen. Die zur Erfüllung der Verpflichtungen des Landarmenverbandes aufzubringenden Kosten sind von der betreffenden Kreiskasse zu tragen.

1. An die Stelle des Bezirksraths ist der Kreistag, an die Stelle der Kommission der Kreisausschuß getreten. Art. 31 Nr. 12, Art. 48, IV. a. a. O.

Art. 5. Satz 1. gleichlautend mit §. 31. Satz 1. Pr. A.G. Satz 2.: Die Verpflichtung der Ortsarmenverbände u. s. w. übereinstimmend mit Satz 3. a. a. O.

Art. 6. übereinstimmend mit § 34. Satz 1. Pr. A.G.

Art. 7. Befindet sich ein Ortsarmenverband außer Stand, den ihm obliegenden Verpflichtungen zu genügen, so hat ihm auf Ansinnen der Regierungsbehörde der Landarmenverband eine entsprechende Beihülfe zu gewähren.

Ob und welche Beihülfe zu leisten ist, entscheidet endgültig der Administrativjustizhof.[1] Die Beihülfe kann in Geld oder mittelst Bereitstellung von Pflegeanstalten oder in sonst geeigneter Weise gewährt werden.

1. jetzt der Kreisausschuß, Art. 48, III. 13 a. a. O.; Rekurs geht an den Provinzialausschuß, welcher endgültig entscheidet Art. 67 Abs. 2 u. 4, Art. 68, Art. 98, 1 a. a. O.

Mecklenburg-Schwerin. **6. Mecklenburg-Schwerin.** Ausf.Ver. v. 20. Februar 1871.

§ 2. Die bisher nach der Patentverordnung vom 21. Juli 1821. bestehenden Heimathsbezirke sollen in Zukunft als Ortsarmenverbände im Sinne des Bundesgesetzes über den Unterstützungswohnsitz vom 6. Juni 1870. gelten, jedoch mit der Maßgabe, daß diejenigen Dominialortschaften, welche auf Grundlage Unserer revidirten Gemeindeordnung vom 29. Juni 1869. eine selbstständige Gemeindeverwaltung erhalten haben oder noch erhalten werden, in den Angelegenheiten des Armenwesens nicht mehr von den Aemtern, sondern von den eingesetzten Gemeindevorständen vertreten werden, und daß mehrere solche Ortschaften, welche zu Einer

Gemeinde vereinigt worden sind oder in Zukunft vereinigt werden sollten, nur Einen Ortsarmenverband bilden. Mecklenburg-Schwerin.

§ 3. 1) Das Gebiet des Großherzogthums Mecklenburg-Schwerin bildet einen Landarmenverband, der für seinen Bereich alle diejenigen Lasten zu tragen hat, welche durch das Bundesgesetz über den Unterstützungswohnsitz vom 6. Juni 1870. den Landarmenverbänden, resp. den einzelnen Bundesstaaten (vergl. die §§. 33., 59., 60.) zugewiesen sind.

Außer den nach dem Bundesgesetze über den Unterstützungswohnsitz dem Landarmenverbande zufallenden Hülfsbedürftigen, fallen dem Landarmenverbande auch diejenigen Ausländer zur Last, welche auf Verlangen auswärtiger Staatsbehörden vom Auslande übernommen werden müssen.

Die Angelegenheiten des Landarmenverbandes werden durch die dirigirende Kommission des Landarbeitshauses zu Güstrow verwaltet, welcher die Vertretung des Landarmenverbandes in allen Beziehungen obliegt.

Die Behörden der Ortsarmenverbände sind verpflichtet, den Requisitionen der dirigenden Kommission in Angelegenheit des Landarmenwesens hinsichtlich der vorzunehmenden Ermittelungen Folge zu leisten. Die Kosten des Landarmenwesens werden aus der Kasse des Landarbeitshauses bestritten.

2) Ortsbehörden, welche die Uebernahme von Landarmen Seitens des Landarmenverbandes beanspruchen zu können glauben, haben sich mit den entsprechenden Anträgen an die dirigirende Kommission zu wenden, dabei das Vorhandensein der nach dem Bundesgesetze über den Unterstützungswohnsitz vorgeschriebenen Voraussetzungen nachzuweisen, auch dem Antrage die aktenmäßigen Ermittelungen über die Heimaths-, Familien- und Aufenthaltsverhältnisse, sowie über die Bedürftigkeit

Mecklenburg-Schwerin. und die Arbeits- und Erwerbsfähigkeit des Individui anzuschließen.

3) Es steht zum Ermessen der dirigirenden Kommission, ob die der Fürsorge des Landarmenverbandes anheimfallenden Armen in das Arbeitshaus zur Verpflegung zu übernehmen, oder auf Kosten des Instituts demjenigen Ortsarmenverbande zu überweisen sind, in dessen Bezirk sich dieselben zur Zeit des Eintritts ihrer Hülfsbedürftigkeit befinden.

Gegen die betreffenden Anordnungen der dirigirenden Kommission steht dem Ortsarmenverbande der Rekurs an das Ministerium des Innern frei.

Die Ortsarmenverbände, welchen es innerhalb ihres Bezirks an geeigneter Gelegenheit zur Unterbringung eines Landarmen nachweislich fehlt, haben sich auf Erfordern der Kommission zu bemühen, den Landarmen an einem anderen Orte unterzubringen und zu solcher Unterbringung die Genehmigung der dirigirenden Kommission einzuholen. Ist dem Ortsarmenverbande die Unterbringung an einem anderen Orte nicht möglich, oder findet die in Vorschlag gebrachte Unterbringung die Genehmigung der dirigirenden Kommission nicht, so hat letztere für eine anderweitige Unterbringung selbst Sorge zu tragen.

4) Sollte es der dirigirenden Kommission zweckmäßig scheinen, den Landarmen an einem fremden Orte unterzubringen, so steht es ihr frei, sei es mit einer Ortsbehörde oder mit Privatpersonen dieserhalb Vereinbarungen zu treffen, in welchem Falle die Ortsbehörde von dem nach §. 5. des Freizügigkeitsgesetzes vom 1. November 1867. ihr gegenüber dem unterzubringenden Landarmen etwa zustehenden Zurückweisungsrechte keinen Gebrauch machen darf, — außer wenn derselbe ein übelberufenes Subjekt ist, dessen Aufenthalt an dem Orte zu besonderen Unzuträglichkeiten Veranlassung geben kann.

Wird in letzterem Falle, ungeachtet der aus dem angeführten Grunde von der Ortsbehörde gegen die Unterbringung des Landarmen erhobenen Einwendungen, dennoch wegen der Unterbringung desselben an dem betreffenden Orte Verfügung getroffen, so steht dagegen der Ortsbehörde der Rekurs an das Großherzogliche Ministerium des Innern zu, bei dessen endgültiger Entscheidung es bewendet. Mecklenburg-Schwerin.

Ganz dieselbe Bestimmung tritt auch dann ein, wenn der Unterzubringende ein vom Auslande zu übernehmender Hülfsbedürftiger ist, welcher keinen Unterstützungswohnsitz hat.

5) Findet sich die dirigirende Kommission veranlaßt die Unterbringung eines Landarmen in einer anderen Anstalt, z. B. Landarbeitsanstalt, Irrenanstalt, Erziehungs- und Besserungsanstalt, Blindenanstalt ꝛc. zu bewirken, so haben die Ortsbehörden den Transport auf Kosten des Landarbeitshauses und nach Anweisung der Kommission zu beschaffen.

6) Es steht den Ortsarmenverbänden frei, sich mit der dirigirenden Kommission über die Ernennung von Vertrauenspersonen inEinvernehmen zu setzen, welche die Unterbringung und Verpflegung der Landarmen, sowie die Berechnung und Ueberwachung der Verwendung vermitteln.

Die in den Kommunen fungirenden Ortsarmenpfleger sind zur unentgeltlichen Uebernahme dieser Geschäfte verpflichtet.

§ 5 Nr. 1) s. Anhang F.

§ 5. 2) Jeder Ortsarmenverband ist berechtigt, zu Beiträgen für die Armenverwaltung auch die Dienstboten, Gesellen und andere Arbeits- resp. Gewerbsgehülfen heranzuziehen, falls diese nicht nachzuweisen im Stande sind, daß sie einer Kranken- und Unterstützungskasse angehören, welche dem Ortsarmenverbande für die Fälle der Unterstützungsbedürftigkeit haftet.

Mecklenburg-Schwerin. 3) In denjenigen ritterschaftlichen Ortschaften und städtischen Kämmerei- und Oekonomiegütern, für welche ein Ortsstatut nicht besteht und nicht etwa noch mit Genehmigung der Regierung errichtet wird, können von den Beitragspflichtigen zur Armenkasse im Laufe Eines Jahres Beiträge bis zur Hälfte des Jahresbetrages des neuen Kontributionsediktes vom 30. Juli 1870. eingefordert werden. Ein höherer Beitrag als ein halber Jahresbetrag kann nur erhoben werden, wenn das Bedürfniß dazu nachgewiesen und die Genehmigung der der Regierung dazu erwirkt wird.

Die Bestimmungen des §. 18. der Patentverordnung vom 21. Juli 1821. werden aufgehoben.

Sachsen-Weimar. 7. **Sachsen-Weimar.** Ausf.Ges. v. 23. Februar 1872.

§ 1. Die Ortsarmenverbände werden durch die Ortsgemeindebezirke und durch die nach Art. 4., Ziffer 1., und 2., der revidirten Gemeindeordnung vom 18. Januar 1854. begründeten Grundstücksbezirke, von denen der des Kronguts und der der Kameralforsten jeder einen besonderen Armenverband darstellt, gebildet.

Eine Abänderung der Gemeinde- und Grundstücksbezirke hat ohne Weiteres auch die entsprechende Veränderung der betreffenden Ortsarmenverbände zur Folge Eine Abänderung der Ortsarmenverbände kann mit gleichzeitiger Abänderung der betreffenden Gemeinde- und bezüglich Grundstücksbezirke unter den für Abänderung der Gemeindebezirke bestehenden gesetzlichen Voraussetzungen stattfinden. Doch ist es zulässig, daß sich mehrere Ortsarmenverbände desselben Verwaltungsbezirks im Wege der Vereinbarung zu einem Gesammtarmenverbande mit Unserer Genehmigung vereinigen, vor deren Ertheilung indeß der betreffende Bezirksausschuß gehört werden wird.

§ 2. Die Funktionen des Landarmenverbandes werden von dem Großherzogthum unmittelbar übernommen und durch eine vom Staatsministerium, Departement des Innern, zu ernennende Kommission ausgeübt. Sachsen-Weimar.

1. Vgl. Instruktion für die Landarmenkommission v. 9. Dezember 1874.

§ 3. Die auf Gemeindebezirken beruhenden Ortsarmenverbände werden von den betreffenden Gemeindebehörden nach Maßgabe der Gemeindeordnung verwaltet.

Durch Gemeinderathsbeschluß können in allen Ortsarmenverbänden für die Verwaltung der öffentlichen Armenpflege dem Gemeindevorstande untergeordnete Deputationen aus Mitgliedern der Gemeindevertretung und geeigneten Falls unter Zuziehung anderer Ortseinwohner gebildet werden. Die dazu bestimmten Mitglieder aus dem Gemeinderathe wählt dieser, die übrigen Mitglieder der Gemeindevorstand. Eine Zwangspflicht der Ortseinwohner zu Uebernahme eines unbesoldeten Amts in der Gemeindearmenvertretung kann durch Ortsstatut eingeführt werden.

Die Verwaltung des Armenwesens eines Gesammtarmenverbandes ist durch eine Deputation zu führen, über deren Zusammensetzung in der Vereinbarung hinsichtlich der Bildung des Gesammtarmenverbandes Bestimmungen zu treffen sind.

Der von Grundstücken des Kronguts gebildete Ortsarmenverband wird durch das Hofmarschallamt, welches seine Vertreter für die einzelnen Bestandtheile des Kronguts bestellen kann, verwaltet. Der aus dem Kameralforstbezirke gebildete Ortsarmenverband wird durch die Forstinspektionen nach Maßgabe der betheiligten Forstinspektionsbezirke verwaltet.

§ 5. Die Unterstützung wird in den auf Gemeindebezirken beruhenden Ortsarmenverbänden aus den Gemeindekassen, bezüglich aus den in der Gemeinde etwa bestehenden Armenkassen geleistet.

Sachsen-Weimar.

Der Vereinbarung bei Bildung eines Gesammtarmenverbandes bleibt überlassen festzusetzen, in welchem Verhältniß die Kosten des Armenwesens dieses Verbandes auf die zu einem Armenverbande sich vereinigenden Gemeinden zu vertheilen sind.

§ 6. In den auf Grundstücksbezirken beruhenden Ortsarmenverbänden ist die Unterstützung Hülfsbedürftiger aus der Staatskasse und bezüglich aus der Hofkasse (§. 3.) zu gewähren.

Diejenigen Hülfsbedürftigen, welche von dem aus Kameralforsten gebildeten Ortsarmenverbande unterstützt werden müssen, sind auf Antrag der Vertreter dieses Bezirks (§. 3.) nach Bestimmung des Staatsministeriums, Departement des Innern, einem anderen auf Gemeindebezirken beruhenden Orts- oder Gesammtarmenverbande gegen Gewährung voller Entschädigung zu überweisen.

Provisorisch sind bis zur Einholung der Bestimmung des Staatsministeriums, Departement des Innern, die Vertreter des aus den Kameralforsten gebildeten Ortsarmenverbandes zu einer solchen Ueberweisung berechtigt.

§ 7. Eine Unterstützung der Orts- oder Gesammtarmenverbände erfolgt durch Gewährung einer angemessenen Beihülfe aus der Staatskasse in Fällen der Ueberlastung durch die Armenversorgung nach Unserer Bewilligung und Bestimmung, wenn von dem betreffenden Bezirksausschusse die Ueberlastung des Armenverbandes anerkannt worden ist.

Daneben bleiben die Bestimmungen wegen Uebernahme des ganzen, bezüglich theilweisen Verpflegungsaufwandes hülfsbedürftiger Geisteskranker und anderer hülfsbedürftiger Kranker in einer Landesheilanstalt oder Pflegeanstalt auf die Staatskasse in Kraft.

§ 8. Von dem Landarmenverbande ist der innerhalb der gesetzlichen Grenzen erwachsene gesammte Unterstützungsaufwand Hülfsbedürftiger in den Fällen der §§. 30 b., 33., 60. des Bundesgesetzes zu bestreiten. Unserem Staatsministerium, Departement des Innern, steht jedoch auf Antrag der in §. 2. gedachten Kommission in diesen Fällen das Recht zu, einzelnen Ortsarmenverbänden, für welche gesetzlich die Uebernahmepflicht nicht bereits besteht, hülfsbedürftige Personen unter Vorbehalt der Erstattung des gesetzlichen Unterstützungsaufwandes durch die Landarmenkasse zuzuweisen. Die Feststellung des fraglichen Aufwandes erfolgt endgültig für beide Theile durch den der betheiligten Gemeinde vorgesetzten Bezirksdirektor. Sachsen-Weimar.

8. **Mecklenburg-Strelitz.** Ausf. Ver. v. 20. Februar 1871. für das Herzogthum Strelitz. — Ausf. Ver. v. 27. April 1871. für das Fürstenthum Ratzeburg. Mecklenburg-Strelitz.

Strelitz. § 2. Die bisher nach der Patentverordnung vom 21. Juli 1821. bestehenden Heimathsbezirke, einschließlich der in Gemäßheit der Verordnung vom 2. August 1864. im Domanio gebildeten Heimathsbezirke, sollen in Zukunft als Ortsarmenverbände im Sinne des Bundesgesetzes über den Unterstützungswohnsitz vom 6. Juni 1870. gelten. Mehrere solche Ortschaften, welche zu einer Gemeinde vereinigt worden sind oder in Zukunft vereinigt werden sollten, bilden nur Einen Ortsarmenverband.

Ratzeburg. §. 2. „Die in unserem Fürstenthum Ratzeburg bestehenden Armendistrikte und die Allodialgüter Dodow und Horst sollen in Zukunft als Ortsarmenverbände im Sinne des Bundesgesetzes über den Unterstützungswohnsitz vom 6. Juni 1870. gelten."

Strelitz. § 3. Uebereinstimmend mit §. 3. der Schweriner Ausf.Ver. Der Stargardsche Kreis bildet einen Landarmenverband; an Stelle der dirigirenden Kommission des Landarbeitshauses zu Güstrow

Mecklenburg-Strelitz. tritt die Zentralsteuerdirektion zu Neubrandenburg bez. deren Zentralsteuerkasse; an Stelle des Ministeriums des Innern die Landesregierung.

Der erste Satz von Nr. 3. lautet:

3) Die Zentralsteuerdirektion hat die der Fürsorge des Landarmenverbandes anheimfallenden Armen auf Kosten der Zentralsteuerkasse entweder demjenigen Ortsarmenverbande zu überweisen, in dessen Bezirk sich dieselben zur Zeit des Eintritts ihrer Hülfsbedürftigkeit befinden, oder dieselben an einem anderen Orte unterzubringen.

Ratzeburg. §. 3. No. 1—6 ebenso wie für Strelitz. Das ganze Fürstenthum bildet einen Landarmenverband. An Stelle der Zentralsteuerdirektion tritt für das Fürstenthum Ratzeburg überall der ständige Ausschuß der Vertretung desselben. Die Kosten des Landarmenwesens werden aus dem Landesfonds bestritten.

7) Unsere Landvogtei wird durch Vermittelung bei den Ortsarmenverbänden und, wenn nöthig, durch die zur Folgeleistung anhaltenden Verfügungen dem ständigen Ausschusse zur Vollführung seiner Geschäfte in den geeigneten Fällen auf desfallsigen Antrag behülflich werden.

Strelitz. §. 5. übereinstimmend mit §. 5. der Schweriner Ausf.Ver.

Nr. 2. hat folgenden Zusatz:

Die Enquotirung erfolgt da, wo schon eine Norm für die Enquotirung zu Armenkassenbeiträgen besteht, nach dieser; wo solche nicht besteht, bedarf die einzuführende Norm der Genehmigung der Landesregierung.

Bei Nr. 3. fehlt der Schlußabsatz.

Ratzeburg. §. 5. Nr. 2, gleichlautend mit Strelitz; Nr. 3. fehlt.

9. Oldenburg. Rev. Gemeindeordnung für das Herz. Oldenburg vom 15. April 1873. Oldenburg.

IV. Von der Armenpflege.

Art. 68. Die Verwaltung der den Stadt- und Landgemeinden als Ortsarmenverbänden obliegenden öffentlichen Armenpflege regelt sich nach dem Bundesgesetz vom 6. Juni 1870 über den Unterstützungswohnsitz und den nachstehenden Bestimmungen und wird durch eine besondere collegialisch eingerichtete Commission — Armencommission — geführt, die gebildet wird:

a. aus dem Vorsteher (Bürgermeister), der als Vorsitzender unter Anwendung der für den Gemeinderath geltenden Geschäftsordnung die Geschäfte leitet, den Schriftwechsel führt und die Anweisungen innerhalb des Voranschlags nach den Beschlüssen der Armencommission ertheilt.

In den Städten sollen außer dem Vorsteher (Bürgermeister) nach näherer Bestimmung des Statuts noch ein oder mehrere Mitglieder des Magistrats der Armencommission beitreten,

b. aus mindestens 2 von der Gemeindevertretung gewählten Mitgliedern derselben,

c. aus den Bezirksarmenpflegern — Armenvätern —, die von der Gemeindevertretung für die von ihr zu bestimmenden Armenbezirke oder Zweige der Armenpflege auf den Vorschlag der Armencommission auf 4 Jahre gewählt werden.

Endlich haben Sitz und Stimme in der Armencommission

d. die für den Gemeindebezirk angestellten Pfarrer beziehungsweise deren Stellvertreter.

Die Armencommission ist berechtigt, sich mit Zu-

Oldenburg. stimmung der Gemeindevertretung durch andere dazu bereitwillige Gemeindebürger zu verstärken.

Art. 69. Die Armencommission hat die Zuständigkeit des Vorstandes; sie beschließt über Gewährung, Versagung, Umfang, Dauer und Art der Unterstützung. Im Uebrigen bleiben die Bestimmungen dieser Gemeindeordnung über die Verwaltung der Gemeindeangelegenheiten, insbesondere die Bestimmungen über die Zuständigkeit der Gemeindevertretung auch für die Verwaltung der öffentlichen Armenpflege maßgebend.

Art. 75. Die Unterstützung der, der Fürsorge der inländischen Amtsverbände als Landarmenverbände gesetzlich anheim fallenden Personen bleibt gegen Entschädigung, aber ohne daß die Uebernahme verlangt werden kann, derjenigen Gemeinde (Ortsarmenverband) überlassen, welche nach § 28 des Bundesgesetzes vom 6. Juni 1870 zur vorläufigen Unterstützung derselben verpflichtet ist.

Art. 78. § 1. Die Gemeinden sind verbunden, die für die örtliche Armenpflege nothwendigen Einrichtungen zu treffen. Sie können sich mit anderen Gemeinden zur gemeinschaftlichen Herstellung solcher Einrichtungen vereinigen und auch dahin Verträge abschließen, daß die Armen einer Gemeinde in den Armenanstalten einer anderen untergebracht werden.

§ 2. Werden dergleichen Einrichtungen, namentlich Armen- und Krankenhäuser, von den Amtsverbänden errichtet, so sind die Gemeinden des Amtsbezirks ebenso berechtigt als verpflichtet, dieselben gegen Entschädigung für die ihrer Fürsorge überlassenen, zur Aufnahme sich eignenden Armen zu benutzen.

Art. 79. Für öffentliche Armenanstalten können im Wege des Statuts Hausordnungen erlassen werden, durch welche den Vorstehern eine Disciplinargewalt bis zu 2 Tagen Einsperrung übertragen wird.

Wiederholte Uebertretung der Hausordnung wird mit Haft bis zu 8 Tagen gerichtlich bestraft. Oldenburg.

Art. 80. Die Gemeinden sind berechtigt, für Dienstboten, Gewerbsgehülfen, Lehrlinge, Fabrikarbeiter und andere Lohnarbeiter im Wege des Statuts Kranken-, Hülfs- oder Sterbecassen einzurichten und dazu von denselben, so lange sie im Bereiche ihres Bezirks dienen oder arbeiten, und sofern sie nicht den Nachweis liefern, daß sie einer anderen Kranken-, Hülfs- oder Sterbecasse angehören (§ 141 Abs. 2 der B. G.-O.) einen regelmäßigen Beitrag zu erheben.

Für richtige Bezahlung der Krankencassenbeiträge haften die Dienstherrschaften oder Arbeitgeber. Die geleistete Krankenhülfe (Krankenpflege) incl. ärztlicher Hülfe und Medicamente gilt nicht als öffentliche Armenunterstützung.

Art. 82. § 1. Der zur Bestreitung der Ausgaben für die öffentliche Armenpflege erforderliche Bedarf wird zunächst durch die Einkünfte des vorhandenen Armenvermögens gedeckt. Dasselbe darf seinem Zwecke nicht entfremdet werden. Soweit diese Einkünfte dazu nicht ausreichen, wird der Bedarf nach Artikel 47 aufgebracht, im Gemeindevoranschlage festgestellt und in einer Anlage der Gemeinderechnung verrechnet.

§ 2. Gemeinden, welche, haushälterischer Armenpflege ungeachtet, durch die Verpflegung ihrer Armen überlastet sind, haben Anspruch auf Beihülfe Seitens des Amtsverbandes.

Wird der Anspruch einer Gemeinde auf Beihülfe des Amtsverbandes von diesem als begründet nicht anerkannt, so steht auf erhobene Beschwerde die Entscheidung darüber, ob und in wie weit dieselbe zu gewähren ist, dem Staatsministerium, Departement des Innern, zu.

Art. 83. Jährlich, nachdem die Gemeinderechnung schlüssig erledigt ist, hat die Armencommission in öffentlicher Sitzung, deren Zeitpunkt zeitig vorher in orts-

Oldenburg. üblicher Weise bekannt zu machen ist, und zu welcher die vorgesetzte Verwaltungsbehörde die Kirchenältesten (in den evangelischen Gemeinden) und die Vorsteher der in der Gemeinde vorhandenen Wohlthätigkeitsvereine einzuladen sind, in Gegenwart der Gemeindevertretung den Zustand des Armenwesens möglichst umständlich darzulegen und dabei zur geeigneten Mitwirkung und zu Vorschlägen aufzufordern.

Eine Abschrift dieser Darlegung und des über die Sitzung aufgenommenen Protocolles ist der vorgesetzten Verwaltungsbehörde einzusenden.

V. Von den Amtsverbänden.

Art. 84. § 1. Die Amtsverbände bilden nach näherer Vorschrift dieses Gesetzes communale Verbände zur Selbstverwaltung ihrer Angelegenheiten mit den Rechten juristischer Personen.

§ 2. Abs. 1. Die bestehenden Amtsverbände bleiben in ihrer gegenwärtigen Begrenzung bestehen.[1]

§ 3. Die Amtsverbände werden durch einen Amtsrath vertreten und durch einen Amtsvorstand verwaltet.

1. Art. 200 Gem.Ordg. v. 1. Juli 1855 in der Fassung des Gesetzes v. 27. Juli 1870 bestimmte: Die Gemeinden eines Amtes, in den Aemtern Varel und Jever mit Einschluß der gleichnamigen Stadtgemeinden, bilden als Amtsverband einen Kommunalverband mit dem Rechte der juristischen Persönlichkeit und der eigenen Verwaltung seiner Angelegenheiten.

Die Gemeinden Stadtgemeinde Oldenburg und Gemeinde Dedesdorf werden als solche den Amtsverbänden gleichgestellt.

Art. 85. Angelegenheiten der Amtsverbände sind insbesondere:

1. — — —

5. Die Besorgung des Landarmenwesens nach Maßgabe des Bundesgesetzes vom 6. Juni 1870 über den Unterstützungswohnsitz mit Ausnahme

der im Art. 75 unter Vorbehalt des Ersatzanspruchs wegen der aufgewandten Kosten den Gemeinden (Armencommissionen) übertragene unmittelbare Fürsorge der Landarmen; Oldenburg.

6. Die Fürsorge für Geisteskranke, Idioten, Taubstumme und Blinde.

Art. 86—87 handeln von der Zusammensetzung, der Geschäftsordnung und dem Wirkungskreise des Amtsraths,

Art. 88 von der Aufbringung der Kosten für den Amtsverband,

Art. 89—91 von der Zusammensetzung, der Geschäftsordnung und dem Wirkungskreise des Amtsvorstandes.

Art. 92. In den Amtsverbänden Stadtgemeinde Oldenburg und Gemeinde Dedesdorf werden die Geschäfte des Amtsraths und Amtsvorstandes von den Gemeindebehörden nach den für die Verwaltung der Gemeindeangelegenheiten geltenden Vorschriften wahrgenommen.

Für das Fürstenthum Birkenfeld bestimmen die Art. 2 ff. des Ges. v. 28. März 1876.

Art. 2. Die Verwaltung der öffentlichen Armenpflege der Orts-Armenverbände steht den in der Gemeindeordnung für die Verwaltung der Gemeinde-, bezw. Bürgermeisterei-Angelegenheiten angeordneten Gemeinde-, bezw. Bürgermeisterei-Organen zu, mit der Abweichung, daß an die Stelle des Gemeinde-, bezw. Bürgermeisterei-Vorstandes eine besondere collegialisch eingerichtete Commission (Armencommission) tritt.

Die Bestimmungen der Gemeinde-Ordnung über die Verwaltung der Gemeinde-, bezw. Bürgermeisterei-Angelegenheiten, insbesondere die Bestimmungen über die Zuständigkeit des Gemeinde-, bezw. Bürgermeisterei-Vorstandes und der Gemeinde-, bezw. Bürgermeisterei-Vertretung, so wie über die Verpflichtung der Gemeindebürger zur Uebernahme unbesoldeter Aemter in der Gemeinde-Verwaltung sind überall, soweit nicht in diesem Gesetze etwas Anderes ausdrücklich bestimmt ist, auch für die Verwaltung der öffentlichen Armenpflege maßgebend.

An den Verhandlungen und Beschlüssen des Bürgermeisterei-

Oldenburg. (Birkenfeld).

rathes als Vertretung eines Gesammt-Armenverbandes nehmen die Abgeordneten der zum Gesammt-Armenverbande nicht gehörigen Stadtgemeinden nicht Theil.

Art. 3. Die Armencommission besteht:

1) in den Stadtgemeinden:
   a. aus dem Schöffen als Vorsitzenden;
   b. aus den zum Bürgermeistereirath gehörenden Mitgliedern des Gemeinderathes;
   c. aus den Ortsgeistlichen;
2) in den Gesammt-Armenverbänden:
   a. aus dem Bürgermeister als Vorsitzenden;
   b. aus den Mitgliedern des Bürgermeistereirathes, soweit sie einer Gemeinde des Gesammt-Armenverbandes angehören;
   c. aus den sämmtlichen mit der Verwaltung einer in dem Bezirke des Gesammt-Armenverbandes belegenen Pfarrei beauftragten Geistlichen und dem Landrabbiner, falls er in dem Bezirke seinen Wohnsitz hat.

Art. 4. Die Armencommission hat im Allgemeinen in Armen-Angelegenheiten die gleiche Stellung und Zuständigkeit, wie der Gemeinde-, bezw. Bürgermeisterei-Vorstand in Gemeinde-Angelegenheiten; sie beschließt insbesondere über Gewährung, Versagung, Umfang, Dauer und Art der Unterstützung, und vertritt den Armenverband nach Außen, namentlich auch in Streitigkeiten.

Die Armencommission faßt ihre Beschlüsse kollegialisch in den festgesetzten regelmäßigen oder in besonders anberaumten Sitzungen, auf welche die Vorschriften der Gemeinde-Ordnung über die Sitzungen des Gemeinderaths analoge Anwendung finden.

Zur Gültigkeit eines Beschlusses ist erforderlich, daß mehr als die Hälfte der Mitglieder anwesend sind und daß dem Beschlusse die absolute Stimmenmehrheit der Anwesenden zugefallen ist; bei Stimmengleichheit entscheidet die Stimme des Vorsitzenden.

In dringenden Fällen kann auf den Antrag eines Armenpflegers (Art. 5) der Vorsitzende in Uebereinstimmung mit einem Mitgliede der Armencommission aus der betreffenden Gemeinde Unterstützungen bis zur nächsten ordentlichen Sitzung bewilligen; er ist jedoch verpflichtet, der Armencommission in dieser Sitzung von der gewährten Unterstützung Kenntniß zu geben und dies im Protokoll zu bemerken.

Ueber die in jeder Sitzung der Armencommission gefaßten Beschlüsse ist unter Anführung der Namen der dabei anwesenden Mitglieder von dem Vorsitzenden oder einem dazu bereitwilligen Mitgliede oder einem anderen damit Beauftragten ein Protokoll aufzunehmen, welches nach geschehener Verlesung und Genehmigung vom Vorsitzenden und zwei Mitgliedern der Armenkommission unterzeichnet wird.

In den Städten haben die Schöffen den Bürgermeister von den

regelmäßigen Sitzungstagen und den besonders anberaumten Sitzungen zeitig in Kenntniß zu setzen. Der Bürgermeister ist berechtigt, an denselben Theil zu nehmen, und übernimmt dann den Vorsitz. Ein Stimmrecht hat derselbe dabei nicht. Oldenburg. (Birkenfeld).

Art. 5. Die unmittelbare Ausübung der öffentlichen Armenpflege ist Bezirks-Armenpflegern übertragen, die von der Armencommission für die vom Gemeinde-, bezw. Bürgermeistereirath, mit Rücksicht auf die Zahl der vorhandenen Armen zu bestimmenden Bezirke auf vier Jahre gewählt und vom Bürgermeister mittelst Gelöbnisses an Eidesstatt verpflichtet werden. — Für jede Gemeinde ist mindestens ein Bezirksarmenpfleger zu wählen.

Die Bezirksarmenpfleger sind der Armencommission untergeordnet und können von derselben zu jeder Zeit entlassen werden.

Die Wahl und Entlassung der Bezirksarmenpfleger ist im Amtsblatt bekannt zu machen.

Der Dienst der Bezirksarmenpfleger ist ein unentgeltlich zu verwaltendes Ehrenamt. Baare Auslagen, nicht aber Zehrungskosten, bei Wahrnehmung des Dienstes innerhalb des Bürgermeistereibezirks werden den Bezirksarmenpflegern erstattet.

Art. 6. Die Kosten der öffentlichen Armenpflege der Ortsarmenverbände werden aus den Gemeinde-, bezw. Bürgermeistereikassen, bestritten.

In den Gesammt-Armenverbänden, welche nicht alle Gemeinden der Bürgermeisterei befassen, erfolgt die Vertheilung der Kosten der gemeinsamen Armenpflege auf die einzelnen Gemeinden nach dem Verhältniß der Gesammtsteuer derselben.

Art. 7. Den Staatsbehörden steht nach Maßgabe der Gemeinde-Ordnung die Aufsicht über die Verwaltung der Ortsarmenverbände zu.

Art. 8. Die sämmtlichen Gemeinden des Fürstenthums bilden einen Landarmenverband, welcher Corporationsrechte hat.

Die Vertretung und Verwaltung des Landarmenverbandes liegt der Regierung ob.

Art. 9. Der Landarmenverband ist verpflichtet, die gesetzliche Unterstützung allen denjenigen nach dem Bundesgesetze aus Armenmitteln zu unterstützenden Deutschen und Ausländern zu gewähren, zu deren Unterstützung kein Ortsarmenverband rechtlich verbunden ist. (§§. 30, 33 und 60 des Bundesgesetzes vom 6. Juni 1870.)

Dem Landarmenverbande liegt ferner ob die Erstattung:

a. der Reisekosten und Honorare der Aerzte und Wundärzte bei Behandlung armer Kranken, soweit diese überhaupt vergütet werden;
b. der Kosten der Verpflegung und Heilung hülfsbedürftiger Geisteskranken, so wie der zum Schutz der öffentlichen Sicherheit gegen dieselben getroffenen polizeilichen Maßregeln;
c. der Kosten des Unterrichts und der Ausbildung hülfsbedürftiger, taubstummer und blinder Kinder;
d. der außerordentlichen Unterstützungen bei Epidemien, großer Theuerung und anderen besonderen Unglücksfällen;

Oldenburg. (Birkenfeld).

e. der Detentions- und Unterhaltungs-Kosten für die in einer Zwangs-Arbeits-Anstalt verwiesenen Armen, so wie endlich

f. die Gewährung von Zuschüssen an einzelne Ortsarmenverbände, welche durch die Ausgaben der Armenpflege so sehr beschwert sind, daß letztere 30 Procent der Gesammtsteuer sämmtlicher zum Armendistrict gehörenden Gemeinden übersteigen.

Art. 10. Der Landarmenverband ist befugt, die seiner Fürsorge gesetzlich anheimfallenden Personen demjenigen Ortsarmenverbande gegen Ersatz der Ausgaben für die geleisteten Unterstützungen zu überweisen, welcher nach §. 28 des Bundesgesetzes vom 6. Juni 870 zur vorläufigen Unterstützung derselben verpflichtet ist.

Art. 11. Dem Landarmenverbande werden zur Bestreitung seiner Ausgaben überwiesen:

a. unter Aufhebung des Art. 4 der Verordnung vom 17. December 1870, betreffend Uebergangsbestimmungen zum Strafgesetzbuch für den Norddeutschen Bund, alle Polizei- und andere den Gemeindekassen gesetzlich zugewiesenen Geldstrafen und Erträge aus Einziehungen, und die nach Art. 58 der Gesinde-Ordnung vom 13. Juni 1861 der Ersparungskasse überwiesenen Geldstrafen und Handgelder;

b. der Ertrag der für Jagdkarten, so wie für Tanz und andere öffentliche Lustbarkeiten zu entrichtenden Abgaben;

c. ein Zuschuß der Landeskasse, welcher durch das Finanzgesetz für die jedesmalige Finanzperiode festgesetzt wird;

d. die sonstigen bisher dem General-Armenfonds zugewiesenen Einnahmen.

Wenn diese Einnahmen zur Bestreitung der Ausgaben nicht hinreichen, so ist das Fehlende von sämmtlichen Gemeinden des Fürstenthums nach Verhältniß der Gesammtsteuer aufzubringen und nach der desfallsigen Bestimmung der Regierung auf die Gemeindekassen anzuweisen.

Art. 12. Die abgelegten und decidirten jährlichen Rechnungen über die Ausgaben des Landarmenverbandes werden dem Provinzialrath vorgelegt.

Das Resultat derselben wird mit einer Uebersicht der Ausgaben der Ortsarmenverbände öffentlich bekannt gemacht.

Art. 22—24 übereinstimmend mit Art. 78—80 der Oldenburger rev. Gem.Ordg. (oben S. 140 ff.). Statt „Gemeinde" heißt es überall „Ortsarmenverbände", statt „Amtsverbände": Landarmenverband.

Für das Fürstenthum Lübeck verordnen Art. 69 ff. der rev. Gem.Ordg. vom 30. März 1876.

Art. 69. §. 1. Jede Gemeinde bildet für sich einen Ortsarmenverband, mit Ausnahme der Gemeinden Flecken Ahrensböck und Landgemeinde Ahrensböck, die als einheitlicher Ortsarmenverband (Gesammtarmenverband) bestehen bleiben.

§ 2. Für den Gesammtarmenverband Ahrensböck wird eine besondere Vertretung gebildet und ein besonderer Vorstand bestellt. Die Vertretung besteht aus 12 Mitgliedern, von denen die eine Hälfte der Gemeinderath der Gemeinde Flecken Ahrensböck, die andere Hälfte der Gemeinderath der Landgemeinde Ahrensböck aus seiner Mitte wählt. Als Vorstand fungiren abwechselnd und in Verhinderungsfällen unter gegenseitiger Vertretung die Gemeindevorsteher der beiden Gemeinden, und zwar in den Jahren mit gerader Zahl der Gemeindevorsteher der Gemeinde Flecken Ahrensböck, in den Jahren mit ungerader Zahl der Gemeindevorsteher der Landgemeinde Ahrensböck. Oldenburg. (Lübeck).

Die Kosten der gemeinsamen Armenpflege werden von jeder Gemeinde nach einer Quote getragen, welche durch Verständigung der beiden Gemeindevertretungen, und wenn diese nicht zu erreichen ist, nach Anhörung derselben im Verwaltungswege festgesetzt wird.

Im Uebrigen stehen in Beziehung auf die Verwaltung der gemeinsamen Armenpflege der Vertretung des Gesammtverbandes die Rechte der Gemeindevertretung und dem Vorsteher desselben die Rechte des Gemeindevorstandes zu.

Es bleibt dem Verordnungswege vorbehalten, nach vorgängiger gutachtlicher Erklärung des Provinzialrathes in Betreff der Verwaltung des Armenwesens eine weitere Trennung der Gemeinden oder auch eine Aufhebung der Gemeinschaft eintreten zu lassen, in welchem letzteren Falle die erforderliche Auseinandersetzung nach vorgängig versuchter Verständigung im Verwaltungswege bewirkt wird.

Art. 70 § 1 übereinstimmend mit Art. 68 der Oldenburger rev. Gem.Ordg. (oben S. 139). — Doch lauten die lit:

- b. aus mindestens 2 von der Gemeindevertretung gewählten Mitgliedern derselben, von denen im Gesammtarmenverbande Ahrensböck auf jede Gemeinde die Hälfte entfällt;
- d. die für den Gemeindebezirk oder einen Theil desselben angestellten und dem Fürstenthum angehörenden Pfarrer, beziehungsweise deren Stellvertreter. Wo mehrere Pfarrer angestellt sind, bestimmt die Regierung denjenigen, welcher Sitz und Stimme in der Armencommission haben soll.

Art. 70 § 2 übereinstimmend mit Art. 69 der Oldenburger rev. Gem.Ordg. (oben S. 140).

Art. 71. Die sämmtlichen Gemeinden des Fürstenthums bilden einen Landarmenverband, welcher die Rechte einer Corporation hat.

Die Vertretung und Verwaltung des Landarmenverbandes liegt der Regierung ob.

Art. 72. Der Landarmenverband ist verpflichtet, die gesetzliche Unterstützung aller derjenigen aus Armenmitteln zu unterstützenden Deutschen und Ausländer zu gewähren, zu deren Unterstützung kein Ortsarmenverband rechtlich verbunden ist (§§. 30, 33 und 60 des Bundesgesetzes vom 6. Juni 1870).

Art. 73. Der Landarmenverband ist befugt, die seiner Fürsorge gesetzlich anheimfallenden Personen demjenigen Ortsarmenverbande

Oldenburg. (Lübeck). gegen Ersatz der Ausgaben für die geleisteten Unterstützungen zu überweisen, welcher nach §. 28 des Bundesgesetzes vom 6. Juni 1870 zur vorläufigen Unterstützung derselben verpflichtet ist.

Art. 74. § 1. Aus den dem Landarmenverbande überwiesenen Mitteln (Artikel 75) sollen ferner bestritten werden:

a. die Kosten, bezw. eine Beihülfe zu den Kosten des Unterhalts, der Erziehung und Heilung von öffentlicher Unterstützung bedürftigen Blinden, Taubstummen und Geisteskranken, sofern dieselben einer dafür bestehenden Privat- oder öffentlichen Anstalt zu überweisen sind, einschließlich der Kosten des Transports.

b. die Kosten, bezw. eine Beihülfe zu den Kosten der Verpflegung und Bewachung von bedürftigen gemeingefährlichen Geisteskranken, auch wenn dieselbe nicht in einer eigenen Anstalt stattfindet;

c. Unterstützungen in einzelnen Gemeinden bei Epidemien, Seuchen und sonstigen außerordentlichen Unglücksfällen, sofern daraus für die Armenpflege eine besondere Belastung entsteht;

d. Zuschüsse zur Förderung der Zwecke von Privat- und öffentlichen Vereinen zur Unterstützung Hülfsbedürftiger;

e. Zuschüsse an Gemeinden, welche haushälterischer Armenpflege ungeachtet überlastet sind.

§ 2. Ueber die Art und das Maaß der nach §. 1 zu gewährenden Unterstützungen entscheidet die Regierung.

Art. 75. § 1. Dem Landarmenverbande werden zur Bestreitung seiner Ausgaben überwiesen:

a. das Vermögen des bisherigen Landarmenfonds, welches durch Zuschuß aus den gesammelten und besonders verrechneten Cassenüberschüssen auf 230,000 ℳ (Stammkapital) erhöht wird;

b. der jährliche gesetzliche Zuschuß von 6000 ℳ aus der Landescasse (Gesetz vom 2. August 1870).

§ 2. Wenn diese Einnahmen zur Bestreitung der Ausgaben nicht ausreichen, werden von der Regierung nach Bedarf außerordentliche Beiträge über sämmtliche Gemeinden ausgeschrieben. Die Vertheilung geschieht nach dem Verhältnisse der in der Gemeinde aufzubringenden directen Staatssteuern und die Umlegung innerhalb derselben nach dem allgemeinen Beitragsfuße für Gemeindelasten.

§ 3. Eine Ausschreibung außerordentlicher Beiträge, falls sie lediglich durch an Vereine oder überlastete Gemeinden zu bewilligende Zuschüsse veranlaßt wird, erfolgt nach vorgängiger gutachtlicher Aeußerung des Provinzialraths.

Art. 76. Die abgelegten und decidirten jährlichen Rechnungen über die Ausgaben des Landarmenverbandes werden dem Provinzialrathe vorgelegt.

10. **Braunschweig.** Ausf.Ges. v. 5. Juni 1871. Braunschweig.

§ 2. Ortsarmenverbände. Jede Gemeinde des Herzogthums (Ortsgemeinde oder Gutsgemeinde), sammt den dazu gehörigen Gemeindebezirken, sowie jede selbstständige Gemarkung bildet — vorbehältlich der Bestimmungen über Gesammtarmenverbände §. 4. — einen für sich bestehenden Ortsarmenverband (§. 3. des Bund.Ges. vom 6. Juni 1870).

Rücksichtlich derjenigen Grundstücke, welche zur Zeit weder einem Gemeinde-Bezirke beigelegt, noch zu einer selbstständigen Gemarkung vereinigt sind, wird bis zum 1. Juli d. J. im Verordnungswege[1] bestimmt werden, ob und in welcher Weise daraus selbstständige Armenverbände oder Bestandtheile anderer Armenverbände gebildet werden sollen.

1. Vgl. die vier Verordnungen v. 28. Juni 1871 für die Kreise Braunschweig, Gandersheim, Wolfenbüttel und Holzminden.

§ 3. Verwaltung und Beaufsichtigung der Armenpflege. Die Verwaltung und Beaufsichtigung der öffentlichen Armenpflege geschieht nach den darüber in den Gemeinde-Verfassungs-Gesetzen 2c. enthaltenen Vorschriften, ebenso behält es bei den bestehenden Bestimmungen über die Art der Unterstützung, sowie über die Aufbringung der Armenlasten sein Bewenden.

Sollte es erforderlich werden, über das Maß der Unterstützung, insbesondere über ein Minimalmaß Anordnungen zu treffen, so erfolgen solche im Verwaltungswege nach Anhörung der Kreis-Versammlung.

In denjenigen Orts-Armenverbänden, welche nur aus Gemarkungen oder nur aus nicht zu einem Gemeinde-Bezirk gehörigen Grundstücken bestehen, übernimmt der Land-Armenverband zugleich die Verpflichtungen des Orts-Armenverbandes.

Braunschweig.

§ 4. Gesammtarmenverbände. Die einen einheitlichen Orts-Armenverband (Gesammt-Armenverband) bereits bildenden Verbände von Gemeinden (Orts-Gemeinden, Guts-Gemeinden) bleiben als solche bestehen und bewendet es bei den über deren Organisation getroffenen gesetzlichen Bestimmungen.

In Zukunft kann die Vereinigung mehrerer Orts-Armenverbände zu einem Gesammt-Armenverbande auf statutarischem Wege nach Maßgabe der bezüglichen Vorschriften der Gemeinde-Verfassungs-Gesetze und der Kreis-Ordnung erfolgen.

In einem solchen Falle sind die Art der Beschlußfassung über die gemeinschaftlichen Angelegenheiten, die Vertretung des Gesammt-Armenverbandes nach Außen, die Formen der Verwaltung und die Aufbringungsweise der Kosten der gemeinsamen Armenpflege durch das Statut zu regeln.

§ 5. Landarmenverband. Die Funktionen des Land-Armenverbandes übernimmt der Staat und läßt solche in den verschiedenen Kreisen durch die Herzoglichen Kreis-Direktionen besorgen, aus deren Bureau-Kassen auch die entstehenden Kosten bestritten werden.

§ 6. Ueberweisung von Landarmen an Ortsarmenverbände.

Die Herzoglichen Kreis-Direktionen sind befugt, die der Fürsorge des Land-Armenverbandes gesetzlich anheimfallenden Personen demjenigen Orts-Armenverbande, welcher nach §. 28. des Bundes-Gesetzes vom 6. Juni 1870. zur vorläufigen Unterstützung derselben verpflichtet ist, oder, falls eine solche Verpflichtung in einem gegebenen Falle nicht vorhanden sein, oder zu unverhältnißmäßigen Härten führen sollte, irgend einem geeigneten Orts-Armenverbande ihres Kreises gegen Erstattung der diesem daraus erwachsenden Kosten zu überweisen.

§ 7. Unterbringung der Hülfsbedürftigen im Arbeitshause u. s. w. Braunschweig.

Die Aufnahme der vom Land-Armenverbande zu unterstützenden Personen in das Arbeitshaus (Gesetz vom 22. Dezember 1870. No. 119.), in die Erziehungs-Anstalt Wilhelmsstift zu Bevern, sowie in die Heil- und Pflege-Anstalt zu Königslutter geschieht kostenfrei, ebenso die auf Grund des §. 362. Absatz 2. des Bundes-Strafgesetzbuchs erfolgende Aufnahme solcher Personen in das Arbeitshaus, welche zwar nicht dem Land-Armenverbande zur Last fallen, aber im hiesigen Lande keinen Unterstützungs-Wohnsitz haben.

§ 9. Denjenigen Orts-Armenverbänden, welche den ihnen obliegenden Verpflichtungen zu genügen unvermögend sind — worüber zunächst, auf Begutachtung durch den Kreis-Ausschuß, die betreffende Kreis-Versammlung und in letzter Instanz Unser Herzogl. Staats-Ministerium entscheidet — ist die erforderliche Beihülfe aus der Kreis-Kommunalkasse zu leisten.

Den Kreis-Versammlungen steht die Befugniß zu, die Kosten einzelner besonderer Zweige der öffentlichen Armenpflege unmittelbar auf die Kreis-Kommunalkasse zu übernehmen.

§ 10. Religionsgesellschaften, milde Stiftungen u. s. w. Abs. 1. übereinstimmend mit §. 24., Abs. 2. mit §. 6. Pr. A.G.

11. Sachsen-Meiningen. Ausf.Ges. v. 24. Februar 1872. Sachsen-Meiningen.

Art. 2. Jede Gemeinde und jeder Gemarkungsverband bildet für sich einen Ortsarmenverband.

Art. 3. Es ist zulässig, daß sich mehrere Gemeindebezirke oder Gemarkungsverbände im Wege der Vereinbarung zu einem Gesammt-Armenverbande unter Festsetzung der Verfassung desselben vereinigen.

Sachsen-Meiningen.

Zur Errichtung und zur Auflösung eines Gesammt-Armenverbandes bedarf es der Genehmigung des Herzogl. Staatsministeriums, Abtheilung des Innern, vor welcher der Kreisausschuß zu hören ist.

Jede Errichtung und jede Wiederauflösung eines Gesammt-Armenverbandes ist durch das Regierungsblatt zur öffentlichen Kenntniß zu bringen.

Art. 4. Die für die allgemeine öffentliche Armenpflege bestimmten Ortsarmen-Kassen sind Eigenthum der betreffenden Gemeinden.

Vermögensbestände, welche denselben durch Privatverfügung zugefallen sind, müssen bestimmungsmäßig verwendet werden.

Das Vermögen kirchlicher oder religiöser Anstalten und Genossenschaften, für sich bestehender Stiftungen und sonstiger juristischer Personen, auch wenn es für Armenzwecke bestimmt ist, wird von der Bestimmung im ersten Absatz nicht berührt.

Art. 5. Die Vorsteher von Corporationen und anderen juristischen Personen sind verpflichtet, den Gemeindebehörden auf deren Erfordern Auskunft über den Betrag der Unterstützungen zu ertheilen, welche einem Hülfsbedürftigen des Gemeindebezirks aus den unter ihrer Verwaltung stehenden, einem Zweck der Wohlthätigkeit gewidmeten Fonds gewährt werden.

Art. 6. Jeder Kreis und bis auf Weiteres die Kreisabtheilung Camburg bildet einen besonderen Landarmenverband.

Art. 7. Die nach §. 33. des Bundesgesetzes vom 6. Juni 1870. dem Staate obliegende Verpflichtung ist von demjenigen Landarmenverbande zu übernehmen, innerhalb dessen der Hülfsbedürftige seinen letzten Unterstützungswohnsitz gehabt hat. Läßt sich dies nicht ermitteln, so ist derjenige Landarmenverband zu deren Uebernahme verpflichtet, in dessen Bezirk die Hülfsbedürftigkeit hervorgetreten ist.

Art. 8. Die Landarmenverbände sind befugt, die ihrer Fürsorge gesetzlich anheim fallenden Personen demjenigen Ortsarmenverbande gegen Entschädigung zu überweisen, welcher nach §. 28. des Bundesgesetzes vom 6. Juni 1870. zu deren vorläufiger Unterstützung verpflichtet ist. Sachsen-Meiningen.

Art. 9. Die Kreise (Art. 6.) haben gegenüber den Ortsarmenverbänden, welche zu ihnen gehören, die Verpflichtung, die Kosten der öffentlichen Armenpflege, welche die Unterbringung Geisteskranker, Idioten, Taubstummer und Blinder in Heil-, Pflege- und Unterrichtsanstalten verursacht, unbeschadet der Verpflichtung der Ortsarmenverbände zur vorläufigen Unterstützung der in ihrem Bezirke der Hülfsbedürftigkeit anheimfallenden Personen, unmittelbar zu übernehmen.

Art. 10. Die Kreise (Art. 6.) können die Kosten der öffentlichen Armenpflege, welche die Fürsorge für Kranke und Sieche erfordert, unmittelbar übernehmen.

Art. 11. Die Landarmenverbände müssen in ihren Kranken- und Armenhäusern, soweit die Umstände es gestatten, auf Antrag der Ortsarmenverbände die deren Fürsorge gesetzlich anheimfallenden Personen gegen Entschädigung (Art. 13.) aufnehmen.

Art. 12. Die Landarmenverbände sind verpflichtet, nach Entscheidung des Herzogl. Staatsministeriums, Abtheilung des Innern, denjenigen Ortsarmenverbänden ihres Bezirks eine Beihülfe zu gewähren, welche den ihnen obliegenden Verpflichtungen zu genügen, unvermögend sind.

Art. 13. Das gesammte Armenwesen steht unter der Aufsicht des Herzoglichen Staatsministeriums, Abtheilung des Innern. Dasselbe stellt die Tarife für die Erstattung der Kosten der Armenunterstützung nach Anhörung der betreffenden Kreisausschüsse fest.

Sachsen-Altenburg. 12. **Sachsen-Altenburg.** Ausf.Ver. v. 3. Juni 1871.

§ 2. Jede Stadt- resp. Landgemeinde bildet für sich einen Ortsarmenverband, insoweit nicht, insbesondere nach §. 6. des Gesetzes, die Abänderung und Ergänzung einiger Bestimmungen des Gesetzes über das Heimathsrecht und Armenwesen vom 9. August 1833. betreffend, vom 10. Februar 1857. sich mehrere Gemeinden zu einem Armenverbande vereinigt haben, wobei es bewendet. Vereinigung mehrerer Gemeinden zu einem Armenverbande nach Maßgabe der soeben angezogenen gesetzlichen Bestimmungen bleiben auch fernerhin gestattet.

Abs. 3. übereinstimmend mit §. 15.Pr. A.G.

§ 3. Grundstücke, Grundstückskomplexe, welche zur Zeit einem bestimmten Gemeindebezirke nicht angehören, bilden für sich einen Ortsarmenverband. (§. 4. des Bundes-Gesetzes.)

Besitzer solcher Grundstücke haben die Kosten der öffentlichen Armenpflege gleich den Gemeinden zu tragen.

§ 4. Im Betreff der Beschaffung der für die Armenpflege erforderlichen Mittel sind für die Stadt- und Dorfgemeinden die bereits bestehenden landesgesetzlichen und ortsstatutarischen resp. vertragsmäßigen Bestimmungen maßgebend.

§ 5. Die Obliegenheiten des Landarmenverbandes übernimmt . . . der Staat. Derselbe ist befugt u. s. w. wie §. 34. Pr. A.G. Die Ausübung der Funktionen des Landarmenverbandes erfolgt durch das Herzogliche Ministerium, Abtheilung des Innern.

Dasselbe ist berechtigt, die Besorgung der desfallsigen Geschäfte einer Kommission zu übertragen (Nachtr. Ver. v. 12. August 1876. (G.S. S. 227.).

§ 6. In welchen Fällen und in welcher Weise den Ortsarmenverbänden von dem Landarmenverbande eine Beihülfe zu gewähren ist, bestimmt sich nach den bereits bestehenden Vorschriften über die Verwendung des allgemeinen Hülfsfonds — Minist.-Bekanntmachung vom 10. Februar 1857. S. 28. der Ges.Samml. vom Jahre 1857. — wobei es bewendet. Sachsen-Altenburg.

§ 7. übereinstimmend mit §. 38. Pr. A.G. mit dem Zusatze am Schlusse: „vorbehältlich jedoch der Wiedereinziehung solcher Kosten aus dem etwaigen Vermögen solcher Personen."

13. Sachsen-Coburg-Gotha. Ausf.Ges. v. 31. Mai 1871. Sachsen-Coburg-Gotha.

§ 2. Jeder Gemeindebezirk im Herzogthum Coburg und jeder Heimathsbezirk im Herzogthum Gotha bildet für sich einen Ortsarmenverband, sofern nicht mehrere solche Bezirke zu einem Gesammtarmenverband vereinigt werden.

Grundstücke, welche keinem Gemeindebezirke angehören, sind dem Ortsarmenverbande einer Gemeinde durch das Staatsministerium zuzuweisen.

§ 3. Abs. 1. übereinstimmend mit Satz 2. und 3. des §. 2. Pr. A.G.

Abs. 2. übereinstimmend mit §. 3. Abs. 1. Pr. A.G.

Die Wahl der Mitglieder der Deputation (Kommission) mit Ausnahme des Bürgermeisters (Schultheiß) steht der Gemeindevertretung zu.

Abs. 3. übereinstimmend mit §. 3. Abs. 3. Pr. A.G.

§ 4. übereinstimmend mit §. 4. Pr. A.G.: Wer eine unbesoldete Stelle vier Jahre hindurch bekleidet hat, kann die fernere Uebernahme einer solchen Stelle während der nächstfolgenden vier Jahre ablehnen.

§ 5. übereinstimmend mit §. 5. Pr. A.G. nur mit dem Unterschiede, daß der Verlust des Rechts zur Theilnahme an den Gemeindewahlen auf 4—8 Jahre festgesetzt ist, während die Bestimmung über die stärkere Heranziehung zu den Gemeindeabgaben fehlt.

§ 6. Die Kosten des Ortsarmenverbandes werden aus der Gemeindekasse bestritten. So lange nach Vor-

Sachsen-Coburg-Gotha.

schrift der Gemeindegesetze (Coburger Gem.Ges. Art. 6., Gothaer Gem.Ges. §§. 54. und 56.) den Besitzern gewisser Grundstücke lediglich die Pflicht der Fürsorge für die Verpflegung erkrankter und der Beerdigung verstorbener Fremder obliegt, tritt an die Stelle dieser Pflicht der Ersatz des für diese Leistungen von dem nunmehr dazu verpflichteten Ortsarmenverbande bestrittenen, nothwendigen Aufwandes.

§ 7. übereinstimmend mit §. 6. Pr. A.G.

§ 8. Es ist zulässig, daß sich mehrere Gemeinde-Bezirke im Herzogthum Coburg oder Heimath-Bezirke im Herzogthum Gotha im Wege der Vereinbarung zu einem Gesammtarmenverbande mit Genehmigung der vorgesetzten Behörde vereinigen.

§ 9. übereinstimmend mit §. 13. Pr. A.G.

§ 10. übereinstimmend mit §. 15. Pr. A.G.

§ 11. Den Staatsbehörden steht nach Maßgabe der Gemeindeverfassungsgesetze die Aufsicht über die Verwaltung der Ortsarmenverbände und der Gesammtarmenverbände zu.

§ 12. Jedes der beiden Herzogthümer (Coburg und Gotha) bildet für sich einen Landarmenverband, deren Funktion der Staat übernimmt, auch die Ausgaben werden von der Staatskasse des betreffenden Herzogthums getragen.

Dem Staatsministerium bleibt vorbehalten, für die Verwaltung der Angelegenheiten des einen oder des andern Landarmenverbandes eine besondere Kommission zu bestellen.

§ 13. übereinstimmend mit §. 34. Abs. 1. Pr. A.G.

§ 14. Denjenigen Ortsarmenverbänden, welche den ihnen obliegenden Verpflichtungen zu genügen unvermögend sind, wird die erforderliche Beihülfe aus der Staatskasse des betreffenden Herzogthums in Geld oder mittelst Bereitstellung von Pflegeanstalten, oder sonst in geeigneter Weise gewährt.

14. Anhalt. Ausf.Ges. v. 29. Juni 1871. Anhalt.

§ 4. übereinstimmend mit Satz 1. des §. 2. Pr. A.G.

§ 5. Die Verwaltung der öffentlichen Armenpflege steht den Gemeindebehörden zu. Die Bestimmungen der Gemeindeordnung [1]) über die Verwaltung der Gemeindeangelegenheiten, insbesondere die Bestimmungen über die Zuständigkeit des Gemeindevorstandes und des Gemeinderaths, beziehungsweise der Gemeindeversammlung, sowie über die Verpflichtung der Bürger und Gemeindeberechtigten zur Uebernahme unbesoldeter Gemeindeämter, über die Bildung von Kommissionen und ständigen Deputationen zur dauernden Verwaltung einzelner Zweige der Gemeindeverwaltung und über das staatliche Aufsichtsrecht sind überall auch für die Verwaltung der öffentlichen Armenpflege maßgebend.

1. Vgl. Gemeinde- rc. Ordnung v. 26. Mai 1882, (G.S. Nr. 619 S. 643) Verwaltung der Gemeindeangelegenheiten rc. §§ 56 ff., 83 (Städte), §§ 120—122, 125, 131 ff. (Dorfgemeinden); Verpflichtung zur Uebernahme von Aemtern §§ 47, 114; staatliches Aufsichtsrecht §§ 33 ff.

Abs. 2. übereinstimmend mit §. 19. Pr. G.A.

§ 6. übereinstimmend mit §. 24. Pr. A.G.

§ 7. übereinstimmend mit §. 6. Pr. A.G.

§ 8. Den Gemeinden werden, soviel den Gegenstand dieses Gesetzes betrifft, die in Gemäßheit der §§. 11. bis 14. der Gemeindeordnungen [1] außerhalb des Gemeindeverbandes stehenden selbstständigen Bezirke gleich geachtet; sie haben die Kosten der öffentlichen Armenpflege gleich den Gemeinden zu tragen.

Stehen einzelne Theile eines selbstständigen Bezirkes im Eigenthum Dritter, so ist auf Antrag eines der Betheiligten die Aufbringung der Kosten der öffentlichen Armenpflege und deren Verwaltung statutarisch zu regeln.

Das Statut wird, Falls die Betheiligten sich nicht zu einigen vermögen, durch den Kreisausschuß, jedoch vorbehältlich des Rekurses an die Regierung, Abtheilung

Anhalt. des Innern, beziehentlich an das Staatsministerium, festgestellt und muß hinsichtlich der Regelung der Beitragspflicht den nachstehend für die Gesammtarmenverbände getroffenen Bestimmungen folgen.

1. jetzt § 9 der Gemeinde ꝛc. Ordnung v. 26. Mai 1882.

§ 9. Abs. 1. übereinstimmend mit dem Satz 1. des §. 9. Pr. A.G.

Abs. 2.: Es bleibt den betheiligten Gemeinden und selbstständigen Bezirken die Vereinbarung von statutarischen Vorschriften, vorbehältlich der Bestätigung der letzteren durch die Regierung, Abtheilung des Innern, überlassen; in Ermangelung einer derartigen Vereinbarung wird die Verfassung des Gesammtarmenverbandes durch ein, nach Anhörung der Betheiligten, von dem Kreisausschusse nach Maßgabe der nachfolgenden Bestimmungen zu beschließendes und von der Regieruug, Abtheilung des Innern, zu bestätigendes Statut geregelt.

Abs. 3. und 4. übereinstimmend mit Abs. 2. und 3. des §. 10. Pr. A.G.

Die Wahl der Abgeordneten erfolgt stets auf sechs Jahre.

Die Wahlen des Vorsitzenden, sowie alle sonstigen Beschlußfassungen erfolgen nach absoluter Stimmenmehrheit, jedoch wird die Mehrheit der abgegebenen Stimmen nicht nach Köpfen, sondern nach der Anzahl der den einzelnen Mitgliedern zustehenden Stimmen berechnet. Bei eintretender Stimmengleichheit entscheidet das Loos. Die Abgehenden sind wieder wählbar.

Die Vertheilung der Kosten der gemeinsamen Armenpflege auf die einzelnen Gemeinde- und selbstständigen Bezirke erfolgt, sofern nicht statutarisch etwas Anderes festgesetzt ist, nach dem Staatsergänzungssteuerfuße. Zu diesem Behufe sind die Herzoglichen Privatgüter und die Landesdomänen ꝛc., insoweit dies noch nicht geschehen sein sollte, nachträglich zur Staatsergänzungssteuer zu veranlagen.

Abs. 5. übereinstimmend mit Abs. 4. Pr. A.G. Anhalt.
(Vgl. auch §§ 25, 26 Gem.Ordg. v. 26. Mai 1882.)

§ 10. Abs. 1. übereinstimmend mit §. 12. Abs. 1. Pr. A.G.

Die Genehmigung des Statuts steht dem Kreisausschusse zu.

Abs. 2. Aus Rücksichten der Billigkeit kann der Kreisausschuß auf Antrag des einen oder andern Theils die Vereinigung der innerhalb einer Ortschaft belegenen Domänen- und Rittergüter mit der betreffenden Gemeinde zu einem Gesammtarmenverbande auf endgültige Weise beschließen. Dabei sind zugleich die erforderlichen statutarischen Festsetzungen über die Formen der Verwaltung und über die Vertheilung der Kosten der gemeinsamen Armenpflege ꝛc. durch den Kreisausschuß, jedoch vorbehältlich des Rekurses an die Regierung, Abtheilung des Innern, beziehentlich an das Staatsministerium zu treffen.

§§ 11—13. übereinstimmend mit §§. 13—15. Pr. A.G.

§ 14. Aus dem gesammten Herzogthum Anhalt wird Ein Landarmenverband gebildet, dem die Rechte einer juristischen Person zustehen. Die Verwaltung und Vertretung desselben liegt der Landarmendirektion mit den aus den §§. 15. ff. ersichtlichen Maßgaben ob.

§ 15. betrifft die Zusammensetzung und Geschäftsordnung der Landarmendirektion.

§§ 16—20. handeln von der Bildung der Landarmenfondsdotation, aus dem Landesvermögen, und der Verwaltung. Soweit die Erträge der Dotation nicht ausreichen, sind die erforderlichen Mittel durch Kreissteuern aufzubringen. Die Vertheilung des Erfordernisses auf die einzelnen Kreise erfolgt nach Verhältniß der für dieselben festgestellten Kreissteuereinheit. (Kreisord. §§. 12., 13.)

§ 21.: Der Landarmenverband ist verpflichtet, die

Anhalt. gesetzliche Unterstützung (§. 1. und 2.) allen denjenigen nach den Bundesgesetzen aus öffentlichen Mitteln zu unterstützenden Deutschen (§. 3.) und Ausländern zu gewähren, zu deren Unterstützung kein Ortsarmenverband rechtlich verbunden ist (vergl. §. 5., §. 33. und §. 60. des Bundesgesetzes).

§ 22.: Dem Landarmenverband liegt ferner ob, denjenigen Ortsarmenverbänden, welche ohne Gefährdung des Nahrungsstandes ihrer Angehörigen, beziehentlich ohne eine außerordentliche Ueberlastung nicht im Stande sind, den gesetzlichen Anforderungen der öffentlichen Armenpflege zu genügen, eine entsprechende Beihülfe zu gewähren. Die Normen, nach welchen die Landarmendirektion sich bei ihren Unterstützungsbewilligungen zu richten hat, und die etatsmäßigen Mittel, über welche dieselbe verfügen darf, werden von der Staatsregierung mit dem Landtage vereinbart.

§ 23. Auf Kosten des Landarmenverbandes sollen ferner, beziehentlich insoweit, als nicht hierüber zwischen der Staatsregierung und den einzelnen Kreisen unter Zustimmung des Landtags besondere Abkommen getroffen werden, erhalten werden:

1) eine Irren- Heil- und Pflegeanstalt zur Aufnahme sowohl der heilungsfähigen als der unheilbaren Irren,
2) ein Siechenhaus zur Aufnahme von Blödsinnigen, Idioten und solchen Personen, welche an Epilepsie oder an andern unheilbaren und ekelerregenden, oder ansteckenden, beziehentlich völlig hülfebedürftig machenden Krankheiten leiden:
3) eine Taubstummenerziehungsanstalt,
4) eine Blindenerziehungsanstalt,
5) eine Idiotenerziehungsanstalt,

endlich

6) Erziehungsanstalten für verwahrloste Kinder.

§ 24. Inwieweit zur Befriedigung der oben zu

3. bis 6. aufgeführten Obliegenheiten des Landarmenverbandes mit inländischen oder benachbarten ausländischen derartigen Anstalten ein Abkommen zu treffen ist, wird künftig von der Staatsregierung mit Zustimmung des Landtags bestimmt. Es bewendet vorläufig bei den dieserhalb zum Theil schon bestehenden Abkommen. Anhalt.

§ 25. Die Verpflegungssätze, gegen welche die inländischen Ortsarmenverbände in die §. 23. aufgeführten Anstalten Ortsarme unterbringen dürfen, werden von der Staatsregierung mit dem Landtage vereinbart, ebenso die allgemeinen Voraussetzungen, unter welchen ein Nachlaß an diesen Verpflegungsgeldern stattfinden darf.

§ 26. Die Verwaltung des Landarmenwesens wird nicht von dem Plenum der Landarmendirektion, sondern von den drei der Regierung angehörigen Mitgliedern derselben geübt.[1]) Der Beschlußfassung des Plenums unterliegen:

a. die Entscheidung darüber, welchen Ortsarmenverbänden und in welchem Maße eine Beihülfe gemäß §. 22. zu gewähren ist;
b. die definitive Festsetzung der einzelnen Nachlässe an Verpflegungsgeldern gemäß §. 25.;
c. die auf die Verwaltung des Landarmenfonds bezüglichen Angelegenheiten (vergl. §. 19. und 20.);
d. alle diejenigen Angelegenheiten, welche dem Plenum von den Regierungsmitgliedern zur Berathung, beziehentlich Beschlußfassung unterbreitet werden.

1. Das verwaltende Kollegium fungirt auch als „Landeswaisenfondsverwaltung" nach Maßgabe des Ges. v. 1. Februar 1873 (G.S. S. 185).

§ 27. Die Errichtung von Kreiskrankenhäusern unterliegt der Beschlußfassung der Kreisvertretungen; die Verwaltung derselben ist sodann Kreiskommunalsache.

Die noch im Besitz des Staates befindlichen Kranken-

Anhalt. heilanstalten werden mit Gebäulichkeiten und Inventarien den betreffenden Kreisen durch besondere Vereinbarungen überwiesen.

Den Kreisen liegt die Verpflichtung ob, die heilbedürftigen Landarmen in ihren Kreiskrankenhäusern für dieselben Sätze zu verpflegen, welche für die Verpflegung der Ortsarmenkranken normirt sind.

Den Kreisen liegt ferner die Verpflichtung ob, in ihren Kreiskrankenhäusern gemeingefährliche Irrsinnige oder an gemeingefährlichen ansteckenden Krankheiten leidende Personen, welche aus sicherheits- oder gesundheitspolizeilichen Rücksichten von der Polizeibehörde ihnen überwiesen werden; weil sie nicht in Privatpflege verbleiben, beziehentlich nicht sofort in eine Irrenheilanstalt eingeliefert werden können, einstweilig gegen Kostenerstattung aufzunehmen.

§ 28. Die Bedingungen, unter welchen die Ortsarmenverbände ihre hülfsbedürftigen Kranken in Heilanstalten (§. 27.) unterbringen dürfen, sind durch Kreisstatut, beziehentlich durch besondere, unter Vermittelung der Kommunalaufsichtsbehörden abzuschließende Vereinbarungen zu regeln.

§ 29. Die Kreisvertretungen können die Anlegung von gemeinsamen Kreisarmenhäusern beschließen, in welchen die Ortsarmenverbände gegen bestimmte, durch Kreisstatut festzusetzende Verpflegungssätze diejenigen Ortsarmen unterbringen können, welchen sie die gesetzliche Armenunterstützung durch Ueberweisung einer ihren Kräften entsprechenden Arbeit gewähren wollen.

Die Anlegung, Einrichtung und Verwaltung derartiger Kreisarmenhäuser ist sodann Kreiskommunalsache.

Die Hausordnungen in denselben unterliegen der Bestätigung der Regierung, Abtheilung des Innern.

Dem Landarmenverbande steht die Benutzung solcher

Kreisarmenhäuser zur Unterbringung arbeitsfähiger Landarmer ebenfalls zu. Anhalt.

Für die Landarmen gelten, falls nicht besondere Vereinbarungen getroffen sind, dieselben Verpflegungssätze, wie für die Ortsarmen.

§ 30. Der Landarmenverband ist befugt, sich der Ortsarmenverbände als seiner Organe behufs der öffentlichen Unterstützung Hülfsbedürftiger zu bedienen und die seiner Fürsorge gesetzlich anheimfallenden Personen einem Ortsarmenverbande gegen Entschädigung zu überweisen.

Die Landarmendirektion normirt die Sätze, nach welchen in diesem Falle oder sonst in Fällen, wo eine Erstattung von Verpflegungskosten gegen einen andern Armenverband gesetzlich beansprucht werden kann, die einzelnen Aufwände zu vergüten sind. (Vergl. §. 8., 28. und 30. des Bundesgesetzes.)

Diese Normalsätze sind durch den Staatsanzeiger zu veröffentlichen (s. Anl. C).

15. **Schwarzburg-Sondershausen.** Ausf.Ges. v. 25. Januar 1872. Schwarzburg-Sondershausen.

§ 1. Jeder Gemeindebezirk einschließlich der geographisch zu ihm gehörigen Fürstlichen Domänen und Rittergüter bildet einen Ortsarmenverband.

Neben den Gemeindebezirken bilden

a. die zur unmittelbaren Benutzung des Fürsten dienenden Grundbesitzungen (Schlösser u. s. w.),
b. die Fürstlichen Forsten,
c. solche Fürstlichen Domänen, welche außerhalb des geographischen Verbands eines Gemeindebezirks gelegen sind,

besondere Ortsarmenverbände dergestalt, daß von den unter b. erwähnten Forsten die in einem landräthlichen Verwaltungsbezirk belegenen Bestandtheile je einen ein-

Schwarzburg-Sondershausen. heitlichen besonderen Armenverband ausmachen und eine gleiche Eintheilung auch bezüglich der unter a. vorerwähnten Besitzungen Statt findet.

Mehrere Ortsarmenverbände ein und desselben Verwaltungsbezirks können im Wege der Vereinbarung und mit Hinzutritt der landesherrlichen Genehmigung zu einem Gesammtarmenverbande vereinigt werden.

Vgl. Art. 3—5 der neuen Gem.Ordg. v. 15. Januar 1876 (G.S. S. 43).

§ 2. Die Funktionen des Landarmenverbandes werden von dem Fürstenthume unmittelbar übernommen und durch Fürstl. Ministerium, Abtheilung des Innern, ausgeübt.

§ 3. Die auf Gemeindebezirken beruhenden Ortsarmenverbände werden von den betreffenden Gemeindebehörden, nach Befinden unter Mitwirkung dazu ernannter besonderer Kommissionen, nach Maßgabe der einschlägigen Bestimmungen der Städte- und der Landgemeindeordnung [1] verwaltet. Die Unterstützungen werden aus der Gemeindekasse, bezüglich aus der etwa in der Gemeinde bestehenden Armenkasse geleistet. Die mit den Ortsarmenverbänden vereinigten Fürstlichen Domänen tragen zu den bezüglichen Lasten nach Maßgabe der für die Heranziehung der Flurgenossen zu den Gemeindelasten nach der Städte- resp. Landgemeindeordnung [1] geltenden Bestimmungen dergestalt bei, daß nur der innerhalb des betreffenden Ortsverbandes belegene Grundbesitz als steuerbares Vermögensobjekt in Betracht zu ziehen ist. In gleicher Weise werden die Beiträge der mit den Ortsarmenverbänden vereinigten Rittergüter festgesetzt. Die Bewohner der vorbezeichneten Fürstlichen Domänen und Rittergüter, sofern sie nicht in Folge ihrer Eigenschaft als Gemeindeangehörige einer weitergehenden Kommunalsteuerpflicht unterworfen sind, tragen zu den bezüglichen Lasten im Verhältniß ihrer in der betreffenden Gemeinde zu entrichtenden direkten Staatssteuern bei. Schwarzburg-Sondershausen.

1. An Stelle der Städte- und Landgemeindeordnung ist die neue Gem.Ordg. v. 16. Januar 1876 getreten. Vgl. Art. 5, 10, 67—81, 106—116.

In einem Gesammtarmenverbande (§. 1. al. ult.) wird das Armenwesen durch eine Deputation verwaltet. Ueber deren Zusammensetzung, wie über das Verhältniß, nach welchem die sich vereinigenden Bezirke zu den Kosten der Armenpflege beizutragen haben, sind in der Vereinbarung über Bildung des Gesammtarmenverbandes Bestimmungen zu treffen.

Die von Besitzungen, welche zur unmittelbaren Benutzung des Fürsten dienen, gebildeten Ortsarmenverbände werden durch das Fürstl. Hofmarschallamt resp. durch Vermittelung der von demselben nach Befinden hierzu bestellten Vertreter unter Bestreitung der Kosten der Armenpflege aus der Hofkasse verwaltet.

Die aus Fürstl. Kammerforsten gebildeten Ortsarmenverbände werden von den Fürstl. Forstämtern, nach Befinden unter Vermittelung der Revierbeamten verwaltet.

Die im Falle des §. 1. sub. c aus den Fürstl. Domänen gebildeten Ortsarmenverbände werden von dem Fürstl. Ministerium, Finanzabtheilung, welches in diesen Beziehungen kontraktlich durch die betreffenden Domänenpächter vertreten sein kann, verwaltet.

Die Kosten der Armenpflege in den Fürstl. Domänen und Forsten fallen, so lange die Verwaltung und Nutzung des Kammerguts dem Staate überlassen ist, in erster Linie und vorbehältlich kontraktlicher Bestimmungen, der Staatskasse zur Last.

§ 5. Diejenigen Hülfsbedürftigen, deren Unterstützung der Domanialforstverwaltung zur Last fällt, sind in der Regel einem der nächsten auf Gemeindebezirken beruhenden Orts- oder Gesammtarmenverbände

Schwarzburg-Sondershausen. gegen Gewährung voller Entschädigung, welche nöthigenfalls der betreffende Landrath festzustellen hat, durch den betreffenden Forstbeamten zu überweisen. Die Verwaltung des bezüglichen Armenverbandes darf sich einer solchen Zuweisung nicht entziehen; sie ist nöthigenfalls durch den Landrath zur Uebernahme des Hülfsbedürftigen Behufs Vermittelung seiner Unterstützung resp. Verpflegung anzuhalten.

§ 6. Eine Unterstützung der Orts- oder Gesammtarmenverbände erfolgt durch Gewährung einer angemessenen Beihülfe aus der Staatskasse in Fällen der Ueberlastung durch die Armenversorgung nach dem Ermessen des Ministeriums, wenn von dem betreffenden Bezirksausschusse die Ueberlastung des Armenverbandes anerkannt worden ist.

.Daneben bleibt die bestehende Einrichtung, wonach die Kosten der Unterbringung und des Unterhalts mittelloser Geisteskranken in bestimmten Irrenanstalten von dem betreffenden Bezirke aufgebracht werden, in Kraft.

§ 7. Von dem Landarmenverbande ist der innerhalb der gesetzlichen Grenzen erwachsene gesammte Unterstützungsaufwand Hülfsbedürftiger in den Fällen der §§. 30. unter b., 33. und 60. des Bundesgesetzes zu bestreiten. Dem Fürstl. Ministerium, Abtheil. des Innern, steht jedoch in diesen Fällen die Befugniß zu, einzelnen Ortsarmenverbänden, für welche gesetzlich die Uebernahmepflicht nicht bereits besteht, hülfsbedürftige Personen Behufs Vermittelung ihrer Unterstützung resp. Verpflegung unter Vorbehalt der Erstattung des gesetzmäßigen Unterstützungsaufwandes aus der Landarmenkasse zuzuweisen. Die Feststellung des fraglichen Aufwandes erfolgt endgültig für beide Theile durch den der betheiligten Gemeinde vorgesetzten Landrath.

16. **Schwarzburg-Rudolstadt.** Ges. v. 23. Juni 1871. Schwarzburg-Rudolstadt.

§ 2. Die Organisation der öffentlichen Unterstützung Hülfsbedürftiger wird durch die Gemeindeverfassungsgesetze bestimmt. Die Verwaltung u. s. w. wie in Satz 2. und 3. des §. 2. Pr. A.G.

Abs. 2. Wer ohne gesetzlichen Grund die Uebernahme oder fernere Wahrnehmung einer unbesoldeten Stelle in der Gemeindeverwaltung verweigert, oder sich dieser Wahrnehmung entzieht, kann neben den durch die Gemeindeverfassungsgesetze bestimmten Strafen zu den Gemeindeabgaben um $^1/_8$—$^1/_4$ stärker herangezogen werden.

Ver. vom 23. Juni 1871 betr. die Organe der öffentlichen Unterstützung Hülfsbedürftiger.

§ 1. Jede Gemeinde bildet für sich einen Ortsarmenverband sofern sie nicht einem mehrere Ortsarmenverbände umfassenden einheitlichen Armenverbande einverleibt wird. (§§. 2. und 3. des Bundesgesetzes, Art. 16. der revidirten Gemeindeordnung [1])

1. vom 23. April 1858 (G.S. S. 35).

§ 2. Den Gemeinden werden, soviel den Gegenstand der Gesetze über den Unterstützungswohnsitz betrifft, die außerhalb des Gemeindeverbandes stehenden Gutsbezirke gleichgeachtet (Art. 5. der revidirten Gemeindeordnung).

Waldungen von größerem Umfange und Grundbesitzungen, welche nach der resp. Gemeindeordnung außerhalb der Gemeinde- und Gutsbezirke stehen, werden für den Gegenstand der Gesetze über den Unterstützungswohnsitz als selbstständige Bezirke mit allen Rechten und Lasten der Gutsbezirke eingerichtet.

§ 3. Durch freiwillige Uebereinkunft und mit Genehmigung des Ministeriums können sich mehrere Ortsarmenverbände (§§. 1. und 2.) zu Gesammtarmenverbänden vereinigen.

Die Verfassung der Gesammtarmenverbände wird durch statutarische Vorschriften geregelt, deren Verein-

Schwarzburg-Rudolstadt. barung den betheiligten Ortsarmenverbänden, vorbehaltlich der Bestätigung der Statuten durch das Ministerium, überlassen bleibt.

§ 4. Das ganze Fürstenthum bildet einen Landarmenverband, dessen Funktionen der Staat übernimmt.

Waldeck. **17. Waldeck.** Ausf.Ges. v. 29. Juni 1871.

§ 2. Jede Gemeinde bildet für sich einen Ortsarmenverband.

§ 3. Der Kreis der Twiste, des Eisenbergs, der Eden und der Kreis Pyrmont bilden je einen Landarmenverband.

§ 4. Die Ortsarmenverbände werden durch die Ortsarmendirektionen, die Landarmenverbände durch die Kreisarmendirektionen (§. 24. der Armenordnung vom 11. Mai 1863.) vertreten.

§ 5. Die zur Erfüllung der Verpflichtungen der Landarmenverbände erforderlichen Geldmittel werden nach Maßgabe der Kreisordnung vom 16. August 1855. (§. 10.) von den einzelnen Kreisen aufgebracht.

§ 6. gleichlautend mit §. 34. Pr. A.G.

§ 7. Die für den Betrag der Erstattungsforderungen der Armenverbände maßgebenden Tarife werden von dem Landesdirektor nach Anhörung der Kreisvorstände aufgestellt. (s. Anh. C).

§ 8. übereinstimmend mit Abs. 1. §. 36. Pr. A.G. Ob und welche Beihülfe zu leisten ist, entscheidet nach Anhörung des Kreisvorstandes endgültig der Landesdirektor.

Reuß ä. L. **18. Reuß** (Greiz) **ä. L.** Ges. v. 1. Juli 1878.

§ 2. Abs. 1—3. übereinstimmend mit §. 2. Pr. A.G. Abs. 4. In den Art. 4. al. 3. der Gemeindeordnung bezeichneten Fürstlichen Besitzungen — so lange sie nicht einem bestehenden Ortsarmenverband angeschlossen sein werden — wird Unsre Kammer die öffentliche Armenpflege verwalten, ebenso in den nach Art. 4.

letztes alin. einen eigenen Gemeindebezirk und Ortsarmenverband bildenden Fürstlichen Kammergütern. Reuß ä. L.

Abs. 5. In den eigene Ortsarmenverbände bildenden exkommunalisirten Rittergutsbezirken liegt die Verwaltung der öffentlichen Armenpflege den Besitzern ob. Bei deren Abwesenheit oder sonstiger Behinderung gilt der Gutspächter oder Administrator so lange als Verwalter der öffentlichen Armenpflege, als nicht ein andrer geeigneter Stellvertreter vom Besitzer dem Landrathsamte bezeichnet worden ist. Zur Benennung eines solchen und eines für diesen in Fällen der Behinderung eintretenden Ersatzmannes ist der Rittergutsbesitzer auf Aufforderung des Landrathsamtes verpflichtet.

Abs. 6. Die bei den stattgehabten Exkommunalisirungen bezüglich der Vertheilung der Armenpflegelast getroffenen Abmachungen werden durch gegenwärtiges Gesetz nicht berührt.

§ 4. Abs. 1. übereinstimmend mit §. 3. (Satz 1.) Pr. A.G.

Abs. 2. u. 3. Den Vorsitz in solchen Kommissionen führt der Bürgermeister bez. der Gemeindevorsteher. — Die Wahl der übrigen Mitglieder steht der Gemeindevertretung zu.

§ 5. Abs. 1. u. 2. übereinstimmend mit Abs. 1. §. 4. Pr. A.G., doch fehlt der Befreiungsgrund der No. 4. des letzteren (s. aber Abs. 4.).

Abs. 3. Auf Berufung dagegen entscheidet in den Städten Unsre Landesregierung, auf dem platten Lande der Landesausschuß mit Ausschluß der von den Städten gewählten Mitglieder desselben.

Abs. 4. Außerdem kann von Staatsdienern, Reichs- und Eisenbahnbeamten die Wahl ausgeschlagen werden.

Abs. 5. übereinstimmend mit Abs. 2. §. 4. Pr. A.G.

§ 6. übereinstimmend mit §. 5. Pr. A.G.

Reuß ä. L. § 7. übereinstimmend mit §. 6. Pr. A.G. Außer dem Gemeindevorsteher können auch andere Verwalter eines Orts- oder Gesammtarmenverbandes (§. 2. vorletztes alinea) und der Director des Landarmenverbandes Auskunft erfordern.

§ 8. Ortsarmenverbände können mittels gegenseitiger Vereinbarung als Gesammtarmenverbände eingerichtet, oder einem bestehenden Gesammtarmenverbande einverleibt werden. Die Art der Beschlußfassung über die gemeinschaftlichen Angelegenheiten, die Vertretung des Gesammtarmenverbandes nach Außen, die Formen der Verwaltung und die Aufbringungsweise der Kosten der gemeinsamen Armenpflege sind in diesem Falle durch ein von dem Landesausschusse zu bestätigendes Statut zu regeln, für welches nachstehende Bestimmungen maßgebend sind:

Abs. 2—4. übereinstimmend mit Abs. 2. §. 10. Pr. A.G. Die erstmaligen Wahlen erfolgen unter Leitung des Landrathsamts oder eines Beauftragten desselben unter analoger Anwendung des Art. 79. der Gemeindeordnung durch absolute Stimmenmehrheit (Art. 86., 87. ebendaselbst). Die späteren Wahlen werden von dem Vorsitzenden des Gesammtarmenverbandes resp. dessen Stellvertreter geleitet.

Ueber die Vertheilung der Kosten der gemeinsamen Armenpflege auf die einzelnen Ortsarmenverbände ist nur bestimmt, daß sie nach Maßgabe der in ihnen aufkommenden Grund- und Einkommensteuern erfolgt.

Abs. 5. übereinstimmend mit Abs. 4. §. 10. Pr. A.G.

§ 9. Die Bestimmungen der §§. 4. bis 7. kommen auch bezüglich der Gesammtarmenverbände und deren Vertretung zur Anwendung.

§§ 10. und 11. übereinstimmend mit §§. 14., 15. Pr.

A.G. Die Bekanntmachungen erfolgen in der Gesetzsammlung. Reuß ä. L.

§ 12. Die Aufsicht über die Ortsarmenverbände wird für die Städte durch Unsre Landesregierung, für das platte Land zunächst durch den Landesausschuß ausgeübt. Diese Aufsicht erstreckt sich insbesondere auch darauf, daß das Vermögen der Orts- und Gesammtarmenverbände seinen bestimmungsmäßigen Zwecken nicht entfremdet werde.

Nr. 1. Ges. v. 25. Januar 1871.

Die sämmtlichen Gemeinden des hiesigen Fürstenthums bilden einen Landarmenverband..., welcher unter Aufsicht des Landrathsamtes steht und vor dem Justizamt Greiz I. seinen Gerichtsstand hat.

Nr. 2. a. a. O. Der Landarmenverband wird vertreten:

A. durch die Generalversammlung,
B. durch den durch das Gesetz vom heutigen Tage gebildeten Landesausschuß. (Vgl. Ges. vom 25. Januar 1871 die Bildung eines Landesausschusses betr. G.S. S. 37.)

In Nr. 2 werden zu A. Vorschriften gegeben a) über den Geschäftsbereich, b) die Zusammensetzung, c) das Recht zur Theilnahme und Stimmrecht, d) Zeit und Ort der Sitzungen, e) Zusammenberufung und Verhandlungsgegenstände, f) Leitung, g) Beschlußfähigkeit und Abstimmung, h) Protokolle der Generalversammlungen, i) über die Unentgeltlichkeit der Mühwaltungen der Mitglieder. Zu B. a) über den Geschäftsbereich des Landesausschusses in seiner Gesammtheit, b) über den Direktor, welcher den Landarmenverband aktiv und passiv zu vertreten hat, c) über den Kassenverwalter.

§ 14 Ges. v. 1. Juli 1878 trifft Bestimmungen über die Zusammensetzung des Landesausschusses für Verhandlungen und Beschlüsse, welche sich auf Gewährung und Erstattung von Unterstützungen an Hülfsbedürftige beziehen; insbesondere über die Bestellung eines Vorsitzenden an Stelle des in solchen Fällen nicht theilnehmenden Vorstandes des Landrathsamts; und die Bildung einer Deputation, bestehend aus dem Direktor des Verbandes und zwei Mitgliedern des Landesausschusses, zur Beschlußfassung über Anerkennung, Ablehnung oder vergleichsweise Befriedigung von Erstattungsansprüchen

Reuß ä. L. inländischer Armenverbände gegen den Landarmenverband, deren Gegenstand nicht über 10 Mark beträgt.

No. 3. a. a. O.

Der Landarmenverband hat den ihm zur Last fallenden Hülfsbedürftigen gegenüber dieselben Pflichten und Rechte, wie solche zufolge der gesetzlichen Verordnung, die Ortsangehörigkeit der Inländer und die darauf beruhende Verpflichtung zur Unterbringung Obdachloser und Versorgung Hülfsbedürftiger betreffend, vom 3. Januar 1854. hinsichtlich der Ortsarmenverbände bestehen. Für den Fall der Errichtung eines Landarmen- und Arbeitshauses ist eine Hausordnung zu entwerfen und der Landesregierung zur Genehmigung vorzulegen.

Der Landarmenverband kann innerhalb der bestehenden gesetzlichen Bestimmungen auch die Handhabung der Lokalarmenpflege in den Bereich seiner Thätigkeit ziehen, insbesondere den Ortsarmenverbänden Unterstützungen gewähren und ihnen die Benutzung seines Armen- und Arbeitshauses gestatten.

No. 4. a. a. O.

Die für den Landarmenverband erforderlichen Geldmittel werden unter die einzelnen Gemeinden und Gutsbezirke nach Maßgabe der zu entrichtenden direkten Steuern vertheilt.

Jeder Heimathsbezirk — Gemeinde, Rittergut — hat die auf ihn entfallende Beitragsquote aus der Ortsarmenkasse zu entnehmen, beziehentlich nach dem für die Armenversorgung geltenden Beitragsfuße aufzubringen.

§ 13. Ges. v. 1. Juli 1878. Abs. 1. übereinstimmend mit §. 34. Abs. 1. Pr. A.G.

Abs. 2. Die für den Betrag der Erstattungsforderungen der Armenverbände maßgebenden Tarife (§. 30. al. 3. des Bundesges. vom 6. Juni 1870.) werden von dem Landesausschusse aufgestellt und von Unserer Landesregierung bestätigt und veröffentlicht. (s. Anh. C). Reuß ä. L.

19. **Reuß** (Gera) j. L. Ges. v. 21. Juni 1871. Reuß j. L.

§ 2. übereinstimmend mit Abs. 1. §. 2. Pr. A.G.

§ 3. Abs. 1. übereinstimmend mit Abs. 1. §. 3. Pr. A.G.

Den Vorsitz in den Kommissionen führt der Bürgermeister oder ein von ihm abgeordnetes Mitglied des Gemeindevorstandes. Die Wahl der übrigen Mitglieder steht der Gemeindevertretung zu.

Abs. 2. übereinstimmend mit Abs. 3. §. 3. Pr. A.G.

§ 4. Abs. 1. übereinstimmend mit §. 4. Abs. 1. Pr. A.G.

Doch fehlt der Befreiungsgrund Nr. 4. des letzteren.

Abs. 2. übereinstimmend mit Abs. 2. a. a. O.

§§ 5. und 6. übereinstimmend mit §§. 5. und 6. Pr. A.G.

§ 7. Grundbesitzungen, welche in Gemäßheit Art. 4. der Gemeindeordnung zu keinem Gemeindebezirke gehören, werden durch die Deputation für das Heimathwesen (§. 17.) für den Gegenstand des gegenwärtigen Gesetzes als eigene Bezirke eingerichtet, oder auf Antrag der Besitzer angrenzenden Ortsarmenverbänden zugeschlagen.

In eigenen Bezirken haben die Grundbesitzer die Kosten der öffentlichen Armenpflege gleich den Gemeinden zu tragen.

§ 8. Die einen einheitlichen Ortsarmenverband (Gesammtarmenverband) gegenwärtig bereits bildenden Verbände von Gemeinden bleiben als solche bestehen.

§ 9. Abs. 1. Gemeinden oder Armenbezirke, welche einem der in §. 2. gedachten Verbände nicht angehören, können u. s. w. wie Abs. 1. des §. 8. des Reuß-Greizer Ausf.Ges. (oben S. 170).

Reuß j. L. Abs. 2. übereinstimmend mit Abs. 2. §. 10. des Pr. A.G.

Die Wahlen erfolgen unter Leitung des Fürstlichen Landrathsamtes oder eines Beauftragten desselben unter analoger Anwendung des Art. 87. der Gemeindeordnung durch absolute Stimmenmehrheit (Art. 94., 95. daselbst). — Ueber die Vertheilung der Kosten der gemeinsamen Armenpflege auf die einzelnen Gemeinden und Armenbezirke wird nur gesagt, daß sie nach Maßgabe der in ihnen aufkommenden direkten Staatssteuern erfolgt.

Abs. 3. übereinstimmend mit Abs. 4. a. a. O.

§ 10. Die Bestimmungen der §§. 3—6. kommen auch bez. der Gesammtarmenverbände und deren Vertretung zur Anwendung.

§§ 11. und 12. übereinstimmend mit §§. 14., 15. Pr. A.G.

§ 13. Der Staatsregierung steht nach Maßgabe der Gemeindeordnung die Aufsicht über die Verwaltung der Ortsarmenverbände zu. Sie hat insbesondere auch darüber zu wachen, daß das Armenvermögen seinen bestimmungsmäßigen Zwecken nicht entfremdet werde.

§ 14. (Fassung des Ges. vom. 25. Mai 1878.) Das ganze Fürstenthum bildet einen Landarmenverband, dessen Funktionen der Staat übernimmt.

Die Verwaltung der Angelegenheiten des Landarmenverbandes erfolgt durch das Fürstliche Ministerium Abtheilung für das Innere. Dasselbe läßt sich in Streitsachen durch einen Beauftragten vertreten.

§ 15. Abs. 1. übereinstimmend mit §. 34. Abs. 1. Pr. A.G.

Abs. 2. Die für den Betrag der Erstattungsforderungen der Armenverbände maßgebenden Tarife werden von dem Fürstlichen Ministerium, Abtheilung des Innern, nach Gehör der Bezirksausschüsse aufgestellt.

Abs. 3. übereinstimmend mit §. 36. Pr. A.G. Reuß j. L.

Die Entscheidung trifft nach Anhörung des Bezirksausschusses des Fürstlichen Ministerium, Abtheilung des Innern.

1. Ein Tarif ist nicht aufgestellt, aber durch Rescript angeordnet, daß für Kur und Pflege von Armen in den Krankenhäusern zu Schleiz und Gera für den Tag nicht mehr als 1 *M.* (bei Krätzkranken 1,50 *M.*) zur Erstattung liquidirt werden darf.

20. Schaumburg-Lippe. Ausf. Ges. v. 7. März 1872. Schaumburg-Lippe.

§ 3. Jede Gemeinde bildet für sich einen Ortsarmenverband, insofern sie nicht in Gemäßheit des §. 12. der Landgemeindeordnung vom 7. April 1870. mit einer oder mehreren anderen Gemeinden zu einem einheitlichen Ortsarmenverband (Gesammtarmenverband) vereinigt werden wird.

Den Gemeinden werden, soviel der Gegenstand dieses Gesetzes betrifft, Unsere nach §. 5. der Städteordnung und nach §. 6. der Landgemeindeordnung außerhalb des Gemeindeverbandes stehenden Fürstlichen Besitzungen gleich geachtet. Innerhalb des Bereichs dieser Besitzungen werden die Kosten der öffentlichen Armenpflege, wie von der Gemeinde, von Uns getragen.

§ 4. Die Repräsentation dieser ausgeschlossenen Fürstlichen Besitzungen in Beziehung der öffentlichen Armenpflege steht Unserer Rentkammer zu.

§ 5. übereinstimmend mit dem zweiten Satze des Abs. 1. §. 2. Pr. A.G.

§ 6. Abs. 1. übereinstimmend mit Abs. 1. des §. 3. Pr. A.G.

Den Vorsitz in den Deputationen führt der Bürgermeister bez. der Gemeindevorsteher.

Abs. 2. gleichlautend mit Abs. 3. a. a. O.

§§ 7—9. übereinstimmend mit §§. 4—6. Pr. A.G.

§ 10. Den zu einem Gesammtarmenverband (§. 3.) vereinigten Gemeinden bleibt die Vereinbarung statutarischer Vorschriften für die Verwaltung der Angelegen-

Schaumburg-Lippe. heiten dieses Verbandes, insbesondere über die Art der Beschlußfassung, über die gemeinschaftlichen Angelegenheiten, die Vertretung nach Außen, die Formen der Verwaltung und die Aufbringungsweise der Kosten der gemeinsamen Armenpflege vorbehaltlich der Bestätigung durch Unsere Regierung überlassen; in Ermangelung einer derartigen Vereinbarung wird die Verfassung des Gesammtarmenverbandes durch eine nach Anhörung der Betheiligten von der Amtsversammlung nach Maßgabe der nachfolgenden Bestimmungen zu bestätigendes Statut geregelt.

Abs. 2—4. stimmen mit den Abs. 2—4. des §. 10. Pr. A.G. überein; nur heißt es bez. der Vertheilung der Kosten, daß sie nach Maßgabe der aufkommenden Grund- und Einkommensteuer erfolgt.

§§ 11—13. übereinstimmend mit §§. 13—15. Pr. A.G. Die Bekanntmachung (§. 13.) erfolgt durch die Landesanzeigen.

§ 14. Die durch das Publikandum vom 11. April 1845. gebildeten Armenbezirke werden hierdurch aufgehoben.

§ 15. Das Vermögen der §. 14. aufgehobenen Armenbezirke geht mit allen Rechten und Pflichten zur bestimmungsmäßigen Verwendung u. s. w. wie in §. 17. Abs. 1. Pr. A.G. mit dem Zusatze „vorausgesetzt, daß nach der von Unserer Regierung zu treffenden Entscheidung eine Vertheilung auf die einzelnen Gemeinden mit den bestimmungsmäßigen Zwecken des gedachten Vermögens für vereinbar zu erachten ist."

Abs. 2. gleichlautend mit Abs. 2. des §. 17. Pr. A.G.

§ 16. Die zur Ausführung der Vorschriften des §. 15. erforderliche Regulirung der Vermögensverhältnisse erfolgt durch die Aemter. Gegen deren Beschlüsse bleibt den Betheiligten der Rechtsweg vorbehalten.

§ 17. Ist eine Vermögenstheilung nicht für zulässig

zu erachten, so ist das gemeinschaftlich verbleibende Vermögen, in Ermangelung maßgebender Stiftungstitel, durch eine Deputation zu verwalten, welche von den Gemeinderäthen und Gemeindevorstehern der betheiligten Gemeinden unter Leitung des Amtes in der Regel aus ihrer Mitte der Art gewählt wird, daß jede Gemeinde wenigstens einen Abgeordneten zu entsenden hat. Diese wählen aus ihrer Mitte einen Vorsitzenden und einen stellvertretenden Vorsitzenden. Die Art der Beschlußfassung über die gemeinschaftlichen Angelegenheiten, die Vertretung nach Außen, die Formen der Verwaltung und etwanige Aufbringungsweise der Kosten sind in diesem Falle durch ein von Unserer Regierung zu bestätigendes Statut zu regeln. Schaumburg-Lippe.

§ 18. Die Theilnahmrechte der einzelnen Gemeinden an dem in §. 17. gedachten Vermögen bestimmen sich in Ermangelung besonderer Rechtstitel oder einer anderweitigen Vereinbarung der Betheiligten nach der entsprechenden Einwohnerzahl. Streitigkeiten über das Maß der Theilnahmerechte werden von den Aemtern vorbehaltlich des Rechtsweges entschieden. Die Entscheidung Unserer Regierung ist vorläufig vollstreckbar.

§ 19. Den Religionsgesellschaften, Stiftungen und sonstigen juristischen Personen verbleibt in allen Fällen die Verwaltung des ihnen zugehörigen Armenvermögens.

§ 20. „Unserer Regierung steht nach Maßgabe der Landgemeindeordnung und der Städteordnung die Aufsicht über die Verwaltung der Ortsarmenverbände zu. Sie hat insbesondere darüber zu wachen, daß in den Fällen der §§. 15. und 17. das Armenvermögen seinen bestimmungsmäßigen Zwecken nicht entfremdet werde.

§ 21. Die Funktionen des Landarmenverbandes übernimmt bis auf Weiteres der Staat und werden dieselben von der Regierung ausgeübt.

§ 22. übereinstimmend mit §. 34. Abs. 1. Pr. A.G.

Schaumburg-Lippe. § 23. übereinstimmend mit §. 36. Abs. 1. Pr. A.G. Die Entscheidung erfolgt durch die Regierung.

Lippe. **21. Lippe.** Ausf.Ges. v. 12. Sept. 1877.

§ 3. Jede Stadt und jedes Amt, sowie das Stift Cappel bildet einen Ortsarmenverband.

§ 4. Das Fürstenthum Lippe bildet einen Landarmenverband, dessen Verwaltung und Vertretung Unsrer Regierung zusteht.

§ 5. Die zur Erfüllung der Verpflichtung des Landarmenverbandes aufzubringenden Kosten werden auf die Ortsarmenverbände nach Maßgabe der in den betreffenden Bezirken aufkommenden allgemeinen direkten Staatssteuern vertheilt.

§ 6. übereinstimmend mit §. 34. Abs. 1. Pr. A.G.

§ 7. Die für den Betrag der Erstattungsforderungen der Armenverbände maßgebenden Tarife werden von Unserem Kabinetsministerium festgestellt (s. Anh. C.).

§ 8. übereinstimmend mit §. 36. Abs. 1. Pr. A.G. Die Entscheidung steht dem Kabinetsministerium zu.

Lübeck. **22. Lübeck.** Ausf.Ver. v. 29./30. März 1871.

§ 1. Als Ortsarmenverbände (§§. 3. und 4. des Bundesgesetzes) gelten im Lübeckischen Freistaate: die Stadt Lübeck mit deren Vorstädten, das Städtchen Travemünde, sowie die in der Anlage A. zum Art. 1. der Landgemeindeordnung vom 14. Oktober 1868. aufgeführten Landgemeinden. Die Verwaltung der öffentlichen Armenpflege in den einzelnen Ortsarmenverbänden wird wahrgenommen für die Stadt Lübeck mit deren Vorstädten von der allgemeinen Armenanstalt, für das Städtchen Travemünde von dem daselbst bestehenden Armenkollegium, für die Landgemeinden von den Gemeindevorständen.

Die Obliegenheiten des Landarmenverbandes

(§. 5. des Bundesgesetzes) für den Umfang des Lübecki- Lübeck.
schen Freistaats übernimmt der Staat in der Weise, daß das Polizeiamt zu Lübeck (sowie das Amt Travemünde innerhalb ihres Bezirks)[1] die vorgeschriebene öffentliche Unterstützung, welche endgültig zu tragen kein Ortsarmenverband verpflichtet ist, auf öffentliche Kosten zu leisten haben. Dieselben dürfen sich zur Ausübung dieser Armenpflege auch der Ortsarmenverbände als ihrer Organe bedienen, haben den letzteren aber die dadurch entstehenden Kosten zu ersetzen.

1. Das Amt Travemünde ist aufgehoben; dadurch sind die eingeklammerten Worte in Wegfall gekommen.

23. Bremen. Ausf.Ver. v. 2. Januar 1871. Bremen.

§ 1. Als Ortsarmenverbände des Bremischen Staates gelten bis auf Weiteres: die Städte Bremen, Bremerhaven und Vegesack, sowie die bürgerlichen Gemeinden, beziehungsweise die Sammtgemeinden des Landgebiets.

Die im §. 5. desselben Bundesgesetzes vorgeschriebene, keinem Ortsverbande obliegende öffentliche Unterstützung Hülfsbedürftiger übernimmt als Landarmenverband der Bremische Staat, welcher sich zur Ausübung dieser Armenpflege der Ortsarmenverbände als seiner Organe bedient und denselben die dadurch entstehenden Kosten ersetzt. (Dieser Landarmenverband tritt auch vorläufig für die Unterstützung solcher Armen ein, die zwar den Unterstützungswohnsitz in ihrer Wohngemeinde erworben haben, jedoch nicht Mitglieder derselben Gemeinde sind.)[1]

1. Aufgehoben durch das Ges. v. 2. November 1879 (G.Bl. S. 354).

24. Hamburg. Ausf.Ver. v. 23. Juni 1871. Hamburg.

§ 1. Als Ortsarmenverbände des Hamburgischen Staats (§§. 3. und 4. des Bundesgesetzes) gelten bis

Hamburg.

auf Weiteres, unter Vorbehalt einer künftig vorzunehmenden anderweitigen Abgrenzung oder Zusammenlegung:

1) die Stadt Hamburg mit dem zum Bezirke der allgemeinen Armenanstalt gehörigen Theile des Marschlandegebiets (dem großen Grasbrook),

2) die Vorstadt St. Pauli mit dem zum Bezirke der St. Pauli Armenanstalt gehörigen Theile des Geestlandegebiets (der Vogtei Rotherbaum),

3) das Gebiet der Marschlande mit Ausnahme des sub 1. zum städtischen Armenverbande gezogenen Theils,

4) das Gebiet der Geestlande mit Ausnahme des sub 2. zum vorstädtischen Armenverbande gezogenen Theils,[1]

5) das Amt Bergedorf,

6) das Amt Ritzebüttel.

In den letztgenannten vier Ortsarmenverbänden des Landgebiets haben die landherrlichen Behörden die Armenpflege durch die bestehenden Armenverwaltungen ausüben zu lassen.

Es scheiden aus diesen Ortsarmenverbänden nach Einführung der Landgemeindeordnung successive die einzelnen, oder die mehreren zu einer Armenverwaltung vereinigten Gemeinden als Ortsarmenverbände aus.

1. Die Bestimmung unter Nr. 4 ist aufgehoben durch § 1 Ges. v. 12. April 1878 (G.S. Nr. 14). Die nicht zum Geltungsbereich der Landgemeindeordnung gehörigen Gebietstheile der Landherrenschaft der Marschlande bilden den Ortsarmenverband der Marschlande; aus den dort benannten Vororten des Gebietes der Geestlande sind zwei Ortsarmenverbände (I u. II) der Landherrenschaft der Geestlande gebildet. — Die §§ 2 ff. ordnen die Bildung von Armenbezirken und die Armenverwaltung in diesen Ortsarmenverbänden.

§ 2. Das Hamburgische Staatsgebiet bildet Einen Landarmenverband, dessen Obliegenheiten der Staat übernimmt (§. 5. des Bundesgesetzes). Es läßt derselbe die nach dem Bundesgesetze dem Landarmenverbande (§. 30. des Bundesgesetzes) und dem Staate (§§. 33.

und 60. des Bundesgesetzes) zufallende Armenpflege, durch die im §. 1. eingesetzten Ortsarmenverbände, welche sich ihrer Organe zu bedienen haben, ausüben. Hamburg.

Die Kosten dieser Armenpflege, so wie die von dem Landarmenverbande den Ortsarmenverbänden zu gewährenden Beihülfen (§. 8. des Bundesgesetzes) werden aus der Staatskasse bestritten.

C.

Tarife für die Erstattung von Armenpflegekosten.

(§ 30 U.W.G.)

(sind nur in einzelnen Bundesstaaten aufgestellt).

Preußen. 1. **Preußen** (Reskr. des Min. d. Inn. v. 2. Juli 1876., M.Bl. f. i. V. S. 259) einschließlich Kreis Herzogthum Lauenburg (Reskr. d. Min. d. Inn. v. 12. Aug. 1878).

1) Der Tarifsatz, mit welchem die für die Verpflegung eines erkrankten oder arbeitsunfähigen Hülfsbedürftigen im Alter von 14 und mehr Jahren entstandenen Kosten einem preußischen Armenverbande zu erstatten sind, beträgt für jeden Tag der Verpflegung:

a) für die [in der Servisklasseneintheilung Beilage Lit. C. des Gesetzes vom 25. Juni 1868, betreffend die Quartierleistung für die bewaffnete Macht während des Friedenszustandes (Bundesgesetzblatt S. 544. ff.)],[1] in der dritten bis fünften Klasse aufgeführten Ortschaften 60 Pfennige.

b) für die den höheren Servisklassen angehörigen Ortschaften 80 Pfennige.[2]

Nicht hierunter begriffen und besonders zu berechnen[2] sind die unter 2. erwähnten Kosten, sowie die Kosten für gelieferte Kleidungsstücke.

2) Der Tarifsatz der, für die nothwendig gewordene ärztliche oder wundärztliche Behandlung der zu 1. gedachten Personen einem preußischen Armenverbande von einem anderen preußischen Armenverbande zu erstattenden Kosten beträgt mit Einschluß der dem Hülfsbedürftigen gereichten Arzeneien, Heilmittel u. s. w., für den Tag und für alle Ortschaften gleichmäßig 20 Pfennige, vorbehaltlich gleichwohl einer besonderen Berechnung und Liquidirung[3] erheblicher außerordentlicher Mehraufwendungen, welche in Verwundungsfällen oder bei schweren oder ansteckenden Krankheiten nothwendig geworden sind. Preußen.

3) Der Tag, an welchem die Verpflegung begonnen hat, wird mit dem Tage, an welchem dieselbe beendigt worden ist, zusammen als ein Tag berechnet.

4) Die obigen Tarifsätze kommen gleichmäßig zur Anwendung, die Verpflegung mag innerhalb oder außerhalb eines Kranken- oder Armenhauses bewirkt worden sein.

5) Alle unter die Bestimmungen zu 1. und 2. nicht zu begreifenden Verwendungen sind besonders zu berechnen; dies gilt namentlich auch rücksichtlich der Kosten der Verpflegung solcher Personen, welche das Alter von 14 Jahren noch nicht erreicht haben oder nicht vollständig arbeitsunfähig sind.

1. v. 1. April 1879 ab der Klasseneintheilung Beilage II des Ges. v. 3. August 1878 (R.G.Bl. S. 243), s. a. Ver. v. 22. Februar 1881 (R.G.Bl. S. 35) und 9. Mai 1882 (R.G.Bl. S. 57).

2. Für Gewährung von Obdach ist nicht besonders zu liquidiren.

3. Damit ist die Liquidirung des Pauschquantums ausgeschlossen.

2. Sachsen. § 5. Ver. v. 15. Juni 1870. Sachsen.

Der Tarifsatz, nach welchem die für die Verpflegung eines arbeitsunfähigen Hülfsbedürftigen entstandenen Kosten einem sächsischen Armenverbande von einem

Sachsen. anderen sächsischen Armenverbande zu erstatten sind, beträgt für jeden Tag der Verpflegung:

a) einer Person über 14 Jahren 60 Pfennige,
b) einer Person von 14 Jahren und darunter 40 Pfennige.

Dieser Satz erhöht sich, wenn und so lange der Verpflegte (gleichviel ob innerhalb oder außerhalb eines Krankenhauses oder einer Armenanstalt) mit ärztlicher Hülfe und Krankenpflege hat versehen werden müssen.

c) bei Personen über 14 Jahren auf 1 Mark,
d) bei Personen von 14 Jahren und darunter auf 60 Pfennige.

Besondere Berechnung nachweisbaren außerordentlichen Mehraufwands in Verwundungsfällen oder bei besonders schweren und ansteckenden Krankheiten ist nachgelassen, auch können Kosten für gelieferte Kleidungsstücke besonders in Ansatz gebracht werden. Der Tag, an welchem die Verpflegung begonnen hat, wird mit dem Tage, an welchem dieselbe beendet worden ist, zusammen als ein einziger Tag berechnet.

Der Aufwand für nicht völlig arbeits- und erwerbsunfähige Personen, z. B. die Gewährung von bloßem Obdach außerhalb der öffentlichen Armenhäuser, ist je nach der Lage der Verhältnisse niedriger zu berechnen.

Beerdigungskosten, einschließlich sämmtlicher Gebühren, sind bei Personen über 14 Jahren nach Höhe von 15 Mark, bei Personen unter 14 Jahren nach Höhe von 9 Mark zu berechnen.

Sachsen-Weimar. 3. **Sachsen-Weimar.** Ges. v. 6. März 1878 (G.S. S. 33).

§ 1. übereinstimmend mit Nr. 1. Preuß. Tar.; jedoch statt a und b:

a) bei Hülfsbedürftigen im Alter vom vollendeten 14. Lebensjahre an 80 Pfennige,

b) bei Hülfsbedürftigen im noch nicht vollendeten 14. Lebensjahre 40 Pfennige. Sachsen-Weimar.

§§ 2. und 3. übereinstimmend mit Nr. 2. und 3. Preuß. Tar.

§ 4. übereinstimmend mit Nr. 4. Preuß. Tar. mit dem Zusatze:

Sie kommen aber nicht zur Anwendung

a) wenn die Verpflegung in einer der Landesheilanstalten oder in dem Stadt- und Landkrankenhause zu Eisenach stattgefunden hat; in diesen Fällen sind die Kosten nach den dort gültigen Tarifen, abzüglich der allgemeinen Verwaltungskosten (§. 30. Abs. 2. des Bundesgesetzes), zu erstatten;

b) wenn die unterstützte Person nicht völlig arbeits- und erwerbsunfähig ist, so daß ihr z. B. nur Obdach gereicht werden mußte, oder daß sie einen Theil ihrer Unterhaltungskosten durch eigene Arbeit aufbringt, dann ist der zu erstattende Aufwand je nach der Lage der Verhältnisse niedriger zu berechnen.

§ 5. Alle unter obige Bestimmungen nicht zu bringende Verwendungen sind besonders zu berechnen. Dies gilt auch von den Beerdigungskosten, jedoch dürfen solche, einschließlich sämmtlicher Gebühren, bei Personen über 14 Jahren höchstens mit 15 Mark, und bei Personen unter 14 Jahren höchstens mit 9 Mark angesetzt werden.

4. **Sachsen-Meiningen.** Ausschreiben der Minist. Abth. d. Inn. v. 1. Oktober 1878 (Sammlung der Ausschreiben Nr. 9 S. 113). Sachsen-Meiningen.

übereinstimmend mit dem Preuß. Tarif. Der Tarifsatz in Nr. 1. beträgt überall 90 Pfennige; in Nr. 2.: 10 Pfennige.

Anhalt. 5. **Anhalt.** Bekanntmachung der Landarmendirektion v. 28. Juli 1876 (Anh. Staatsanz. Nr. 202). übereinstimmend mit dem Preuß. Tarif. Der Verpflegungssatz (No. 1 des Preuß. Tar.) beträgt für die Städte Dessau, Köthen, Bernburg und Zerbst 80 Pfennige, sonst 60 Pfennige.

Schwarzburg-Rudolstadt. 6. **Schwarzburg-Rudolstadt.** Ges. v. 10. Dez. 1878. (G.S. Nr. XVII.) Tarif v. 28. März 1879 (G.S. S. 105).

Auf Grund des §. 30. des Bundesgesetzes ... wird der nachstehende Tarif aufgestellt, dessen Sätze die Erstattungsforderung nicht übersteigen darf. Die Positionen A. und B. und die Bestimmungen zu denselben geben in veränderter Anordnung die Nr. 1. bis 5. des Preuß. Tar. wieder; jedoch beträgt der Verpflegungssatz (No. 1 des Preuß. Tar.) überall 80 Pfennige. —

Die Pos. C. gestattet zu fordern für die Beerdigung einer Person von 14 und mehr Jahren bis 15 Mark, einer Person unter 14 Jahren bis 9 Mark. Die Stolgebühren sind inbegriffen.

Waldeck. 7. **Waldeck.** Tarif v. 28. Dez. 1871 (R.Bl. 1872 S. 3) übereinstimmend mit dem Preuß. Tarif. — Der Tarifsatz in Nr. 1. beträgt für sämmtliche Ortschaften gleichmäßig 50 Pfennige, in Nr. 2., 10 Pfennige.

Reuß ä. L. 8. **Reuß** (Greiz) **ä. L.** Tarif v. 31. Januar 1880. (G.S. S. 2.)

§ 1. Für die Verpflegung eines wegen Krankheit oder aus sonstigen Gründen bestehender völliger Arbeitsunfähigkeit Hülfsbedürftigen im Alter von 14 Jahren und darüber wird

1) dem Ortsarmenverbande Greiz und dem Ortsarmenverbande Zeulenroda, wenn der Hülfs-

bedürftige außerhalb des Landkrankenhauses zu Greiz in einem der gedachten Gemeindebezirke verpflegt wird oder war oder verpflegt zu werden vermochte, 60 Pfennige für jeden Tag der nöthigen Verpflegung, Reuß ä. L.

2) jedem ländlichen Armenverbande des Fürstenthums 50 Pfennige für jeden Tag der im Bezirke eines solchen von dem Hülfsbedürftigen nothwendiger Weise genossenen Verpflegung

vergütet.

Diese Sätze kommen gleichmäßig zur Anwendung, die Verpflegung mag innerhalb oder außerhalb eines Kranken- oder Armenhauses bewirkt werden oder bewirkt sein, lediglich mit Ausnahme des Falles, wenn der Hülfsbedürftige nothwendiger Weise im Landkrankenhause zu Greiz untergebracht wird resp. war.

§ 2. Die Erstattungsforderung der Ortsarmenverbände zu Greiz und Zeulenroda beschränkt sich auf den Satz von 50 Pfennigen für den Verpflegungstag, wenn der für Rechnung eines dieser Armenverbände verpflegte Hülfsbedürftige in einem ländlichen Armenverbandsbezirke des Fürstenthums während der Dauer der nöthigen Verpflegung untergebracht war.

Die Erstattungsforderung eines ländlichen Armenverbandes des Fürstenthums erhöhet sich auf den Satz von 60 Pfennigen für den Verpflegungstag, wenn der für Rechnung des Verbandes verpflegte Hülfsbedürftige während der Dauer der erforderlichen Verpflegung nothwendiger Weise im Gemeindebezirke Greiz (jedoch außerhalb des Landkrankrankenhauses daselbst) oder im Gemeindebezirke Zeulenroda untergebracht war.

§ 3. In jedem Ortsverbande des Fürstenthums, welcher nach den Verhältnissen des Einzelfalles einen erkrankten Hülfsbedürftigen im Landkrankenhause zu Greiz unterzubringen oder zu unterhalten genöthigt ist resp. den auf einen daselbst untergebrachten kranken

Reuß ä. L. Hülfsbedürftigen gemachten Aufwand nothwendig an die Landkrankenhausverwaltung zu gewähren gehabt hat, soll bis auf Weiteres ein Pauschale von 90 Pfennigen für jeden Tag der nöthigen Verpflegung des Hülfsbedürftigen im Landkrankenhause zu Greiz von dem ersatzpflichtigen Armenverbande des Fürstenthums vergütet, werden.

§ 4. übereinstimmend mit Nr. 3. Preuß. Tar.

§ 5. übereinstimmend mit Nr. 1. Schlußsatz des Preuß. Tar.

§§ 6., 7. übereinstimmend mit Nr. 2. Preuß. Tar. Der Pauschalsatz unter 6. (d. h. 20 Pfennige) kommt neben solchen besondern Sätzen keinesfalls zur Vergütung.

§ 8. Für die Kur eines Krätzkranken und die Naturalverpflegung desselben während der Dauer der Kur kommt überhaupt nur ein Betrag von sechs Mark zum Ersatze.

§ 9. Der nothwendige Aufwand auf die Naturalverpflegung und ärztliche beziehungsweise wundärztliche Behandlung eines Hülfsbedürftigen unter 14 Jahren kommt in jedem Falle zur besonderen Berechnung und Feststellung. Die unter §. 7. gegebenen Bestimmungen leiden jedoch auch in diesem Falle entsprechende Anwendung.

§ 10. Die Kosten, welche einem Armenverbande des Fürstenthums durch das Begräbniß einer Person erwachsen, die zur Zeit ihres Todes als hülfsbedürftig im Sinne des Reichsgesetzes über den Unterstützungswohnsitz anzusehen war, werden

1) wenn das Begräbniß in Greiz erfolgt, mit einem Pauschalsatze von 15 Mark,
2) wenn das Begräbniß in Zeulenroda oder auf einem Landorte des Fürstenthums erfolgt, zum Betrage von 12 Mark

für Fälle der eintretenden Erstattung vergütet.

§ 11. Die Kosten eines vor der Beerdigungshandlung stattfindenden Transports der Leiche, welcher etwa nach den Verhältnissen des Einzelfalles nothwendig wird, wenn der zu beerdigende Körper außerhalb eines zum betreffenden Ortsarmenverbandsbezirke gehörigen Wohnhauses aufgefunden wird, kommen besonders in Ansatz. Reuß ä. L.

9. **Schaumburg-Lippe.** Ausf.Ges. v. 7. März 1872. Schaumburg-Lippe.

§ 2. Nr. 1. übereinstimmend mit Nr. 1. des Preuß. Tar. Der Tarifsatz beträgt überall 60 Pfennige.

Nr. 2. Abs. 1. übereinstimmend mit Nr. 2. des Preuß. Tar. Der Tarifsatz beträgt überall 15 Pfennige.

Abs. 2. Für die Behandlung der Krätzkranken tritt ein Pauschalsatz für die ganze Kur ein von 6 Mark. Für die Vergütung der ärztlichen und wundärztlichen Hülfeleistung, soweit solche nach §. 30. des Bundesgesetzes zu gewähren ist, finden die nach der Medizinaltaxe angesetzten niedrigsten Taxsätze Anwendung.

Abs. 3. bis 5. übereinstimmend mit Nr. 3. bis 5. des Preuß. Tarifs; doch fehlt der letzte Satz der Nr. 5. des letztgedachten Tarifs.

10. **Lippe.** Tarif v. 8. Dez. 1877. (G.S. S. 148.) übereinstimmend mit dem Preuß. Tarif. Die Tarifsätze in Nr. 1. und 2. betragen überall 50 Pfennige bez. 10 Pfennige. Lippe.

D.

Unterstützung aus dem Auslande übernommener Deutscher und der Ausländer.

(Ueber die Begriffe: Deutscher, Ausland, Ausländer s. Einl. S. 6.)

I. Unterstützung aus dem Auslande übernommener Deutscher. (§ 33. U.W.G.)

Preußen. **1. Preußen.** § 37 Ges. v. 8. März 1871; einschließlich Kreis Herzogthum Lauenburg (§. 17 Ausf. Ges. v. 24. Juni 1871).

Muß ein Deutscher, welcher keinen Unterstützungswohnsitz hat, auf Verlangen ausländischer Staatsbehörden (§. 33. des Bundesgesetzes) aus dem Auslande übernommen werden[1] und ist bei der Uebernahme der Fall der Hülfsbedürftigkeit vorhanden oder tritt derselbe innerhalb sieben Tagen nach erfolgter Uebernahme ein, so liegt die Verpflichtung zur Erstattung der Kosten der Unterstützung beziehungsweise zur Uebernahme des Hülfsbedürftigen demjenigen Landarmenverbande ob, innerhalb dessen der Hülfsbedürftige seinen letzten Unterstützungswohnsitz gehabt hat.[2] Läßt sich dieser Unterstützungswohnsitz nicht ermitteln, so ist derjenige Land-Landarmenverband zur Tragung der Kosten verpflichtet, in dessen Bezirk die Hülfsbedürftigkeit hervorgetreten ist.

1. vgl. die Gothaer Konvention v. 15. Juli 1851, Anm. 2 zu § 7 Fr.G. S. 17. Preußen.

2. Der erste Satz enthält die durch § 33 U.W.G. gerechtfertigte Ausnahme von der Regel des § 30b a. a. O. Läßt sich nicht ermitteln, daß der Unterstützte einen letzten Unterstützungswohnsitz gehabt hat, so tritt die Regel des § 30b a. a. O. wieder in Kraft (Satz 2).

2. Sachsen. § 6 Ver. v. 6. Juni 1871: Sachsen.

Personen, welche nach §. 33. des Bundesgesetzes aus dem Auslande nach Sachsen übernommen werden müssen und bei der Uebernahme hülfsbedürftig sind oder innerhalb der ersten sieben Tage nach der Uebernahme hülfsbedürftig werden, ohne einen Unterstützungswohnsitz zu haben, werden, mit Vorbehalt der Erstattung des Aufwands für ihre Unterstützung aus der Staatskasse, nach Maßgabe der Bestimmungen im §. 5., Absatz 2. und 3. gegenwärtiger Verordnung[1] demjenigen Ortsarmenverbande, in welchem sie vormals den letzten Unterstützungswohnsitz gehabt haben, wenn aber ein solcher nicht zu ermitteln, dem Ortsarmenverbande desjenigen Ortes zugewiesen, an welchem sie in hülfsbedürftigem Zustande übernommen werden oder an welchem nach der Uebernahme ihre Hülfsbedürftigkeit zu Tage tritt.

1. s. oben S. 112.

3. Württemberg. Art. 27 Ausf.Ges. v. 17. April 1873. Württemberg.

4. Baden. § 2 Ausf.Ges. v. 14. März 1872. Baden.

5. Hessen. Art. 8 Ausf.Ges. v. 14. Juli 1871. Hessen.

zu 3—5. übereinstimmend mit § 37 Pr. A.G.

6. Mecklenburg-Schwerin. § 3 Ausf.Ges. s. Anh. B. (S. 131). Mecklenburg-Schwerin.

7. Sachsen-Weimar. § 8 Ausf.Ges. s. Anh. B. (S. 136). Sachsen-Weimar.

Mecklenburg-Strelitz. **8. Mecklenburg-Strelitz** und Ratzeburg. § 3. Ausf. Ges. s. Anh. B. (S. 137, 138).

Oldenburg. **9. Oldenburg.** Art. 77 Rev. Gem. Ordg. v. 15. April 1873. übereinstimmend mit § 37 Pr. A.G. (Statt: Landarmenverband: Amtsverband.

Im Fürstenthum Birkenfeld tritt bis zum Erwerbe eines U.W., der Landarmenverband ein (Art. 17 Ges. über das Armenwesen); ebenso im Fürstenthum Lübeck (Art. 83 rev. Gem.Ord.).

Braunschweig. **10. Braunschweig.** § 8 Ausf.Ges. v. 5. Juni 1871.

Die Verpflichtung zur Unterstützung und eventuell zur Uebernahme eines Bundesangehörigen, welche dem hiesigen Staate auf Grund des §. 33. des Bundesgesetzes v. 6. Juni 1870. obliegt, hat der Landarmenverband zu erfüllen.

Anhalt. **11. Anhalt.** § 21 Ausf.Ges. s. Anh. B. (S. 159).

Schwarzburg-Sondershausen. **12. Schwarzburg-Sondershausen.** § 7 Ausf.Ges. s. Anh. B. (S. 166).

Waldeck. **13. Waldeck.** § 9 Ausf.Ges. v. 29. Juni 1871 gleichlautend mit § 37 Pr. A.G.

Reuß ä. L. **14. Reuß ä. L.** Nr. 5 Ges. v. 25. Januar 1871 zu §§ 33 und 60 des Bundesgesetzes. Die hier ausgesprochene Verpflichtung des Staates zur Erstattung der Kosten bezw. zur Uebernahme des hülfsbedürftigen Ausländers wird auf den Landarmenverband übertragen.

Reuß j. L. **15. Reuß** (Gera) j. L. § 16 Ges. v. 21. Juni 1871.

16. **Schaumburg-Lippe.** § 24 Ges. v. 7. Mai 1872. Schaumburg-Lippe.

17. **Lippe.** § 9 Ausf.Ges. v. 12. September 1877. Lippe.

zu 15—17 übereinstimmend mit § 37 Pr. A.G.

II. Unterstützung der Ausländer (§ 60 U.W.G.).

Bezüglich der Bayern vgl. Art. 3 Abs. 4 der Reichsverfassung; Nr. III Schlußprotokoll v. 23. November 1870 (R.G.Bl. 1871 S. 23); und die sogenannte Eisenacher Konvention v. 11. Juli 1853 (Preuß. G.S. S. 377).

1. **Preußen.** § 64 Ges. v. 8. März 1871; einschließlich Kreis Herz. Lauenburg (§ 52 Ausf.Ges. v. 24. Juni 1871). Preußen.

§ 64. Jeder Ausländer ist, so lange ihm der Aufenthalt im Inlande gestattet ist, in Bezug a) auf die Art und das Maß der im Falle der Hülfsbedürftigkeit zu gewährenden öffentlichen Unterstützung, b) auf den Erwerb und Verlust des Unterstützungswohnsitzes einem Deutschen gleich zu behandeln.

2. **Sachsen.** § 10 Ver. v. 6. Juni 1871. Sachsen.

§ 10. Hülfsbedürftige Ausländer sind, so lange ihre Ausweisung nicht ins Werk gesetzt wird, da, wo sie hülfsbedürftig werden, von dem Ortsarmenverbande zu unterstützen. Die Erstattung des dadurch entstandenen Aufwands erfolgt nach Maßgabe der Bestimmungen in §. 5., Absatz 2. und 3. gegenwärtiger Verordnung. (s. oben S. 112).

Württemberg. **3. Württemberg.** Art. 47 Ausf.Ges. v. 17. April 1873.

Abs. 1 übereinstimmend mit § 64 lit. a Pr. A.G.

Abs. 2 Zur Erstattung der durch die Unterstützung erwachsenen Kosten bez. zur Uebernahme des hülfsbedürftigen Ausländers ist im Falle des §. 29. des Reichsgesetzes der Armenverband des Dienstorts, außerdem derjenige Landarmenverband verpflichtet, in dessen Bezirk die Hülfsbedürftigkeit hervorgetreten ist. Eine Ausnahme von der letzteren Regel tritt dann ein, wenn der zu unterstützende Ausländer an dem Orte, wo er hülfsbedürftig geworden ist, falls er ein Deutscher wäre, den Unterstützungswohnsitz erworben hätte, in welchem Falle die Verpflichtung zur Unterstützung dem betreffenden Ortsarmenverbande obliegt.

Baden. **4. Baden.** § 21 des Armengesetzes s. Anh. A. (S. 75). Im Uebrigen ist von der Befugniß in § 60 Satz 2 U.W.G. kein Gebrauch gemacht.

Hessen. **5. Hessen.** Art. 20 Ausf.Ges. v. 14. Juli 1871 gleichlautend mit § 64 Pr. A.G.

Mecklenburg-Schwerin. **6. Mecklenburg-Schwerin.** § 3 Ausf.Ges. s. Anh. B. (S. 131).

Sachsen-Weimar. **7. Sachsen-Weimar.** § 8 Ausf.Ges. s. Anh. B. (S. 131).

Mecklenburg-Strelitz. **8. Mecklenburg-Strelitz** und Ratzeburg. § 3 Ausf.Ges. s. Anh. B. (S. 137, 138).

Oldenburg. **9. Oldenburg.** Art. 76 Rev. Gem.Ord. v. 15. April 1873.

Jeder Ausländer ist, so lange ihm der Aufenthalt im Inlande gestattet wird, in Bezug darauf, wie und durch wen ihm die im Falle der Hülfsbedürftigkeit erforderliche öffentliche Unterstützung zu gewähren ist, einem Deutschen gleich zu behandeln. Oldenburg.

Zur Erstattung der desfälligen Kosten, beziehungsweise zur Uebernahme des hülfsbedürftigen Ausländers ist der Landarmenverband verpflichtet, es sei denn, daß ein solcher Ausländer sich so lange an einem bestimmten Ort aufgehalten hat, daß er, wäre er ein Deutscher, den Unterstützungswohnsitz daselbst erworben haben würde, in welchem Falle die obige Verpflichtung dem Ortsarmenverbande des Aufenthaltsortes obliegt.

Art. 16 Ges. über das Armenwesen f. d. Fürstenthum Birkenfeld, Art. 82 rev. Gem.Ord. f. das Fürstenthum Lübeck übereinstimmend mit § 64 Pr. A.G.

10. **Braunschweig.** § 30 Ausf.Ges. vom 5. Juni 1871. Braunschweig.

Die öffentliche Unterstützung hülfsbedürftiger Ausländer beziehentlich die Erstattung der diesfälligen Vorschüsse der Ortsarmenverbände liegt dem Landarmenverbande ob.

11. **Sachsen-Meiningen.** Art. 28 Ausf.Ges. v. 20. Febr. 1872. Sachsen-Meiningen.

Abs. 1 gleichlautend mit § 64 Pr.A.G.

Abs. 2: Die in § 60 des Bundesgesetzes vorläufig dem Staate auferlegte Verpflichtung zur Kostentragung und Uebernahme hat der Landarmenverband zu übernehmen, welchem der Ortsarmenverband angehört.

12. **Sachsen-Altenburg.** § 15 Ausf.Ver. v. 3. Juni 1871. Sachsen-Altenburg.

Abs. 1 übereinstimmend mit § 64 lit. a Pr.A.G.

Abs. 2 übereinstimmend mit Art. 76 Abs. 2 der Old. Rev. Gem.Ordg. (s. oben Nr. 9).

Sachsen-Coburg-Gotha. **13. Sachsen-Coburg-Gotha.** § 37. Ausf.Ges. v. 31. Nov. 1881.

Anhalt. **14. Anhalt.** § 3 Abs. 2 Ausf.Ges. v. 29. Juni 1871.

zu 13 und 14 gleichlautend mit § 64 Pr.A.G.

Schwarzburg-Sondershausen. **15. Schwarzburg-Sondershausen.** § 7 Ges. v. 25. Jan. 1872 s. Anh. B. (S. 166).

Schwarzburg-Rudolstadt. **16. Schwarzburg-Rudolstadt.** § 21 Ges. v. 23. Juni 1871.

Waldeck. **17. Waldeck.** § 26. Ausf.Ges. v. 29. Juni 1871.

zu 16 und 17 übereinstimmend mit § 64 Pr. A.G.

Reuß ä. L. **18. Reuß (Greiz) ä. L.** Ges. v. 5. Juli 1879.

§ 1. ... so ist ... jedem Ausländer, der sich beim Eintritt in das Fürstenthum im Zustande der Hülfsbedürftigkeit befindet, von dem zu seiner Unterstützung gesetzlich zunächst verpflichteten Armenverbande (§. 60 des Ges. betr. den Unt.Wohns. v. 6. Juni 1870). Obdach, der unentbehrliche Lebensunterhalt, die erforderliche Pflege in Krankheitsfällen, und im Falle seines Ablebens ein angemessenes Begräbniß zu gewähren.

s. a. Nr. 5 Ges. vom 25. Januar 1871 zu § 33 U.W.G. (oben S. 192).

Reuß j. L. **19. Reuß j. L.** § 34 Ges. v. 21. Juni 1871.

Schaumburg-Lippe. **20. Schaumburg-Lippe.** § 53. Ges. v. 7. März 1872.

zu 19 und 20 übereinstimmend mit § 64 Pr. A.G.

21. **Lippe.** § 30 Ausf.Ges. v. 12. September 1877. Lippe.

Abs. 1 übereinstimmend mit § 64 lit. a Pr. A.G.

Abs. 2 übereinstimmend mit Abs. 2 Art. 76 der Old. Rev. Gem.Ordg. (s. oben Nr. 9).

E.

Behörden und Verfahren in Streitsachen der Armenverbände.

Preußen. **1. Preußen** (einschließlich KreisHerzogthum Lauenburg).

Vorbemerkung: Mit dem Inkrafttreten des Gesetzes v. 3. Juli 1875, betr. die Verfassung der Verwaltungsgerichte und das Verwaltungsstreitverfahren (G.S. S. 375) ist in den Provinzen Preußen (Ost- u. West-), Brandenburg, Pommern, Schlesien, Sachsen und in den Hohenzollernschen Fürstenthümern der von dem Verfahren in Streitsachen der Armenverbände handelnde Abschnitt des Preuß. Ausf.Ges. zum großen Theile in Wegfall gekommen. An die Stelle der Deputationen für das Heimathwesen sind die Bezirksverwaltungsgerichte getreten (§§ 3, 80, 85 a. a. O.); die §§ 40 — 48, 50—56 des Ausf.Ges. sind ausdrücklich aufgehoben (§ 90 a. a. O.). Diese Aufhebung ist wiederholt ausgesprochen in § 158 Nr. 1 des Landesverwaltungsgesetzes v. 30. Juli 1883 (G.S. S. 195). Nach § 153 derselben sind die Bezirksverwaltungsgerichte durch Bezirksausschüsse ersetzt.

Das Landesverwaltungsgesetz und das Zuständigkeitsgesetz v. 1. August 1883 (G.S. S. 237) sind zwar für den gesammten Umfang der Monarchie erlassen; beide Gesetze sind jedoch mit dem 1. April 1884 zunächst nur für die obenbezeichneten Landestheile in Kraft getreten (§ 54 L.V.G., § 163 Zust.G.). In den Provinzen Posen, Schleswig-Holstein, Hannover, Hessen-Nassau, Westphalen und in der Rheinprovinz treten diese Gesetze erst in Kraft, je nachdem für dieselben auf Grund besonderer Gesetze neue Kreis- und Provinzialordnungen erlassen sein werden. Der betreffende Zeitpunkt soll für jede Provinz durch Königliche Verordnung bekannt gemacht werden.*) Preußen. (Landes-Verw. Ges.)

Mit dem Inkrafttreten der beiden Gesetze treten in der betreffenden Provinz die Bezirksausschüsse an die Stelle der Deputationen für das Heimathwesen (§ 7 L.V.G.) und gelangen die auf die Zuständigkeit in Armenstreitsachen und das Verfahren bezüglichen Bestimmungen derselben zur Wirksamkeit. Die Vorschriften des Ausführungsgesetzes haben demnach nur noch für die Uebergangszeit Bedeutung.

a. Provinzen Ost- und Westpreußen, Brandenburg, Pommern, Schlesien, Sachsen und Hohenzollernsche Fürstenthümer. (Hannover v. 1. Juli 1885.)

§ 39. Zust.Ges. Streitigkeiten zwischen Armenverbänden wegen öffentlicher Unterstützung Hülfsbedürftiger werden im Verwaltungsstreitverfahren entschieden.

Zuständig in erster Instanz ist der Bezirksausschuß.[1] Im Uebrigen behält es bei den Bestimmungen des Reichsgesetzes über den Unterstützungswohnsitz v. 6. Juni 1870 sein Bewenden.[2]

1. Wegen der Zusammensetzung, der Geschäftsleitung, der Beschlußfähigkeit des Bezirksausschusses s. §§ 28—35, 43, 55, 56 L.V.G. und das Regulativ v. 28. Februar 1884 (M.Bl. f. i. V. S. 37).
Wegen der zweiten Instanz s. § 57 Ausf.Ges. (unten S. 215).

2. § 157 Nr. 3 L.V.G. bestimmt gleichfalls, daß die Bestimmungen des U.W.G. durch dasselbe nicht berührt werden.

Landesverwaltungsgesetz.

§ 57. Die örtliche Zuständigkeit für das Verwaltungsstreit- und Beschluß-Verfahren bestimmt sich, wie folgt:

Zuständig in erster Instanz ist

1) . . . .

2) . . . . die Behörde desjenigen Bezirks (Kreis, Regierungsbezirk, Provinz) in welchem . . . .

---

*) Für Hannover ist durch § 120 der Kreisordnung v. 6. Mai 1884 (G.S. S. 181) dieser Zeitpunkt auf den 1. Juli 1885 bestimmt.

Preußen. (Landes-Verw. Ges.) die Korporation bez. öffentliche Behörde ihren Sitz hat, welche im Verwaltungsstreitverfahren in Anspruch genommen wird oder auf deren Angelegenheit sich die Beschlußfassung bezieht. Wenn die Korporation oder öffentliche Behörde ihren Sitz außerhalb ihres räumlichen Bezirks hat, ist diejenige Behörde zuständig, welcher dieser Bezirk angehört. Bezüglich des Kommunalverbandes der Provinz Brandenburg ist der Bezirksausschuß zu Potsdam zuständig.

§ 60. Die Vollstreckung im Verwaltungsstreitverfahren und im Beschlußverfahren erfolgt im Wege des Verwaltungszwangsverfahrens. Die Vollstreckung wird Namens der Behörde, welche in der ersten Instanz entschieden beziehungsweise beschlossen hatte, von deren Vorsitzendem verfügt. Ueber Beschwerden gegen die Verfügungen des Vorsitzenden entscheidet die Behörde. Gegen die Entscheidung der Behörde findet innerhalb zwei Wochen die Beschwerde an die im Instanzenzuge zunächst höhere Behörde statt.

Die Entscheidung der letzteren ist endgültig.

§ 61. Die Bestimmungen der bürgerlichen Prozeßgesetze über Ausschließung und Ablehnung der Gerichtspersonen finden für das Verwaltungsstreitverfahren sinngemäße Anwendung.

Aus der innerhalb seiner Zuständigkeit geübten amtlichen Thätigkeit des Landraths beziehungsweise des Regierungspräsidenten darf kein Grund zur Ablehnung desselben wegen Besorgniß der Befangenheit entnommen werden.

§ 62. Ueber das Ablehnungsgesuch beschließt das Gericht, welchem der Abgelehnte angehört, und wenn der Vorsitzende des Kreis- (Stadt-) oder Bezirksausschusses abgelehnt werden soll, das nächst höhere Gericht.

Der Beschluß, durch welchen das Gesuch für begründet erklärt wird, ist endgültig. Wird das Gesuch für unbegründet erklärt, so steht der mit demselben zurückgewiesenen Partei innerhalb zwei Wochen die Beschwerde an das im Instanzenzuge zunächst höhere Gericht zu. Das letztere entscheidet endgültig. Die Verhandlung über die Ablehnung erfolgt in nicht öffentlicher Sitzung. (Preußen. Landes-Verw. Ges.)

Das im Instanzenzuge zunächst vorgesetzte Gericht entscheidet desgleichen endgültig und bestimmt das zuständige Gericht, wenn das Gericht, dem das ausgeschlossene oder abgelehnte Mitglied angehört, bei dessen Ausscheiden beschlußunfähig wird.

§ 63. Die Klage ist bei dem zuständigen Gericht schriftlich einzureichen. Die Klage beim Kreisausschusse kann zu Protokoll erklärt werden. In der Klage ist ein bestimmter Antrag zu stellen, und sind die Person des Beklagten, der Gegenstand des Anspruchs, sowie die den Antrag begründenden Thatsachen genau zu bezeichnen.

§ 64. Stellt sich der erhobene Anspruch sofort als rechtlich unzulässig oder unbegründet heraus, so kann die Klage ohne Weiteres durch einen mit Gründen versehenen Bescheid zurückgewiesen werden.

Scheint der erhobene Anspruch dagegen rechtlich begründet, so kann dem Beklagten ohne Weiteres durch einen mit Gründen versehenen Bescheid die Klaglosstellung des Klägers aufgegeben werden.

Namens des Kreisausschusses steht auch dem Vorsitzenden desselben, Namens des Bezirksausschusses auch dem Vorsitzenden im Einverständniß mit den ernannten Mitgliedern der Erlaß eines solchen Bescheides zu.

In dem Bescheide ist den Parteien zu eröffnen, daß sie befugt seien, innerhalb zwei Wochen, vom Tage der Zustellung ab, entweder die Anberaumung der mündlichen Verhandlung zu beantragen oder dasjenige Rechtsmittel einzulegen, welches zulässig wäre, wenn der Bescheid als Entscheidung des Kollegiums ergangen wäre.

Wird mündliche Verhandlung beantragt, so muß dieselbe zunächst stattfinden.

Preußen. (Landes-Verw. Ges.) Hat einer der Betheiligten mündliche Verhandlung beantragt, ein anderer das Rechtsmittel eingelegt, so wird nur dem Antrag auf mündliche Verhandlung stattgegeben.

Wird weder mündliche Verhandlung beantragt, noch das Rechtsmittel eingelegt, so gilt der Bescheid als endgültiges Urtheil.

§ 65. Wird ein Bescheid nach den Bestimmungen des §. 64 nicht erlassen, so ist die Klage dem Beklagten mit der Aufforderung zuzufertigen, seine Gegenerklärung innerhalb einer bestimmten, von einer bis zu vier Wochen zu bemessenden Frist schriftlich einzureichen. Wenn das Verfahren bei dem Kreisausschusse anhängig ist, so kann die Gegenerklärung auch zu Protokoll erklärt werden.

Die Frist kann in nicht schleunigen Sachen der Regel nach nicht über zwei Wochen verlängert werden. Die Gegenerklärung des Beklagten wird dem Kläger zugefertigt.

§ 66. Allen Schriftstücken sind die als Beweismittel in Bezug genommenen Urkunden im Original oder in Abschrift beizufügen. Von allen Schriftstücken und deren Anlagen sind Duplikate einzureichen.

Das Gericht kann geeigneten Falls gestatten, daß statt der Einreichung von Duplikaten die Anlagen selbst zur Einsicht der Betheiligten in seinem Geschäftslokale offen gelegt werden.

§ 67. Ist weder vom Kläger noch vom Beklagten die Anberaumung der mündlichen Verhandlung ausdrücklich verlangt, so kann das Gericht auch ohne solche Verhandlung schon auf Grund der Erklärung der Parteien seine Entscheidung in der Form eines mit Gründen versehenen Bescheides fällen. Dabei gelten die Bestimmungen der Absätze 4 bis 7 des §. 64.

§ 68. Hat dagegen auch nur eine Partei die Anberaumung der mündlichen Verhandlung gefordert oder erachtet das Gericht eine solche für erforderlich, so werden die Parteien zur mündlichen Verhandlung unter der Verwarnung geladen, daß beim Ausbleiben nach Lage der Verhandlungen werde entschieden werden. Preußen. (Landes-Verw. Ges.)

Das Gericht kann zur Aufklärung des Sachverhältnisses das persönliche Erscheinen einer Partei anordnen.

Den Parteien steht es frei, ihre Erklärungen, auch ohne dazu besonders aufgefordert zu sein, vor dem Termine schriftlich einzureichen und zu ergänzen. Das Duplikat solcher Erklärungen ist der Gegenpartei zuzufertigen. Kann dies nicht mehr vor dem Termine zur mündlichen Verhandlung bewirkt werden, so ist der wesentliche Inhalt der Erklärungen in dieser Verhandlung mitzutheilen.

§ 69. Wo die Gesetze zur Einleitung des Verwaltungsstreitverfahrens statt der Klage den Antrag auf mündliche Verhandlung im Verwaltungsstreitverfahren geben, erfolgt auf den Antrag ohne Weiteres die Vorladung der Parteien zur mündlichen Verhandlung.

Der Antrag muß Alles enthalten, was nach §. 63 für den Klageantrag erfordert wird, soweit dasselbe nicht aus den Vorverhandlungen bei der Behörde sich ergiebt.

§ 70. Das Gericht kann auf Antrag oder von Amtswegen die Beiladung Dritter, deren Interesse durch die zu erlassende Entscheidung berührt wird, verfügen. Die Entscheidung ist in diesem Falle auch den Beigeladenen gegenüber gültig.

§ 71. In der mündlichen Verhandlung sind die Parteien oder ihre mit Vollmacht versehenen Vertreter zu hören.

Dieselben können ihre thatsächlichen oder rechtlichen Anführungen ergänzen oder berichtigen und die Klage abändern, insofern durch die Abänderung nach dem Ermessen des Gerichts das Vertheidigungsrecht der Gegenpartei nicht geschmälert oder eine erhebliche Verzögerung des Verfahrens nicht herbeigeführt wird. Sie haben

Preußen. (Landes-Verw. Ges.) sämmtliche Beweismittel anzugeben und, soweit dies nicht bereits geschehen, die schriftlichen ihnen zu Gebote stehenden Beweismittel vorzulegen; auch können von ihnen Zeugen zur Vernehmung vorgeführt werden.

Der Vorsitzende des Gerichts hat dahin zu wirken, daß der Sachverhalt vollständig aufgeklärt und die sachdienlichen Anträge von den Parteien gestellt werden.

Er kann einem Mitgliede des Gerichts gestatten, das Fragerecht auszuüben.

Eine Frage ist zu stellen, wenn das Gericht diese für angemessen erachtet.

§ 72. Die mündliche Verhandlung erfolgt in öffentlicher Sitzung des Gerichts.

Die Oeffentlichkeit kann durch einen öffentlich zu verkündigenden Beschluß ausgeschlossen werden, wenn das Gericht dies aus Gründen des öffentlichen Wohls oder der Sittlichkeit für angemessen erachtet.

Der Vorsitzende kann aus der öffentlichen Sitzung jeden Zuhörer entfernen lassen, der Zeichen des Beifalls oder des Mißfallens giebt oder Störung irgend einer Art verursacht.

Parteien, Zeugen, Sachverständige, welche den zur Aufrechthaltung der Ordnung erlassenen Befehlen des Vorsitzenden nicht gehorchen, können auf Beschluß des Gerichts aus dem Sitzungszimmer entfernt werden. Gegen die bei der Verhandlung betheiligten Personen wird sodann in gleicher Weise verfahren, wie wenn sie sich freiwillig entfernt hätten.

§ 73. Die Parteien sind in der Wahl der von ihnen zu bestellenden Bevollmächtigten nicht beschränkt.

Das Gericht kann Vertreter, welche, ohne Rechtsanwalte zu sein, die Vertretung vor dem Gerichte geschäftsmäßig betreiben, zurückweisen. Eine Anfechtung dieser Anordnung findet nicht statt.

Gemeindevorsteher, welche als solche legitimirt sind,

bedürfen zur Vertretung ihrer Gemeinden einer besonderen Vollmacht nicht. Preußen. (Landes-Verw. Ges.)

§ 74. Liegt einer öffentlichen Behörde als Partei die Wahrnehmung des öffentlichen Interesses ob, so kann auf deren Antrag der Regierungspräsident für die mündliche Verhandlung vor dem Bezirksausschusse, und der Ressortminister für die mündliche Verhandlung vor dem Oberverwaltungsgerichte einen Kommissar zur Vertretung der Behörde bestellen.

Der Regierungspräsident beziehungsweise der Ressortminister kann in geeigneten Fällen auch ohne Antrag einer Partei einen besonderen Kommissar zur Wahrnehmung des öffentlichen Interesses für die mündliche Verhandlung bestellen. Der Kommissar ist vor Erlaß des Endurtheils mit seinen Ausführungen und Anträgen zu hören, zur Einlegung von Rechtsmitteln aber nicht befugt.

Der Vorsitzende des Kreis- (Stadt-) Ausschusses beziehungsweise des Bezirksausschusses und der Ressortminister hat behufs der erforderlichen Wahrnehmung des öffentlichen Interesses einen Kommissar zu bestellen, wenn das Gesetz die öffentliche Behörde, welche die Rolle des Klägers oder des Beklagten wahrzunehmen hat, nicht bezeichnet.

§ 75. Die mündliche Verhandlung erfolgt unter Zuziehung eines vereidigten Protokollführers. Das Protokoll muß die wesentlichen Hergänge der Verhandlung enthalten. Dasselbe wird von dem Vorsitzenden und dem Protokollführer unterzeichnet.

§ 76. Das Gericht ist befugt — geeigneten Falls schon vor Anberaumung der mündlichen Verhandlung — Untersuchungen an Ort und Stelle zu veranlassen, Zeugen und Sachverständige zu laden und eidlich zu vernehmen, überhaupt den angetretenen oder nach dem Ermessen des Gerichts erforderlichen Beweis in vollem Umfange zu erheben.

Preußen. (Landes-Verw. Ges.) § 77. Das Gericht kann die Beweiserhebung durch eines seiner Mitglieder oder erforderlichen Falls durch eine zu dem Ende zu ersuchende sonstige Behörde bewirken lassen. Es kann verordnen, daß die Beweiserhebung in der mündlichen Verhandlung stattfinden soll.

Die Beweisverhandlungen sind unter Zuziehung eines vereidigten oder von der betreffenden Behörde durch Handschlag zu verpflichtenden Protokollführers aufzunehmen; die Parteien sind zu denselben zu laden.

§ 78. Hinsichtlich der Verpflichtung, sich als Zeuge oder Sachverständiger vernehmen zu lassen, sowie hinsichtlich der im Falle des Ungehorsams zu verhängenden Strafen kommen die Bestimmungen der bürgerlichen Prozeßgesetze mit der Maßgabe zur Anwendung, daß im Falle des Ungehorsams die zu erkennende Geldbuße den Betrag von Einhundertfünfzig Mark nicht übersteigen darf.

Gegen die eine Strafe oder die Nichtverpflichtung des Zeugen oder Sachverständigen aussprechende Entscheidung steht den Betheiligten innerhalb zwei Wochen die Beschwerde an das im Instanzenzuge zunächst vorgesetzte Gericht, gegen die in zweiter Instanz ergangene Entscheidung des Bezirksausschusses die weitere Beschwerde an das Oberverwaltungsgericht zu.

§ 79. Das Gericht hat nach seiner freien, aus dem ganzen Inbegriffe der Verhandlungen und Beweise geschöpften Ueberzeugung zu entscheiden. Beim Ausbleiben der betreffenden Partei oder in Ermangelung einer Erklärung derselben können die von der Gegenpartei vorgebrachten Thatsachen für zugestanden erachtet werden. Die Entscheidungen dürfen nur die zum Streitverfahren vorgeladenen Parteien und die in demselben erhobenen Ansprüche betreffen.

§ 80. Die Entscheidung kann ohne vorgängige Anberaumung einer mündlichen Verhandlung erlassen werden, wenn beide Theile auf eine solche ausdrücklich verzichtet haben. Preußen (Landes-Verw. Ges.)

§ 81. Die Verkündigung der Entscheidung erfolgt der Regel nach in öffentlicher Sitzung des Gerichts. Eine mit Gründen versehene Ausfertigung der Entscheidung ist den Parteien und, sofern ein besonderer Kommissar zur Wahrnehmung des öffentlichen Interesses bestellt war (§. 74 Absatz 2), gleichzeitig auch diesem zuzustellen. Die Zustellung genügt, wenn die Verkündigung in öffentlicher Sitzung nicht erfolgt ist.

§ 102. Das Verwaltungsstreitverfahren ist stempelfrei.

§ 103. Dem unterliegenden Theile sind die Kosten und die baaren Auslagen des Verfahrens, sowie die erforderlichen baaren Auslagen des obsiegenden Theils zur Last zu legen. Die Gebühren eines Rechtsanwalts des obsiegenden Theils hat der unterliegende Theil nur insoweit zu erstatten, als dieselben für Wahrnehmung der mündlichen Verhandlung vor dem Bezirksausschusse oder dem Oberverwaltungsgerichte zu zahlen sind. An baaren Auslagen für die persönliche Wahrnehmung der mündlichen Verhandlung vor dem Bezirksausschusse und dem Oberverwaltungsgerichte kann die obsiegende Partei nicht mehr in Anspruch nehmen, als die gesetzlichen Gebühren eines sie vertretenden Rechtsanwalts betragen haben würden, es sei denn, daß ihr persönliches Erscheinen von dem Gerichte angeordnet war.

Im Endurtheile ist der Werth des Streitobjektes festzusetzen.

Die Gebühren der Rechtsanwalte bestimmen sich nach den für dieselben bei den ordentlichen Gerichten geltenden Vorschriften.

§ 104. Die Kosten und baaren Auslagen bleiben dem obsiegenden Theile zur Last, soweit sie durch sein eigenes Verschulden entstanden sind.

§ 105. Die Entscheidung über den Kostenpunkt (§§. 103, 104) kann nur gleichzeitig mit der Entschei-

Preußen. (Landes-Verw. Ges.)

dung in der Hauptsache durch Berufung oder Revision angefochten werden.

§ 106. An Kosten kommt ein Pauschquantum zur Hebung, welches im Höchstbetrage bei dem Kreisausschusse und bei dem Bezirksausschusse sechszig Mark, bei dem Oberverwaltungsgerichte einhundertfünfzig Mark nicht übersteigen darf. Für die Gebühren der Zeugen und Sachverständigen gelten die in Civilprozessen zur Anwendung kommenden Vorschriften, für die Berechnung des Pauschquantums kann von den Ministern der Finanzen und des Innern ein Tarif aufgestellt werden.

Cirk.Erl. v. 27. Februar 1884 (M.Bl. f. i. V. S. 30), insbes. Tab. B.

§ 107. Die Erhebung des Pauschquantums findet nicht statt:

1) wenn der unterliegende Theil eine öffentliche Behörde ist, insoweit die angefochtene Verfügung oder Entscheidung derselben nicht lediglich die Wahrung der Haushaltsinteressen eines von der Behörde vertretenen Kommunalverbandes zum Gegenstande hatte; die baaren Auslagen des Verfahrens und des obsiegenden Theils fallen demjenigen zur Last, der nach gesetzlicher Bestimmung die Amtsunkosten der Behörde zu tragen hat;
2) wenn die Entscheidung ohne vorgängige mündliche Verhandlung erfolgt ist;
3) bei dem Kreisausschusse in den Fällen der §§. 60 bis 62 des Gesetzes vom 8. März 1871, betreffend die Ausführung des Bundesgesetzes über den Unterstützungswohnsitz (Gesetz-Samml. S. 130);
4) bei dem Bezirksausschusse und bei dem Oberverwaltungsgerichte, soweit die Berufung oder die Revision von dem Vorsitzenden des Kreis-

ausschusses beziehungsweise des Bezirksausschusses eingelegt worden war; Preußen. (Landes-Verw. Ges.)

5) von denjenigen Personen, mit Ausnahme jedoch der Gemeinden in den die Verwaltung der Armenpflege betreffenden Angelegenheiten, denen nach den Reichs- oder Landesgesetzen Gebührenfreiheit in bürgerlichen Rechtsstreitigkeiten zusteht.

§ 108. Die Kosten und baaren Auslagen des Verfahrens werden für jede Instanz von dem Gerichte festgesetzt, bei dem die Sache selbst anhängig gewesen ist.

Die von der obsiegenden Partei zur Erstattung seitens des unterliegenden Theils liquidirten Auslagen werden für alle Instanzen von demjenigen Gerichte festgesetzt, bei dem die Sache in erster Instanz anhängig gewesen ist.

Gegen den Festsetzungsbeschluß des Kreisausschusses findet innerhalb zwei Wochen die Beschwerde an den Bezirksausschuß, gegen den in erster Instanz ergangenen Festsetzungsbeschluß des Bezirksausschusses findet innerhalb gleicher Frist die Beschwerde an das Oberverwaltungsgericht statt.

§ 109. Dem unterliegenden Theile kann im Falle des bescheinigten Unvermögens nach Maßgabe der Bestimmungen des §. 30 des Ausführungsgesetzes zum Deutschen Gerichtskostengesetze vom 10. März 1879 (Gesetz-Samml. S. 145), oder wenn sonst ein besonderer Anlaß dazu vorliegt, gänzliche oder theilweise Kostenfreiheit beziehungsweise Stundung bewilligt werden. Gegen den das Gesuch ablehnenden Beschluß des Kreisausschusses findet innerhalb zwei Wochen die Beschwerde an den Bezirksausschuß, gegen den in erster Instanz ergangenen ablehnenden Beschluß des Bezirksausschusses innerhalb zwei Wochen die Beschwerde an das Oberverwaltungsgericht statt.

Preußen. (Ausf. Ges.)

b. Provinzen Posen, Schleswig-Holstein (einschließlich Kreis Herzogthum Lauenburg), Hannover (bis 30. Juni 1885), Hessen-Nassau, Westphalen und Rheinprovinz.

Ausf.Ges. v. 8. März 1871 (G.S. S. 130).

Instr. v. 10. April 1871 (M.Bl. f. i. V. S. 132).

Durch das Gesetz v. 9. März 1879 (G.S. S. 134) sind die §§ 29—48 des Lauenburgischen Ausf.Ges. aufgehoben und ersetzt durch die §§ 40—60 des Ausf.Ges. v. 8. März 1871.

Verfahren in Streitsachen der Armenverbände.

§ 40. Zur Entscheidung von Streitigkeiten, welche gegen einen Preußischen Armenverband von einem anderen Deutschen Armenverbande erhoben werden, wird für jede Provinz oder für einen oder mehrere Regierungs- oder Landdrosteibezirke eine Behörde eingesetzt, welche den Namen „Deputation für das Heimathwesen" führt und am Hauptorte der Provinz oder am Sitze einer Bezirksregierung oder Landdrostei ihren Sitz hat.[1]

1. Deputationen für das Heimathwesen bestehen z. B. in der Provinz Posen für den gleichnamigen Regierungsbezirk in Posen; für den Reg.Bez. Bromberg in Bromberg; in der Prov. Schleswig-Holstein (einschl. des Kreises Herzogthum Lauenburg) § 5 Ges. v. 23. Juni 1876 (G.S. S. 169) und Ges. v. 9. März 1879 (G.S. S. 134) in Schleswig; in der Prov. Hannover in Hannover; in der Prov. Hessen-Nassau für den Reg.Bez. Cassel in Cassel, für den Reg.Bez. Wiesbaden in Wiesbaden; in der Prov. Westphalen in Münster; in der Rheinprovinz in Cöln.

§ 41. Die Deputation für das Heimathwesen besteht aus einem richterlichen Beamten, einem Verwaltungsbeamten und ferneren drei von der Provinzialvertretung zu wählenden Mitgliedern.

Der richterliche Beamte wird aus den etatsmäßigen

Mitgliedern eines am Sitze der Deputation befindlichen Gerichtskollegiums, der Verwaltungsbeamte aus den am Sitze der Deputation fungirenden etatsmäßigen Mitgliedern der Regierung [oder des Polizei-Präsidiums zu Berlin] beziehungsweise der Landdrostei, oder aus der Zahl der dem Oberpräsidenten beigeordneten Räthe für die Dauer ihres Hauptamtes am Sitze der Deputation von dem Könige ernannt. Preußen. (Ausf. Ges.)

Die drei anderen Mitglieder werden aus den Angehörigen des Sprengels der Deputation für die Dauer von drei Jahren gewählt und von dem Vorsitzenden durch Handschlag an Eidesstatt verpflichtet.

In gleicher Weise wird für jedes Mitglied ein bestimmter Stellvertreter ernannt, beziehungsweise gewählt.

Den Vorsitzenden der Deputation und dessen Stellvertreter ernennt der König aus der Zahl der Mitglieder.

§ 42. Die Anwesenheit von drei Mitgliedern, einschließlich der beiden ernannten Beamten, genügt für die Beschlußfähigkeit der Deputation. Sind vier Mitglieder anwesend, so nimmt das dem Lebensalter nach jüngste Mitglied an der Abstimmung keinen Antheil.

§ 43. Die Mitglieder der Deputation sind für ihre Entscheidungen nach den für richterliche Beamte geltenden Grundsätzen verantwortlich. Die ernannten Mitglieder unterliegen in dieser ihrer Eigenschaft den für richterliche Beamte geltenden Disziplinarvorschriften. Das Verfahren wird von demjenigen Gerichtshof geleitet welcher für den Bezirk des betreffenden Appellationsgerichts den Disziplinarhof bildet. Die gewählten Mitglieder der Deputation unterliegen keinem Disziplinarverfahren.

Der äußere Geschäftsgang bei den Deputationen wird durch ein Regulativ geordnet, welches der Justizminister und der Minister des Innern gemeinsam zu erlassen haben.[1] In dem Regulativ sind insbesondere

Preußen. (Ausf. Ges.) auch die Grundsätze festzustellen, nach welchen die Stellvertreter in Gemäßheit dieses Gesetzes einzuberufen sind.

Regulativ v. 1. Februar 1872 (G.S. S. 130) und Cirk.Erl. v. 1. Februar 1872 (M.Bl. f. i. V. S. 46).

§ 44. Die gewählten Mitglieder der Deputation erhalten eine ihren Auslagen entsprechende Entschädigung. Ueber die Höhe derselben beschließt die Provinzialvertretung, im Regierungsbezirk Sigmaringen bis zur Einführung einer solchen die Regierung daselbst. Der Entschädigungsbetrag wird von dem Landarmenverbande, und wo mehrere Landarmenverbände betheiligt sind, im Verhältniß der in denselben aufkommenden direkten Staatssteuern aufgebracht. Die übrigen Kosten der Deputation für das Heimathwesen fallen dem Staate zur Last.

§ 45. Die Klage wegen eines abgelehnten Anspruches ist bei der Deputation anzubringen, zu deren Sprengel der in Anspruch genommene Armenverband gehört.

§ 46. In der der Deputation einzureichenden Klageschrift ist der Armenverband, dessen Verurtheilung verlangt wird, und der Gegenstand des erhobenen Anspruches genau zu bezeichnen; es ist insbesondere ausdrücklich auszusprechen, ob die Uebernahme des betreffenden Hülfsbedürftigen oder welche sonstige Leistung verlangt wird.

§ 47. Die Klageschrift wird der Gegenpartei mit der Aufforderung zugefertigt, ihre schriftliche Gegenerklärung innerhalb vier Wochen nach der Zustellung einzureichen, widrigenfalls die in der Klageschrift behaupteten Thatsachen für zugestanden und die damit überreichten Urkunden für anerkannt würden erachtet werden.

Die Gegenerklärung wird dem klagenden Armenverbande zugefertigt, geeigneten Falls mit der dieselbe Verwarnung enthaltenden Aufforderung, seine weitere

Erklärung innerhalb vierzehn Tagen nach der Zustellung einzureichen. Geht eine solche weitere Erklärung ein, so wird sie der Gegenpartei zur Kenntnißnahme zugefertigt. Preußen (Ausf. Ges.)

Die vorgedachten Fristen können auf Antrag der betreffenden Partei verlängert werden.

§ 48. Die Klageschrift und den im §. 47. gedachten weiteren Erklärungen der Parteien sind die als Beweismittel in Bezug genommenen Urkunden im Original oder in Abschrift beizufügen. Von allen Schriftstücken und deren Anlagen sind Duplikate einzureichen.

§ 49. Die Deputation für das Heimathwesen ist befugt, Untersuchungen an Ort und Stelle zu veranlassen, Zeugen und Sachverständige zu laden und eidlich zu vernehmen, überhaupt den angetretenen Beweis in vollem Umfange zu erheben.

Hinsichtlich der Verpflichtung, sich als Zeuge oder Sachverständiger vernehmen zu lassen, kommen die entsprechenden Bestimmungen der bürgerlichen Prozeßgesetze zur Anwendung. Die Deputation erkennt auf die im Ungehorsamsfalle zu verhängenden Strafen, vorbehaltlich des innerhalb vierzehn Tagen nach Zustellung des Strafbescheides zulässigen Rekurses an das Bundesamt für das Heimathwesen.[1]

1. Dieser § findet auch in den unter a aufgeführten Landestheilen Anwendung. (Vgl. § 39 U.W.G.)

§ 50. Die Deputation kann die Beweiserhebung durch eines ihrer Mitglieder oder durch eine der Bezirksregierung nachgeordnete Behörde oder durch eine zu dem Ende zu ersuchende sonstige Behörde bewirken lassen. Sie kann verordnen, daß die Beweiserhebung in ihrer öffentlichen Sitzung stattfinden solle.

§ 51. Die Beweisverhandlungen sind unter Zuziehung eines vereideten Protokollführers oder, wenn sie in einem anderen Deutschen Staate stattfinden, in

Preußen. (Ausf. Ges.) den dort vorgeschriebenen Formen aufzunehmen; die Parteien sind zu denselben vorzuladen.

§ 52. Die Entscheidung erfolgt in öffentlicher Sitzung der Deputation nach erfolgter Ladung und Anhörung der Parteien oder ihrer mit Vollmacht versehenen Vertreter. Die Ladung erfolgt unter der Verwarnung, daß beim Ausbleiben der Parteien nach Lage der Akten entschieden werden würde. Die Entscheidung kann sofort verkündigt werden; es ist über dieselbe aber jedenfalls ein schriftlicher, mit Gründen versehener Beschluß auszufertigen und den Parteien zuzustellen.

§ 53. In der öffentlichen Sitzung der Deputation dürfen die Parteien neue Thatsachen oder Beweismittel nur insofern vorbringen, als ihnen bei dem verspäteten Vorbringen eine schuldbare Verzögerung nicht zur Last fällt.

§ 54. Die Deputation hat nach ihrer freien, aus dem ganzen Inbegriffe der Verhandlungen und Beweise geschöpften Ueberzeugung zu beschließen. Insofern nicht etwa eine Ergänzung der Instruktion beschlossen wird, kann ihre Entscheidung auf Abweisung des klagenden oder auf Verurtheilung des in Anspruch genommenen Armenverbandes gerichtet sein. Letzteren Falles ist in der Entscheidung ausdrücklich auszusprechen, ob der Armenverband zur Uebernahme des betreffenden Hülfsbedürftigen oder nur zu einer sonstigen Leistung verpflichtet sein soll.

§ 55. Ueber die öffentliche Sitzung wird durch einen zuzuziehenden vereidigten Protokollführer eine Verhandlung aufgenommen, welche die wesentlichen Hergänge enthalten muß und von den Mitgliedern der Deputation, sowie von dem Protokollführer zu unterzeichnen ist.

§ 56. Die Entscheidung erfolgt im Namen des Königs.

Das Verfahren ist stempelfrei. An Kosten wird für dasselbe, außer den baaren Auslagen und den Gebühren für Zeugen und Sachverständige, ein Pauschquantum erhoben, welches im Höchstbetrage 20 Thaler nicht übersteigen darf. Preußen (Ausf. Ges.)

Dem unterliegenden Theil sind die Kosten und die baaren Auslagen des Verfahrens, desgleichen die baaren Auslagen des obsiegenden Theils, mit Einschluß der Gebühren, welche derselbe seinem Bevollmächtigten für Wahrnehmung der öffentlichen Sitzungen der Deputation zu entrichten hat, zur Last zu legen. Das Pauschquantum, sämmtliche zu erstattende Auslagen und Gebühren der Bevollmächtigten werden von der Deputation endgültig festgesetzt.

Aus den Einnahmen der Deputation sind zunächst die Kosten derselben zu bestreiten. Der Ueberschuß wird dem Landarmenverbande zugewiesen, und wo mehrere Landarmenverbände betheiligt sind, im Verhältniß zu den in ihnen aufkommenden direkten Staatssteuern vertheilt.[1]

1. Der § 56 hat durch das Ges. v. 10. Januar 1874 (G.S. S. 10) folgenden Zusatz erhalten:

Für die Berechnung des Pauschquantums, sowie der Gebühren für Zeugen und Sachverständige kann von dem Minister des Innern und der Justiz ein Tarif aufgestellt werden.

Vgl. den Tarif v. 8. Februar 1874 (M.Bl. f. i. V. S. 41).

c. In dem ganzen Umfange der Monarchie gelangen folgende Bestimmungen des Ausf.-Ges. v. 8. März 1871 zur Anwendung:

§ 49 s. oben.

§ 57. Soweit die Organisation oder die örtliche Abgrenzung der einzelnen Armenverbände Gegenstand des Streites ist, bewendet es endgültig bei der Entscheidung der Deputation.[1] Im Uebrigen findet gegen deren Entscheidung, unter Ausschluß aller sonstigen Rechtsmittel, die Berufung an das Bundesamt für das Heimathwesen statt.

1. bez. des Bezirksausschusses.

Preußen. (Ausf. Ges.)

§ 58. In allen Streitsachen zwischen Preußischen Armenverbänden ist die unterliegende Partei verpflichtet, der Gegenpartei die ihr in der Berufungsinstanz entstandenen baaren Auslagen, sowie die Gebühren eines sie in der öffentlichen Sitzung des Bundesamtes vertretenden Rechtsverständigen zu erstatten.

§ 59. Gegen die im §. 56. des Bundesgesetzes erwähnten Anordnungen findet die Berufung an das Bundesamt für das Heimathwesen auch in denjenigen Fällen statt, in denen ein Streit zwischen zwei Preußischen Armenverbänden besteht.

Ist ein Armenverband zur Zahlung und Erstattung der ihm endgültig auferlegten Kosten und Gebühren ganz oder theilweise außer Stande (§. 59. des Bundesgesetzes), so bleiben die Kosten des Verfahrens außer Ansatz und für die Erstattung der Auslagen und Gebühren muß der betreffende Landarmenverband aufkommen.[1]

1. Der Abs. 2 bezieht sich nur auf die prozessualischen Kosten, baaren Auslagen und Gebühren, während § 59 U.W.G. sich auch auf die zu erstattenden Armenpflegekosten bezieht. In letzterer Beziehung wird derselbe durch § 36 des Ausf.Ges. ergänzt. — Auch im Falle § 59 Abs. 2 wird die Zahlungsunfähigkeit durch eine nach § 36 zu beschaffende Bescheinigung darzuthun sein, da § 59 U.W.G. angezogen ist.

§ 60. In jedem Kreise wird eine Kommission gebildet,[1] welche in allen Streitigkeiten, in denen ein Ortsarmenverband von einem anderen Preußischen Armenverbande in Anspruch genommen wird, auf Antrag beider streitenden Theile der schiedsrichterlichen Entscheidung, und auf Antrag eines Theiles, welchen dieser stellt, ehe der Streit bei der Deputation[2] anhängig gemacht ist, einem gütlichen Sühneversuch sich unterziehen muß.

Die Kommission besteht aus dem Landrath (dem Landrathsamts-Verwalter) als dem Vorsitzenden und zwei Mitgliedern, welche der Kreistag aus den Angehörigen

Preußen. (Ausf. Ges.)

des Kreises für die Dauer von drei Jahren wählt.[3] Für den Vorsitzenden und jedes der beiden anderen Mitglieder wählt der Kreistag einen bestimmten Vertreter.[1]

In Städten, welche zu keinem Kreise gehören, erfolgt die Wahl aus den Angehörigen der Gemeinde durch den Gemeindevorstand und die Gemeindevertretung in gemeinschaftlicher Sitzung.[1]

1. An die Stelle der in §§ 60—62 bezeichneten Kreiskommission tritt nach § 43 Nr. 1 Zust.Ges. der Kreis- (Stadt-) Ausschuß (s. Vorbemerkung).

2. bez. dem Bezirksausschuß.

3. in Hannover werden die Kommissionen für die einzelnen Kreise unter dem Vorsitz des Kreishauptmanns eingerichtet und deren Mitglieder und Stellvertreter von dem Kreistage gewählt (§ 71 Abs. 1 Ausf.Ges.).

§ 61. Für das Verfahren der Kommissionen kommen die §§. 46, 49, 50, 52, 54. in Anwendung mit der Maßgabe, daß auf die im §. 49. bezeichnete Strafe die Kommission erkennt und der Rekurs an die Deputation für das Heimathwesen zusteht. Alle übrigen Theile des Verfahrens regelt die Kommission in jedem einzelnen Falle. Insbesondere darf dieselbe in jeder Lage des Verfahrens einen Sühneversuch veranlassen.

Uebereinstimmend § 49 Ausf.Ges. f. Lauenburg.

§ 62. Die Kommission entscheidet endgültig mit Ausnahme jeder Berufung. Die Entscheidung erfolgt gebühren- und stempelfrei; doch sind dem unterliegenden Theile die baaren Auslagen des Verfahrens[1] und die des obsiegenden Theils, jedoch mit Ausschluß der Gebühren eines Bevollmächtigten, zur Last zu legen.

Die zu erstattenden baaren Auslagen werden von der Kommission endgültig festgesetzt.

Die Entscheidungen der Kommissionen, sowie die urkundlich von denselben festgestellten Einigungen sind im Verwaltungswege vollstreckbar.

Preußen. Gleichlautend § 50 Ausf.Ges. f. Lauenburg.

1. Dazu gehören nicht die Diäten und Reisekosten der Kommissionsmitglieder. Diese fallen, wie überhaupt die durch die Kommissionen entstehenden Kosten, den Kreisen zur Last. (Instr.)

Sachsen. **2. Sachsen.**

Ausf.Ges. v. 6. Juni 1871 (Ges. u. Ver.Bl. S. 82).

§ 7 zu §§. 37 u. 38 des Bundesgesetzes. Das Verfahren in Streitigkeiten zwischen verschiedenen Armenverbänden über die öffentliche Unterstützung Hülfsbedürftiger richtet sich — vorbehältlich der Bestimmungen in §. 37., Absatz 2., §§. 38. bis 51., und §. 56., Absatz 2. und 3. über die zweite Instanz und das Verfahren in solchen Fällen, wo die streitenden Armenverbände verschiedenen Bundesstaaten angehören — nach dem Gesetze unter D., das Verfahren in Administrativ-Justizsachen betreffend, vom 30. Januar 1835. (Seite 88. des Gesetz- und Verordnungs-Blattes vom Jahre 1835.) und beziehentlich nach dem Gesetze, die Verminderung der Instanzen in Administrativ-Justizsachen betreffend, vom 5. Januar 1870. (Seite 1 des Gesetz- und Verordnungs-Blattes vom Jahre 1870.).[1]

Bezüglich des Gerichtsstandes des Staats-Fiskus als Vertreters des provisorischen Landarmenverbands des Königreichs Sachsen gilt insbesondere die Bestimmung im §. 2. des Gesetzes D. vom 30. Januar 1835.[2] (unten S. 224).

Die Entscheidung erster Instanz ist in Fällen, in welchen der Fiskus in Vertretung des provisorischen Landarmenverbands des Königreichs Sachsen als Partei betheiligt ist, in analoger Anwendung der Bestimmung im § 11., Absatz 3. dieses Gesetzes von der nach Beschaffenheit des Falles zuständigen Kreisdirektion zu ertheilen.[3] (unten S. 224).

1. Die in § 7 aufgeführten Gesetze haben erhebliche Modifikationen erlitten durch das Gesetz, betr. die Organisation der Behörden, v. 21. April 1873 (Ges. u. Ver.Bl. S. 75):

§ 5. Die seitherige Zuständigkeit der Gerichtsämter als Verwaltungsbehörden (vgl. § 3 des citirten Gesetzes D.) geht ... auf die Amtshauptmannschaften über. Sachsen.

§ 6. ... Ihre Stellung und ihr Geschäftskreis, innerhalb dessen für bestimmte Angelegenheiten die Mitwirkung des Bezirksausschusses eintritt (§§ 10 ff.) gestaltet sich folgendermaßen:

1. ...

4. sie entscheiden in erster Instanz in Administrativ-Justizsachen mit Ausnahme der in § 23 unter II. a. 2 bemerkten Fälle.

§ 11. Unter Mitwirkung des Bezirksausschusses, und zwar

A. als zur Entscheidung berufenen Organs

sind zu erledigen:

1. die den Unterstützungswohnsitz und die Verbindlichkeiten zur Armenversorgung betreffenden Administrativ-Justizsachen, deren Verspruch in erster Instanz bei der Amtshauptmannschaft zu erfolgen hat;

2. ...

3. Streitigkeiten über Beiträge und persönliche Leistungen für den Bezirk, für die Gemeinde oder zu Zwecken der Armenversorgung.

§ 22. Von dem (Inkrafttreten dieses Gesetzes) an sind die Kreisdirektionen aufgehoben.

An ihrer Stelle werden Kreishauptmannschaften errichtet.

§ 23. Die Kreishauptmannschaften sind:

II. Entscheidende Behörden.

Als solche erkennen sie

a) in erster Instanz

1. in denjenigen Angelegenheiten, in welchen die Beschlußfassung und Verfügung durch die Reichs- oder Landesgesetzgebung der „höheren Verwaltungsbehörde" oder „Regierungsbehörde" übertragen ist;

2. in denjenigen Administrativ-Justizstreitigkeiten, bei welchen Gemeinden solcher Städte in welchen die Revidirte Städteordnung gilt (vgl. § 1 rev. Städteordnung v. 21. April 1873, Ges. u. Ver.Bl. S. 295), als Partei betheiligt, oder welche zwischen Gemeinden anhängig sind, die nicht dem Verwaltungsbezirke einer und derselben Amtshauptmannschaft angehören.

§ 27. Die Mitwirkung des Kreisausschusses und zwar,

A. als zur Entscheidung berufenen Organes tritt ein

2. bei dem erstinstanzlichen Verspruche von Administrativ-Justizstreitigkeiten über den Unterstützungswohnsitz und über Verbindlichkeiten der Armenversorgung (§ 23 unter II. a. 2).

§ 31. Gegen die Beschlüsse, Verfügungen und Entscheidungen der

Sachsen. Verwaltungsbehörden in erster Instanz steht den Parteien oder sonst Betheiligten das Recht des Rekurses zu. Der Rekurs geht in Administrativ-Justizsachen stets an die Ministerialinstanz, in andern Verwaltungssachen an die nächstvorgesetzte Behörde.

Der Rekurs muß bei Verlust desselben binnen vierzehn Tagen, vom Tage der Eröffnung der beschwerlichen Verfügung oder Entscheidung an gerechnet, eingewendet werden.

Gesetz D., betr. das Verfahren in Administrativ-Justizsachen, v. 30. Januar 1835 (Ges. und Ver.Bl. S. 88).

B. Verfahren erster Instanz.

Form des Verfahrens überhaupt.

§ 5. Das Verfahren in Verwaltungsstreitigkeiten ist bis zur Entscheidung in der Hauptsache summarisch. Die Betheiligten sind zwar mit ihren Rechts- und Sachgründen und deren Nachweisung genüglich zu hören; der Gang der Verhandlung ist aber an keine bestimmte Form gebunden, sondern richtet sich nach dem Bedürfniß gründlicher Erörterung aller zur Beurtheilung des Sachverhältnisses wesentlich gehöriger Umstände.

Fortsetzung.

§ 6. Es bedarf dabei keines schriftlichen, oder in Klagform abgefaßten Vorbringens, keines Verfahrens in abwechselnden Sätzen, es finden dabei keine gesetzlichen Fristen, keine förmlichen Beweisführungen statt.

Der Administrativrichter hat vielmehr jedes einen streitigen Verwaltungsgegenstand betreffende mündliche Anbringen anzunehmen und zum Protokoll zu bringen, die Erörterung der dabei in Frage stehenden Thatsachen und Verhältnisse zu leiten, den Betheiligten zu Beibringung des hierzu Erforderlichen nach Beschaffenheit der Sache die nöthigen Fristen zu verstatten und vorzuschreiben.

Statt schriftlicher Vorladung genügt, wenn die Betheiligten oder deren Stellvertreter am Orte anwesend sind, mündliche Bestellung, jedoch ist das schriftliche oder mündliche Anbringen abschriftlich mitzutheilen, und auf diese Abschrift der zur Verhandlung bestimmte Tag zu bemerken.

Legitimation der Betheiligten, Anwälte und sonstigen Vertreter derselben.

§ 7. Die Vertretung der Interessenten durch Anwälte, die Legitimation zur Sache und zum Prozeß beruhen auf allgemeinen prozeßrechtlichen Vorschriften. Innungen und andere mit der rechtlichen Eigenschaft einer Gemeinheit versehene Korporationen und Gesellschaft erscheinen und handeln durch ihre Vorsteher, welche in diesen Angelegenheiten als Generalsyndicen zu betrachten sind.

Bescheinigung, Gegenbescheinigung und Bescheinigungsmittel. Sachsen.

§ 8. Die Bescheinigungsmittel sind von den Betheiligten bei jedem mündlichen oder schriftlichen Vorbringen, worin sich auf Thatsachen bezogen wird, die nicht schon liquid und aktenkundig sind, sondern einer Nachweisung bedürfen, in der Regel unaufgefordert beizufügen oder namhaft zu machen.

Reichen selbige zur vollständigen Instruktion der Sache nicht aus, oder lassen es die Betheiligten an dieser Beibringung fehlen, so ist diesen Mängeln entweder durch von Seiten der Behörde selbst einzuziehende Erkundigung und sonst anzustellende Erörterung abzuhelfen, oder nöthigenfalls über ein ausdrücklich vorzuschreibendes Beweisthema Bescheinigung und Gegenbescheinigung binnen einer gewissen Frist aufzugeben oder nachzulassen, nach deren Ablauf die Entscheidung nach Vorlage der Akten, die Bescheinigung oder Gegenbescheinigung mag eingegangen sein oder nicht, zu erfolgen hat.

Zeugenverhöre.

§ 9. Die Zeugen sind summarisch, aber eidlich abzuhören, und die über deren Aussagen aufgenommenen Protokolle urschriftlich, oder, wenn wegen Abhörung auswärtiger Zeugen Requisition zu erlassen gewesen ist, in vidimirter Abschrift zu den Akten zu bringen. Die Ausfertigung besonderer Zeugenrotul ist unzulässig.

Eid.

§ 10. Eidesantrag findet nicht statt, es kann jedoch die entscheidende Behörde, insofern sie es für nöthig und zulässig findet, den Betheiligten die Leistung eines Eides auferlegen oder nachlassen. Zum Behuf der §. 11. des Gesetzes über Kompetenzverhältnisse zwischen Justiz- und Verwaltungsbehörden erwähnten einstweiligen Entscheidungen sind die Parteien zu keinem Eide irgend einer Art zu lassen.

Entscheidung in erster Instanz.

§ 11. Die Behörden, vor denen Verwaltungsstreitigkeiten in erster Instanz anhängig sind, haben in der Regel selbst in Form eines richterlichen Bescheids oder an die Unterbehörde ergehenden Verordnung, je nachdem die Lage der Sache das Eine oder das Andere erfordert, darüber zu erkennen. Der Einholung rechtlichen Erkenntnisses haben sie sich zu enthalten.

Wenn die Betheiligten gemeinschaftlich darauf antragen, die Entscheidung der höhern Behörde einzuholen, so ist diesem Antrage Folge zu geben.

Sachsen.

C. Vom Rekursverfahren.

(Vgl. oben S. 219 § 31 des Organis.Ges.)

Wo der Rekurs einzulegen?

§ 15. Der Rekurs ist jedesmal bei derjenigen Behörde einzulegen, von welcher die Entscheidung gegeben oder bekannt gemacht, oder die Anordnung vermöge eigener Resolution, oder in Auftrag der höhern Behörde getroffen worden ist, auf welche sich der Rekurs bezieht. Es kann mündlich zu Protokoll, oder schriftlich geschehen, jedoch jederzeit mit Angabe der Beschwerden. Alle diejenigen Punkte der Entscheidung, wogegen bei Einlegung des Rekurses, oder, wenn bei derselben die Aufstellung mehrer Beschwerden vorbehalten worden, in der darauf eingereichten Deduktionsschrift keine ausdrückliche Beschwerde gerichtet worden ist, werden für rechtskräftig geachtet.

Gehör des Gegners über den gebrauchten Rekurs.

§ 16. Dem Theile, welcher Rekurs eingelegt hat, steht es frei, längstens binnen 14 Tagen nach Ablauf des Decendii eine Deduktionsschrift zu Unterstützung seines Rechtsmittels einzureichen. Nach Eingang derselben oder Ablauf der Frist sind die vom Rekurrenten eingereichten Schriften, oder die über den Rekurs und dessen Rechtfertigung aufgenommenen Protokolle dem Gegner binnen 3 Tagen zuzufertigen, und ist ihm dabei unter Einräumung einer 14tägigen Frist die Widerlegung der vorgebrachten Beschwerden zwar freizustellen, nach deren Ablauf aber ohne Rücksicht darauf, ob eine Widerlegung eingegangen oder nicht, an die zunächst vorgesetzte Verwaltungsbehörde mit den Akten Bericht zu erstatten.

War die Entscheidung oder Resolution von der Mittelbehörde in erster Instanz selbst ertheilt, und nur auf deren Anordnung von der Unterbehörde bekannt gemacht, oder in deren Gemäßheit verfügt worden, so ist auf eingelegten Rekurs die Sache bei der Mittelbehörde durch einen andern Referenten vorzutragen, und anderweiter Beschluß zu fassen. Gegen letztern geht der Rekurs weiter an die Ministerialbehörde. Ist jedoch die erste Entscheidung auf gemeinschaftlichen Antrag beider Parteien (§. 11.) von der Mittelbehörde gegeben worden, so geht der Rekurs gegen dieselbe sofort an die Ministerialbehörde. Ein Gleiches findet statt, wenn die Mittelbehörde aus andern Gründen in erster Instanz eine provisorische Entscheidung (vergl. §. 11. des Gesetzes über Kompetenzverhältnisse ꝛc.) gegeben hat.

Wie auf eingewandte Appellation zu verfahren.

§ 17. Hätte sich der beschwerte Theil statt des Rekurses des Rechtsmittels der Appellation bedient, so ist letztere doch nur als Rekurs im Verwaltungswege zu betrachten, und daher auf selbige nicht an eine höhere Justizinstanz, sondern an die vorgesetzte Verwaltungsbehörde zu berichten. Sachsen.

Verfahren bei den Ministerialbehörden in Rekurssachen.

§ 18. Wenn eine Verwaltungsstreitigkeit im Wege des Rekurses zuletzt an das betreffende Ministerium gelangt, so ist bei dem letztern folgendermaßen zu verfahren:

a) Der Vorstand des betreffenden Ministerii und zwei bei demselben angestellte Räthe haben sich unter dem Vorsitze des erstern und unter Zuziehung zweier zu diesen Sachen fortdauernd dahin zu deputirender Räthe der obern Justizstellen zu einem Kollegio zu konstituiren;

b) die betreffende Sache ist in diesem Kollegio von einem Ministerialrathe vorzutragen, und die Entscheidung derselben erfolgt nach Stimmenmehrheit;

c) dem Vorstande des Ministerii kommt nur bei Stimmengleichheit die entscheidende Stimme zu;

d) in der zufolge des gefaßten Beschlusses auszufertigenden Verordnung ist ausdrücklich zu bemerken, daß das Ministerium bei der Beschlußnahme in der in gegenwärtigem §. vorgeschriebenen Maße kollegialisch konstituirt gewesen sei;

e.) dieses Verfahren ist jedoch nur dann erforderlich, wenn auf eingelegten Rekurs eine hauptsächliche Entscheidung zu geben ist; interlokutorische Resolutionen bedürfen dieser kollegialischen Berathung nicht.

Verfahren bei den Rekursbehörden.

§ 20. Die Rekursbehörde entscheidet nach dem Inhalte der ihr vorgelegten, bei der niedern Behörde ergangenen Akten.

Ein Schriftenwechsel der Betheiligten ist bei derselben nicht zu eröffnen. Es steht jedoch den Interessenten frei, bedürfenden Falls unaufgefordert eine Vorstellung einzureichen, ohne daß jedoch mit Fassung einer Resolution darauf zu warten ist. Beziehen sich die Interessenten hierbei auf neue Thatsachen, so hat die Behörde zu beurtheilen, ob deren Erörterung nach dem Stande der Sache bei anderweiter Entscheidung von Einfluß sei. Verneinenden Falls hat die Rekursbehörde den Grund der Verweigerung eines hierauf gerichteten Antrags in den Entscheidungsgründen zu dem von ihr abzufassenden Erkenntnisse auszudrücken. Dagegen kann sie auch selbst Amtshalber über sich hervorthuende oder in der niedern Instanz übersehene oder nicht hinreichend aufgeklärte Thatsachen, wenn sie von entscheidendem Einflusse zu sein scheinen, Erörterungen anordnen.

Sachsen. Gesetz, betr. die Verminderung der Instanzen im Administrativ-Justizverfahren v. 5. Januar 1870 (Ges. u. Ver. Bl. S. 1).

§ 1. In Verwaltungsstreitigkeiten (Administrativ-Justizsachen) sollen in Zukunft nur zwei Instanzen bestehen. (Für interterritoriale Sachen bildet das Bundesamt die dritte Instanz §§ 37 Abs. 2, 41 U.W.G. s. a. oben S. 218).

§ 2. Der Rekurs gegen die Entscheidung der ersten Instanz, gleichviel ob dieselbe von einer Mittelbehörde oder einer Unterbehörde gegeben worden ist, geht an die der Sache nach kompetente Ministerialbehörde, welche in der § 18 des Gesetzes vom 30. Januar 1835, das Verfahren in Administrativ-Justizsachen betreffend. (Seite 88 fg. des Gesetz- und Verordnungsblattes vom Jahre 1835), vorgeschriebenen kollegialen Zusammensetzung zu entscheiden hat.

§ 3. Ein nochmaliger Rekurs gegen die Entscheidung der Ministerialbehörde findet, auch wenn eine Abänderung der erstinstanzlichen Entscheidung erfolgt ist, in Zukunft nur noch in dem Falle statt, daß die Ministerialbehörde wegen mangelhafter Erörterung in erster Instanz neue Erörterungen hat anstellen lassen und ihr Ausspruch auf Grund der letzteren insoweit als erste Entscheidung zu betrachten ist.

§ 4. Die Vorstehendem entgegenstehenden Vorschriften des Gesetzes, das Verfahren in Administrativ-Justizsachen betreffend, vom 30. Januar 1835 treten außer Wirksamkeit.

2. Der § 2 cit. lautet: Es giebt in Verwaltungsstreitigkeiten keinen privilegirten Gerichtsstand; sie sind vielmehr ohne Unterschied des persönlichen Gerichtsstandes der Betheiligten jeder Zeit bei derjenigen Behörde zu erörtern und zu entscheiden, vor welche sie nach Beschaffenheit des Gegenstandes gehören.

3. § 4. Ver. v. 15. Juni 1876, G.S. S. 268.

Zu Ertheilung der nach § 7 Abs. 3 der Allerhöchsten Verordnung v. 6. Juni 1871 den vormaligen Kreisdirektionen zugewiesenen Entscheidungen erster Instanz wird in Fällen, in welchen die Kreishauptmannschaft Dresden in Vertretung des Landarmenverbandes Entschließung gefaßt hat, die Kreishauptmannschaft Leipzig, dagegen in den Fällen, in welchen die bezügliche Entschließung von den Kreishauptmannschaften Leipzig, Zwickau oder Bautzen gefaßt worden ist, die Kreishauptmannschaft Dresden hiermit mit Auftrag versehen.

§ 8. Mit der Vollstreckung der Exekution von Entscheidungen auf Grund §. 53. des Bundesgesetzes haben die Kreishauptmannschaften, wenn sie die Entscheidung erster Instanz ertheilt haben, die unteren Verwaltungsbehörden zu beauftragen.

§ 9. Die zum vermittelnden Einschreiten nach § 55., Absatz 2. und zur Entscheidung in erster Instanz nach §. 56. des Bundesgesetzes zuständige Behörde ist, wie zeither in den Fällen von §. 22. des Heimathgesetzes vom 26. November 1834. (Seite 434. des Gesetz- und Verordnungsblattes vom Jahre 1834.), die obere Polizeibehörde, d. i. die Kreishauptmannschaft. Sachsen.

3. **Württemberg.** Die Art. 31 ff. des Ausf.Ges. v. 17. April 1873 sind ersetzt durch die Vorschriften des Gesetzes über die Verwaltungsrechtspflege vom 16. Dezember 1876 (Reg.Bl. S. 485). Württemberg.

Art. 1. Der Verwaltungsrechtsweg findet statt bei Streitigkeiten und Beschwerden in Beziehung auf Ansprüche und Verbindlichkeiten aus dem öffentlichen Recht in den im gegenwärtigen Gesetz bezeichneten Fällen.

Art. 3. Die höchste landesgesetzliche Instanz für Verwaltungsrechtssachen bildet der Verwaltungsgerichtshof.

Die Art. 3—5 handeln von dessen Besetzung und Rechtsstellung im Behördenorganismus.

Art. 6. Als Verwaltungsgerichte erster Instanz haben in den im Gesetz (Art. 10) bezeichneten Fällen die Kreisregierungen zu verhandeln und zu entscheiden.

Art. 7. Der Verwaltungsgerichtshof verhandelt und beschließt in der Besetzung mit fünf Mitgliedern einschließlich des Vorsitzenden. Die Kreisregierungen als Verwaltungsgerichte erster Instanz verhandeln und beschließen in der Besetzung mit drei Mitgliedern einschließlich des Vorsitzenden. . . . Verfügungen, welche die Fortleitung des Verfahrens betreffen, werden ohne kollegialische Beschlußfassung von dem Vorstand oder einem von demselben beauftragten Gerichtsmitglied erlassen.

Art. 8. In Ansehung der Behinderung oder Ablehnung der Mitglieder der Verwaltungsgerichte finden die Vorschriften der bürgerlichen Prozeßordnung Anwendung.

Württemberg. Abs. 2 behandelt die Beiziehung von Ergänzungsrichtern im Nothfalle.

Art. 10. Den Kreisregierungen kommt als Verwaltungsgerichten erster Instanz die Verhandlung und Entscheidung zu über Streitigkeiten, welche betreffen:

1) Die Befugniß einer Gemeinde zu Abweisung eines Neuanziehenden sowie zur Versagung der Fortsetzung des Aufenthalts in den Fällen der §§. 4 und 5 des Reichsgesetzes über die Freizügigkeit vom 1. November 1867, ferner, soweit sie noch in Geltung sind, in den Fällen des Art. 11 Absatz 2 des revidirten Bürgerrechtsgesetzes vom 4. Dezember 1833 (Reg.Blatt S. 513) vorbehältlich der vorgängigen Entscheidung des Oberamts.

Ist dem Antrag der Gemeinde durch das Oberamt entsprochen worden, so ist Seitens des Ausgewiesenen die Klage gegen die Gemeindebehörde binnen acht Tagen von der Eröffnung der Verfügung an einzureichen, widrigenfalls letztere vollstreckbar wird. Im entgegengesetzten Falle ist die Klage von der Gemeindebehörde gegen denjenigen zu richten, welchem der Aufenthalt oder die Fortsetzung desselben in der Gemeinde versagt werden will.

2) Ansprüche, welche gegen einen württembergischen Armenverband von einem andern württembergischen Armenverband auf Grund des Reichsgesetzes über den Unterstützungswohnsitz vom 6. Juni 1870 erhoben werden, desgleichen die Erstattung der Kosten der Unterstützung eines aus dem Ausland übernommenen Deutschen im Fall des Art. 27 des Gesetzes vom 17. April 1873, betreffend die Ausführung des Reichsgesetzes über den Unterstützungswohnsitz (Reg.Blatt S. 109), sowie den Ersatz der Kosten für die Unterbringung der in Art. 28 desselben Gesetzes bezeichneten Personen;

3) die Anwendung der Bestimmungen der Art. 3 bis 6 des Gesetzes vom 17. April 1873 (Reg.Blatt S. 110);

10) die Ausscheidung der kirchlichen Stiftungen von den der öffentlichen Armenunterstützung gewidmeten Stiftungen nach Maßgabe des Art. 11 und 12 des Ausführungsgesetzes zum Reichsgesetz über den Unterstützungswohnsitz vom 17. April 1873 (Reg.Blatt S. 113), soweit die stiftungsmäßige Bestimmung der Stiftung oder eines Vermögentheils einer solchen in Frage steht; Württemberg.

11) die gegenseitigen öffentlichrechtlichen Beziehungen zwischen der politischen Gemeinde und der örtlichen Stiftung;

12) die gegenseitigen öffentlichrechtlichen Verhältnisse zwischen der Gesammtgemeinde und den Theilgemeinden bei zusammengesetzten Gemeinden, insbesondere hinsichtlich der Verbindlichkeit der Gesammtgemeinde zur Theilnahme an den Kosten der Verwaltung der Theilgemeinde, die Vertheilung des Aufwands zwischen der Gesammtgemeinde und den Theilgemeinden, sowie das Recht auf den Bezug von Einkünften, auch soweit diese Verhältnisse durch Uebereinkunft geregelt sind;

13) die im Fall der Bildung von Gesammtarmenverbänden zwischen mehreren Gemeinden oder Theilgemeinden (Art. 8, Abs. 3 des Gesetzes vom 17. April 1873, Reg.Blatt S. 112) durch eine solche Uebereinkunft begründeten Rechte und Verpflichtungen;

14) die gegenseitigen öffentlichrechtlichen Ansprüche und Verbindlichkeiten der Gemeinden und Amtskorporationen und die Vertheilung der Lasten unter ihnen;

15) die durch Vereinigung mehrerer Landarmenverbände nach Maßgabe des Art. 21, Abs. 2 des Gesetzes vom 17. April 1873 (Reg.Blatt S. 117) begründeten Rechte und Verpflichtungen.

Art. 11. Der Verwaltungsgerichtshof verhandelt und entscheidet in erster Instanz

1) Streitigkeiten über Ansprüche, welche von einem nichtwürttembergischen Armenverband gegen einen württembergischen Armenverband auf Grund des Reichs-

Württemberg. gesetzes über den Unterstützungswohnsitz vom 6. Juni 1870 erhoben werden.

Art. 12. In zweiter Instanz entscheidet der Verwaltungsgerichtshof in denjenigen Fällen, in welchen in erster Instanz nach Art. 10 die Kreisregierungen zu entscheiden haben, . . .

Art. 13. Außerdem entscheidet der Verwaltungsgerichtshof vorbehältlich der hienach bezeichneten Ausnahmen über Beschwerden gegen Entscheidungen oder Verfügungen der Verwaltungsbehörden, wenn Jemand, sei es eine einzelne Person, ein Verein oder eine Korporation, behauptet, daß die ergangene auf Gründe des öffentlichen Rechts gestützte Entscheidung oder Verfügung rechtlich nicht begründet, und daß er hiedurch in einem ihm zustehenden Recht verletzt oder mit einer ihm nicht obliegenden Verbindlichkeit belastet sei.

Ausgeschlossen ist die Beschwerde, wenn und soweit die Verwaltungsbehörden durch das Gesetz nach ihrem Ermessen zu verfügen ermächtigt sind.

Art. 15. Die Beschwerde bei dem Verwaltungsgerichtshof findet nicht statt:

1) in denjenigen Fällen, in welchen vermöge besonderer gesetzlicher Bestimmung einer Verwaltungsbehörde oder anderen Organe die endgiltige Entscheidung zugewiesen ist.

IV. Von dem Verfahren.

Art. 17. Die Verwaltungsgerichte treten auf Antrag der Betheiligten in Thätigkeit.

Dieselben dürfen bei der Entscheidung über bestimmte Gesuche der Parteien nicht hinausgehen.

In Ansehung der Erforschung der für die Entscheidung erheblichen Thatsachen und der Erhebung von Beweisen sind die Verwaltungsgerichte an die Anträge der Parteien nicht gebunden.

Art. 18. Kein Thatumstand oder Beweismittel darf der Entscheidung zu Grund gelegt werden, worüber nicht den Parteien Gelegenheit gegeben war, sich zu äußern. Württemberg.

Art. 19. Die Parteien können sich nach Maßgabe der Vorschriften der bürgerlichen Prozeßordnung durch Bevollmächtigte vertreten lassen.

Die Parteien und ihre Vertreter haben die Befugniß, jeder Zeit von den Akten des Verwaltungsgerichts Einsicht zu nehmen und Abschrift auf ihre Kosten sich geben zu lassen.

Art. 20. In Fällen, in welchen eine Betheiligung des öffentlichen Interesses stattfindet, kann der vermöge seiner dienstlichen Obliegenheiten zur Wahrung desselben berufene Beamte oder ein von dem zuständigen Ministerium für denselben aufgestellter Vertreter an den Prozeßverhandlungen Theil nehmen.

Die Aufstellung eines Vertreters des öffentlichen Interesses kann in den dazu geeigneten Fällen auch von dem Verwaltungsgericht veranlaßt werden.

Einem solchen Vertreter ist in gleichem Umfang wie den Parteien rechtliches Gehör zu gestatten.

Art. 21. Die Verhandlung vor den Verwaltungsgerichten ist vorbehältlich der in den Art. 24 u. ff. getroffenen näheren Bestimmungen öffentlich und mündlich.

Die Oeffentlichkeit der Verhandlung kann durch einen Beschluß des Gerichts wegen Gefahr für die Sittlichkeit, das öffentliche Wohl oder die öffentliche Ordnung ausgeschlossen werden.

In den im Art. 9 bezeichneten Fällen wird von den Behörden erster Instanz auf Grund schriftlicher Verhandlungen erkannt.

Art. 22. Soweit schriftliche Verhandlung stattfindet, sind die einzureichenden Schriftsätze und deren Anlagen stets in doppelter, beziehungsweise wenn auf Seiten der Gegenpartei mehrere Betheiligte sind, in so vielfacher

Württemberg. Ausfertigung einzureichen, daß jedem der Betheiligten ein Exemplar zugestellt werden kann.

Art. 23. In Beziehung auf die Verhandlung der in Art. 10 und 11 bezeichneten Streitsachen in erster Instanz gelten die nachfolgenden Bestimmungen.

Art. 24. Die Klage ist dem zuständigen Gericht schriftlich einzureichen.

In derselben ist ein bestimmter Antrag zu stellen, und sind die Person des Beklagten, der Gegenstand des Anspruchs, sowie die den Antrag begründenden Thatsachen genau zu bezeichnen.

Art. 25. Zuständig zur Verhandlung und Entscheidung ist in den Fällen des Art. 10, Ziff. 1–25 diejenige Kreisregierung, in deren Verwaltungsbereich der Gegenstand des Streits gehört.

Für Streitigkeiten über Ersatzforderungen auf Grund des Art. 3 des Gesetzes vom 17. April 1873, betreffend die Ausführung des Reichsgesetzes über den Unterstützungswohnsitz, ist die Regierung des Kreises zuständig, in welchem die Armenunterstützung geleistet ist.

Die Wahl eines gesetzlich nicht zuständigen Gerichts im Wege freiwilliger Uebereinkunft ist unzulässig.

Art. 26. Wenn die Klage den in Art. 24 Abs. 2 enthaltenen Vorschriften nicht entspricht und dieser Mangel der Einleitung der Verhandlung im Wege steht, desgleichen wenn ein Mangel hinsichtlich der Prozeßlegitimation obwaltet, so wird unter Bezeichnung des Mangels die Klage durch prozeßleitende Verfügung (Art. 7 Abs. 3) zurückgewiesen.

Art 27. Stellt sich die eingereichte Klage sofort als rechtlich unzulässig oder unbegründet heraus, so kann dieselbe ohne Weiteres durch einen mit Gründen versehenen Bescheid zurückgewiesen werden. In dem Bescheid ist dem Kläger zu eröffnen, daß derselbe befugt sei, innerhalb einer zehntägigen Frist vom Tage der Zustellung an gegen den Bescheid Einspruch zu erheben und die Anberaumung einer mündlichen Verhandlung zu beantragen. Württemberg.

Wird kein Einspruch erhoben, so gilt der Bescheid vom Tag seiner Zustellung ab als Endurtheil.

Art. 28. Wenn weder eine die Klage zurückweisende prozeßleitende Verfügung (Art. 26) noch ein dieselbe zurückweisender Vorbescheid (Art. 27) erlassen oder wenn gegen einen solchen Vorbescheid Einspruch erhoben worden ist, so wird die Klageschrift der Gegenpartei mit der Aufforderung zugefertigt, ihre Vernehmlassung innerhalb vier Wochen nach der Zustellung schriftlich einzureichen.

Die Vernehmlassung wird, wenn ihr Inhalt dazu Anlaß bietet, der klagenden Partei mit der Aufforderung zur weiteren Erklärung innerhalb der Frist von zwei Wochen zugestellt.

Die Aufforderung zur Abgabe der Vernehmlassung und der in Abs. 2 bezeichneten weiteren Erklärung kann unter dem Androhen erlassen werden, daß die in dem mitgetheilten Schriftsatz von der Gegenpartei behaupteten Thatsachen für zugestanden und die damit in beweisfähiger Form überreichten Urkunden für anerkannt würden erachtet werden.

Im Falle der Dringlichkeit können die vorerwähnten Fristen abgekürzt werden.

Art. 29. Die Parteien haben in den von ihnen eingereichten Schriftsätzen die Beweismittel, deren sie sich zum Beweis oder zur Widerlegung thatsächlicher Behauptungen bedienen wollen, anzugeben und die in ihren Händen befindlichen Urkunden, auf welche sie in den Schriftsätzen Bezug nehmen, denselben im Original beizulegen.

Art. 30. Die Vorladung zur mündlichen Verhandlung erfolgt in der Regel unter der Verwarnung, daß im Falle Ausbleibens der Parteien nach Lage der Akten Verfügung ergehen werde.

Württemberg.

Wenn die nach Maßgabe des Art. 28 Abs. 2 von der klagenden Partei eingeforderte Erklärung neues thatsächliches Vorbringen erheblicher Art enthält, so kann die Vorladung der Gegenpartei, welcher diese Erklärung gleichzeitig mit der Ladung zuzustellen ist, unter der im Art. 28 Abs. 3 bezeichneten Verwarnung erfolgen.

Art. 31. In einfacheren Fällen sowie dann, wenn das thatsächliche Verhältniß aus vorliegenden öffentlichen Akten oder Urkunden sich feststellen läßt oder sonst eines vorgängigen Schriftwechsels nicht zu bedürfen scheint, können die Parteien sofort zur mündlichen Verhandlung geladen werden.

Die Vorladung der beklagten Partei kann in diesem Fall unter Androhung des in Art. 28 Abs. 3 bezeichneten Rechtsnachtheils geschehen.

Art. 32. Die mündliche Verhandlung erfolgt in öffentlicher Sitzung des erkennenden Gerichts.

In derselben sind die Parteien oder ihre Vertreter sowie zutreffenden Falls der Vertreter des öffentlichen Interesses zu hören.

Das Ausbleiben der Parteien steht der Verhandlung und Entscheidung der Sache nicht im Wege. Bei Ausbleiben beider Parteien oder auch nur einer derselben wird die Verhandlung mit einem Vortrag des Sachverhältnisses auf Grund der Akten durch den Berichterstatter eingeleitet.

Art. 33. Das Vorbringen neuer Thatsachen und Beweismittel in der mündlichen Verhandlung ist zulässig. Falls jedoch durch die Verhandlung hierüber in Folge des verspäteten Vorbringens besondere Kosten erwachsen, so sind diese von der säumigen Partei zu tragen.

Das neue Vorbringen ist durch zu übergebende schriftliche Bemerkungen oder durch das Sitzungsprotokoll festzustellen.

Schriftliche Verhandlung über dasselbe findet nicht statt. Vielmehr ist erforderlichen Falls eine weitere mündliche Verhandlung anzuberaumen, wobei bezüglich der Ladung die Bestimmung in Art. 31, Abs. 2 Anwendung findet. Württemberg.

Art. 34. Der Vorsitzende leitet die Verhandlung und handhabt die Sitzungspolizei. Er sorgt von Amtswegen für vollständige Erörterung der Angelegenheit und für Beiseitelassung unerheblicher Nebenumstände.

Die Mitglieder des Gerichts haben das Recht, zur Aufklärung des Sachverhalts an die Parteien Fragen zu stellen.

Art. 35. Ueber die mündliche Verhandlung ist ein Protokoll aufzunehmen, welches von dem Vorsitzenden und dem Protokollführer zu unterzeichnen ist.

In Beziehung auf den Inhalt des Protokolls finden die Vorschriften der bürgerlichen Prozeßordnung Anwendung.

Art. 36. Die Verwaltungsgerichte sind befugt, — geeigneten Falls schon vor Anberaumung der mündlichen Verhandlung — Untersuchungen an Ort und Stelle zu veranlassen, Zeugen und Sachverständige zu laden und eidlich zu vernehmen, überhaupt den angetretenen oder den nach ihrem Ermessen erforderlichen Beweis in vollem Umfang zu erheben.

Art. 37. Das Gericht kann den Beweis durch eines seiner Mitglieder oder erforderlichen Falls durch eine zu dem Ende zu ersuchende sonstige Behörde erheben lassen. Es kann verordnen, daß die Beweiserhebung in der mündlichen Verhandlung stattfinden soll.

Zu den Beweisverhandlungen, welche außerhalb der öffentlichen Sitzung vorgenommen werden, sind die Parteien zu laden, auch sind zu denselben Urkundspersonen oder ein beeidigter Protokollführer beizuziehen.

Das Ergebniß des auf diese Art erhobenen Beweises ist in öffentlicher Sitzung durch den Berichterstatter auf Grund der Akten vorzutragen. Den

Württemberg. Parteien steht das Recht der Ergänzung und Berichtigung zu.

Art. 38. Die nach Maßgabe der Art. 28 Abs. 3, 30 Abs. 2, 31 Abs. 2, 33 Abs. 3 an die Versäumung von Fristen und Tagfahrten geknüpften Rechtsnachtheile treten kraft Gesetzes ein, ohne daß es eines auf Verwirklichung des Rechtsnachtheils gerichteten Antrags oder einer Versäumnißverfügung bedarf.

Die Folgen der Versäumung können durch Wiedereinsetzung in den vorigen Stand nach Maßgabe der hierüber in der bürgerlichen Prozeßordnung geltenden Vorschriften wieder aufgehoben werden.

Art. 39. Die Entscheidung erfolgt im Namen des Königs.

Die Verwaltungsgerichte haben nach ihrer freien, aus dem ganzen Inbegriff der Verhandlungen und Beweise geschöpften Ueberzeugung zu beschließen.

Die Ententscheidung ist mit Gründen zu versehen.

Art. 40. Mit der Entscheidung in der Hauptsache ist stets auch das Erkenntniß über die Kosten des Verfahrens zu verbinden.

In Beziehung auf die Kostenersatzpflicht und die Feststellung der Kosten, zu deren Ersatz die Gegenpartei verpflichtet ist, finden die Vorschriften der bürgerlichen Prozeßordnung entsprechende Anwendung.

Das Gleiche ist der Fall in Betreff der Zulassung zum Armenrecht.

Art. 41. Für Endentscheidungen wird eine nach der Bedeutung des Streitgegenstands und dem Umfang der Verhandlungen zu bemessende Sportel angesetzt und zwar für Erkenntnisse der Kreisregierungen von drei bis zu einhundert fünfzig Mark, für Erkenntnisse des Verwaltungsgerichtshofs von zehn bis dreihundert Mark.

Art. 42. Die Verkündigung der auf Grund der mündlichen Verhandlung gefaßten Beschlüsse erfolgt in der öffentlichen Sitzung entweder sofort oder an einer späteren alsbald zu bestimmenden Tagfahrt, welche in der Regel nicht über eine Woche hinaus anzusetzen ist. Württemberg.

Bei der Verkündigung von Endurtheilen werden auch die wesentlichen Entscheidungsgründe mitgetheilt.

Neben der Verkündigung in der Gerichtssitzung wird bei Endurtheilen jeder Partei eine schriftliche Ausfertigung des Urtheils und der Gründe zugestellt.

3) Von den Rechtsmitteln.

Art. 43. Gegen die von den Kreisregierungen ergangenen Endurtheile steht den Parteien und dem Vertreter des öffentlichen Interesses, auch wenn derselbe nicht schon in erster Instanz an den Verhandlungen sich betheiligt hat (vergl. Art. 20), das Rechtsmittel der Berufung an den Verwaltungsgerichtshof zu.

Art. 44. Wer die Berufung erheben will, muß binnen der unerstrecklichen Frist eines Monats, von der Zustellung des Urtheils an gerechnet, die Berufungsschrift bei der Kreisregierung, gegen deren Entscheidung sie gerichtet ist, oder bei dem Verwaltungsgerichtshof einreichen.

Die Versäumung der Frist hat den Verlust des Rechtsmittels zur Folge.

Wenn der Vertreter des öffentlichen Interesses nicht schon in erster Instanz an den Verhandlungen sich betheiligt und deßhalb eine Zustellung des Urtheils an ihn nicht stattgefunden hat, so ist für ihn die Berufung ausgeschlossen, sobald die den Parteien zustehenden Fristen abgelaufen sind.

Eine Belehrung über das Berufungsrecht und die Berufungsfrist findet nicht statt.

Bezüglich der Wiedereinsetzung in den vorigen Stand gegen die Versäumung der Frist gilt die Bestimmung des Art. 38 Abs. 2. Es entscheidet hierüber der Verwaltungsgerichtshof.

Art. 45. Die Berufungsschrift muß die Er-

Württemberg. klärung, daß die Partei Berufung erhebe, und die Bezeichnung des angefochtenen Urtheils enthalten.

Die Berufungsschrift soll ferner enthalten die Bezeichnung und Rechtfertigung der Beschwerdepunkte in thatsächlicher und rechtlicher Beziehung, ohne daß jedoch ein Mangel dieser Erfordernisse auf die wirksame Erhebung der Berufung einen Einfluß hat.

Art. 46. Die Begründung der Beschwerden durch neues Vorbringen in thatsächlicher Beziehung sowie durch Angabe neuer Beweismittel ist zuläßig, vergl. Art. 33.

Art. 47. Die eingelegte Berufung hemmt die Vollstreckbarkeit der angefochtenen Entscheidung, vorbehältlich der Bestimmung in §. 53 des Reichsgesetzes über den Unterstützungswohnsitz vom 6. Juni 1870 und unbeschadet des Rechts der Verwaltungsbehörden, die durch das öffentliche Interesse gebotenen vorsorglichen Anordnungen zu treffen.

Art. 48. Nach Einlauf der Berufungsschrift sind die Akten von dem Gericht erster Instanz dem Verwaltungsgerichtshof vorzulegen, beziehungsweise von diesem einzufordern.

Ist die Frist zu Erhebung der Berufung versäumt und ein Gesuch um Wiedereinsetzung in den vorigen Stand nicht eingereicht, so wird die Berufung ohne weitere Verhandlung abgewiesen.

Art. 49. Außer dem Fall des Art. 48 Abs. 2 wird die Berufungsschrift der Gegenpartei mit der Aufforderung zugestellt, die schriftliche Vernehmlassung hierauf binnen der Frist von vier Wochen einzureichen.

Im Falle der Dringlichkeit kann diese Frist abgekürzt werden.

Wenn die Berufungsschrift neue Thatsachen oder Beweismittel enthält, so ist die Androhung des in Art. 28 Abs. 3 bezeichneten Rechtsnachtheils zuläßig.

Auf das Vorbringen neuer Thatsachen und Beweismittel findet der Art. 33 Anwendung. Württemberg.

Art. 50. Der Berufungsbeklagte ist berechtigt, der Berufung insoweit, als durch dieselbe die Rechtskraft des Urtheils gehemmt ist, sich anzuschließen.

Das Recht der Anschließung fällt weg, wenn die Berufung zurückgenommen wird, ehe die Anschließung geltend gemacht wurde, oder wenn die Berufung als unstatthaft oder versäumt verworfen wird, vergl. Art. 45 Abs. 1 und Art. 48 Abs. 2.

Ueber die Anschließungsbeschwerde wird nach Maßgabe des Art. 49 verhandelt.

Art. 51. Wenn in erster Instanz eine mündliche Verhandlung stattgefunden hat und beide Parteien auf die mündliche Verhandlung in zweiter Instanz ausdrücklich verzichtet haben, so kann der Verwaltungsgerichtshof auf Grund der verhandelten Akten erkennen.

Außerdem erfolgt nach dem Schlusse des Schriftenwechsels die Vorladung zur mündlichen Verhandlung.

Auf das weitere Verfahren finden die Vorschriften der Art. 30, 32—42 entsprechende Anwendung.

Für Erkenntnisse des Verwaltungsgerichtshofs, wodurch eine Streitsache zur weiteren Verhandlung in die erste Instanz zurückgewiesen wird, findet kein Sportelansatz statt.

Art. 52. Gegen rechtskräftige Erkenntnisse der Kreisregierungen sowie gegen Erkenntnisse des Verwaltungsgerichtshofs in den im Art. 10 und 11 Ziff. 2 bezeichneten Streitsachen steht das Rechtsmittel der Wiederaufnahmeklage den Parteien und dem Vertreter des öffentlichen Interesses nach Maßgabe der Bestimmungen der bürgerlichen Prozeßordnung zu.

Art. 53. Die Wiederaufnahmeklage ist binnen der Frist von einem Monat von dem Tage an, an welchem die Partei im Stande war, von dem Rechtsmittel Gebrauch zu machen, zu erheben.

Württemberg. Die Versäumung der Frist zieht den Verlust des Rechtsmittels nach sich.

Eine Wiedereinsetzung in den vorigen Stand gegen die Versäumung findet nicht statt.

Nach Ablauf von vier Jahren von dem Tage an, an welchem das Urtheil die Rechtskraft erlangt hat, findet die Wiederaufnahmeklage nicht mehr statt.

Art. 54. Die Wiederaufnahmeklage ist schriftlich bei derjenigen Behörde zu erheben, welche das angefochtene Urtheil erlassen hat.

Durch die Erhebung derselben wird die Vollstreckung des Urtheils nicht gehemmt.

Wenn die Gefahr eines unersetzlichen oder schwer zu ersetzenden Schadens vorhanden ist, kann das Gericht auf Antrag verfügen, daß die Vollstreckung gegen Sicherheitsleistung aufgehoben sein oder die Fortsetzung der Vollstreckung nur gegen Sicherheitsleistung stattfinden solle.

Art. 55. Auf die Verhandlung der Wiederaufnahmeklage finden die Vorschriften über das Verfahren in derjenigen Instanz Anwendung, in welcher dieselbe zu verhandeln ist.

Ist die Wiederaufnahmeklage statthaft und begründet, so wird mit dem Urtheil über dieselbe das Urtheil in der Hauptsache verbunden.

Art. 56. Gegen das Urtheil über die Wiederaufnahmeklage finden dieselben Rechtsmittel statt, wie gegen das Urtheil, gegen welches sie gerichtet war.

4) Vom Vollstreckungsverfahren.

Art. 58. In Beziehung auf die Vollstreckung verwaltungsrichterlicher Urtheile finden die über die Vollstreckung der Urtheile der ordentlichen Gerichte geltenden Vorschriften entsprechende Anwendung.

Die Instanz für Beschwerden gegen Verfügungen

der Kreisregierungen im Vollstreckungsverfahren bildet der Verwaltungsgerichtshof. Württemberg.

Die Ausführung der Vollstreckung kommt in den Fällen der Art. 10 u. 11 Abs. 1 den Bezirksämtern zu, welche in den hiefür geeigneten Fällen die Ortsbehörden hiemit beauftragen können.

Ueber Einwendungen gegen die Art der Vollstreckung entscheidet endgiltig, wenn die Ortsbehörde mit der Vollziehung beauftragt ist, das Bezirksamt, in anderen Fällen die Kreisregierung.

Die Art. 59—71 enthalten besondere Bestimmungen in Ansehung der Rechtsbeschwerden an den Verwaltungsgerichtshof.

6) Aushilfsweise Anwendung der bürgerlichen Prozeßordnung.

Art. 72. Soweit nicht Bestimmungen des gegenwärtigen Gesetzes entgegenstehen, finden auf das Verfahren vor den Verwaltungsgerichten die Vorschriften der jeweils bestehenden bürgerlichen Prozeßordnung, auch soweit sie in gegenwärtigem Gesetz nicht ausdrücklich für anwendbar erklärt sind, entsprechende Anwendung.

4. Baden. § 4. Ausf.Ges. v. 14. März 1872. Baden.

Oeffentlich rechtliche Streitigkeiten über Ersatzansprüche der Armenverbände auf Grund der §§. 4. und 5. des Landesgesetzes vom 5. Mai 1870. über die öffentliche Armenpflege, über Ersatzansprüche dritter Personen und Forderungen der Aerzte und Apotheker (§§. 6. und 7. des Landesgesetzes), über Umlagen für die Armenpflege (§§. 31. und 32. des Landesgesetzes) und über die aus §. 34. des Landesgesetzes entstehenden Rechte und Verbindlichkeiten entscheiden die Verwaltungsgerichte.[1 2]

Das Gleiche gilt von Streitigkeiten zwischen ver-

Baden. schiedenen Ortsarmenverbänden über die öffentliche Unterstützung Hülfsbedürftiger.

Für Streitigkeiten über öffentlichrechtliche Ansprüche an die Kreise als Armenverbände ist der Bezirksrath des Bezirks, in welchem die Verwaltung des Kreises ihren Sitz hat, das im ersten Rechtszug zuständige Verwaltungsgericht.

Bei Streitigkeiten über Ersatzansprüche im Falle des §. 33. des Landesgesetzes entscheidet der Verwaltungsgerichtshof.

Ueber die Hülfsbedürftigkeit, die Art und das Maß der Unterstützung entscheiden die Verwaltungsbehörden.[3]

1. Die §§ 4 bis 7 des Landesgesetzes siehe Anh. A (S. 72 ff.), die §§ 31 bis 34 siehe Anh. B. (S. 126 ff.).

2. § 1 Abs. 3 Ges. v. 5. Okt. 1863, die Organisation der innern Verwaltung betr. (Rg.Bl. S. 399): Die Rechtspflege in bestimmten Streitigkeiten über öffentliches Recht wird in erster Instanz regelmäßig von den Bezirksräthen unter dem Vorsitz der Bezirksbeamten und in der letzten Instanz (s. jedoch am Schlusse der Anm.) von dem Verwaltungsgerichtshof ausgeübt.

Gesetz betr. die Verwaltungsrechtspflege vom 14. Juni 1884 (Ges. u. Ver.Bl. S. 197; in Kraft getreten am 15. Sept. 1884).

§ 1. Der Entscheidung der gesetzlich bestehenden Verwaltungsgerichte, der Bezirksräthe und des Verwaltungsgerichtshofes, unterliegen die in den Gesetzen ihnen zugewiesenen Streitigkeiten über Ansprüche und Verbindlichkeiten aus dem öffentlichen Rechte. Die Entscheidung ergeht unbeschadet aller privatrechtlichen Verhältnisse.

§ 2. Die Verwaltungsgerichte — in erster Instanz der Bezirksrath, in zweiter Instanz der Verwaltungsgerichtshof (s. am Schlusse der Anm.) — entscheiden folgende Streitigkeiten des öffentlichen Rechts:

10. über Streitigkeiten der Armenverbände unter sich oder mit der Staatskasse über öffentliche Unterstützung Hülfsbedürftiger, über Ersatzansprüche der Armenverbände auf Grund des § 5 des Ges. v. 5. Mai 1870, die öffentliche Armenpflege betreffend, über Ansprüche an die Armenverbände auf Ersatzleistungen und auf Gebühren in den Fällen der §§ 6 und 7 des Ges. v. 5 Mai 1870.

Die Klage ist bei dem Vorsitzenden des Bezirksraths schriftlich unter Anschluß von Doppelschriften für jeden Betheiligten oder zu Protokoll anzubringen (§ 17). Der Vorsitzende bestimmt den Termin

zur mündlichen Verhandlung und verfügt die Ladung der Parteien. Baden.
Die Einlassungsfrist beträgt in der Regel einen Monat (§ 18). Innerhalb derselben ist unter Vermittelung des Vorsitzenden mittels schriftlicher Erklärungen die mündliche Verhandlung vorzubereiten durch Angabe der thatsächlichen Behauptungen, Beweismittel, Beweiseinreden und Anträge (§ 19). — Im Uebrigen ist das Verfahren vor dem Bezirksrath in engem Anschlusse an die Vorschriften der Deutschen Civilprozeßordnung geregelt. (Vgl. a. wegen der Zuständigkeit §§ 5, 6, 9, wegen Ausschließung und Ablehnung der Gerichtspersonen § 10, wegen der Vertreter § 12, Prozeßkosten § 13, Zustellung § 14 a. a. O.; und wegen der Zusammensetzung der Bezirksräthe §§ 2—4 des Verw.Org.Ges. v. 5. October 1863 und §§ 2—4 der Vollz.Ver. v. 12. Juli 1864 (Reg.Bl. S. 133.)

§ 32. Gegen Endurtheile des Bezirksraths steht den Parteien und aus Gründen des öffentlichen Interesses dem Vorsitzenden die Berufung an den Verwaltungsgerichtshof zu.

(Vgl. über die Zusammensetzung des Verwaltungsgerichtshofs § 7 und über die Anhörng eines Ministerialbevollmächtigten § 8 a. a. O.)

§ 33. Die Nothfrist zur Einlegung der Berufung beträgt einen Monat. Die Berufungsfrist beginnt für die Parteien mit der Zustellung des Endurtheils (vgl. § 14 Abs. 1 a. a. O.). Innerhalb dieser Frist muß die Berufung schriftlich oder zu Protokoll bei dem Vorsitzenden des Bezirksraths oder schriftlich bei dem Verwaltungsgerichtshof eingelegt werden.

§ 34. Die Berufungsschrift muß enthalten:

1. die Bezeichnung des angefochtenen Urtheils,
2. die Erklärung, daß und inwieweit gegen dieses Urtheil Berufung eingelegt und welche Abänderungen desselben beantragt werden.

Sie soll ferner die Angabe derjenigen neuen Thatsachen und Beweismittel, welche die Partei geltend zumachen beabsichtigt, enthalten.

§ 35. Der Berufungsbeklagte kann sich nach Maßgabe der §§ 482 Abs. 1, 483 der Civilprozeßordnung der Berufung anschließen, selbst wenn die Berufungsfrist verstrichen ist.

§ 36. Nach Einlauf der Berufungsschrift sind die Prozeßakten dem Verwaltungsgerichtshof einzusenden bez. von diesem einzufordern.

Ist die Berufung an sich unstatthaft oder nicht in der gesetzlichen Form oder Frist eingelegt, so ist sie von Amtswegen, in der Regel ohne weitere mündliche Verhandlung, durch den Verwaltungsgerichtshof als unzulässig zu verwerfen.

§ 37 handelt von der Einlegung der Berufung durch den Vorsitzenden des Bezirksraths,

§§ 38, 39 von dem Verfahren vor dem Verwaltungsgerichtshofe

§ 42. Gegen die Entscheidungen des Verwaltungsgerichtshofes steht dem Vertreter des Staatsinteresses die Nichtigkeitsbeschwerde wegen Unzuständigkeit oder Gewaltsüberschreitung zu.

Baden. Die Nichtigkeitsbeschwerde ist binnen einer Nothfrist von zwei Wochen, von der Zustellung des Urtheils (§ 8 schreibt vor, daß alle Endurtheile des Verwaltungsgerichtshofes dem Ministerialbevollmächtigten zu behändigen sind) an gerechnet, bei dem Verwaltungsgerichtshof einzureichen, welcher die Akten dem Vorsitzenden des Kompetenzgerichtshofes übersendet und die Parteien hiervon unter Mittheilung von Abschriften der Nichtigkeitsklage benachrichtigt.

Ueber die Nichtigkeitsbeschwerde entscheidet der Kompetenzgerichtshof unter Beobachtung der §§ 10—13 des Ges. v. 30. Januar 1879 „die Entscheidung von Kompetenzkonflikten betreffend".

§ 43. Gegen rechtskräftige Endurtheile der Verwaltungsgerichte findet die Klage auf Wiederaufnahme des Verfahrens statt.

Auf diese Klage finden die §§ 541—546, 549, 550, 552 der Civilprozeßordnung entsprechende Anwendung.

Zuständig ist ausschließlich der Verwaltungsgerichtshof. Erachtet er die Klage für begründet, so wird unter Aufhebung der angefochtenen Entscheidung die Sache zur weiteren Verhandlung und Entscheidung im ordentlichen Verfahren verwiesen.

Für Armenstreitsachen ist zu berücksichtigen:

a. daß im Falle des § 56 Abs. 2 U.W.G., sofern ein nicht badischer Armenverband betheiligt ist, das Bundesamt die zweite Instanz bildet;

b. daß in interterritorialen Sachen gegen die Entscheidung des Verwaltungsgerichtshofes die Berufung an das Bundesamt stattfindet (§§ 37 Abs. 2, 41 U.W.G.), gegen dessen Entscheidung auch eine Wiederaufnahme des Verfahres nicht stattfindet.

3. Die Verwaltungsbehörden sind für das ganze Land das Ministerium des Innern und der demselben untergeordnete Verwaltungshof; in den Bezirken die Bezirksämter (theils in Verbindung mit den Bezirksräthen) vgl. §§ 1, 6—8, 20, 21 Verw.Org. Ges., §§ 1, 3—15, und über den Rekurs gegen Entscheidungen der Bezirksämter §§ 75—88 Vollz.Ver. v. 12. Juli 1864 (Reg.Bl. S. 133). — Die Entscheidungen nach Abs. 5 erfolgen ohne Mitwirkung der Bezirksräthe und des Verwaltungshofes.

Hessen. 5. Hessen. Ausf. Ges. v. 14. Juli 1871.

Art. 9. Die Vorschriften der §§. 38.,—51. des Reichsgesetzes vom 6. Juni 1870 betreffend das Verfahren in Streitsachen zwischen Armenverbänden, welche verschiedenen Bundesstaaten angehören, finden auch auf diejenigen Streitsachen Anwendung, bei welchen nur Armenverbände des Großherzogthums betheiligt sind.[1]

1. § 52 U.W.G. Damit ist die Zuständigkeit des Bundesamts nach Maßgabe des § 41 U.W.G. begründet. Vgl. auch Art. 15 d. Ges. und Art. 98. 2. g., Art. 111 Abs. 4 und 6, 112 Abs. 3 des Ges., betr. die innere Verwaltung u. s. w., v. 12. Juni 1874. — Das Rechtsmittel wird Rekurs genannt. Hessen.

Art. 10. Die Entscheidung von Streitigkeiten, welche gegen einen Hessischen Armenverband von einem anderen Deutschen Armenverband erhoben werden, steht dem Administrativ-Justizhof[1] zu.

1. jetzt dem Provinzialausschuß der Provinz, welcher der beklagte Armenverband angehört. Art. 98. 2. g. a. a. O. Die Provinzialausschüsse haben ihren Sitz für die Provinz Starkenburg in Darmstadt; für die Provinz Oberhessen in Gießen; für die Provinz Rheinhessen in Mainz.

Art. 11—13 handeln von dem Verfahren; sie stimmen überein mit den §§. 46—48. Pr. A.G.; Art. 12. Abs. 3. gestattet jedoch nur eine einmalige Erstreckung der Fristen für die Gegenerklärung und die Schlußerklärung und auch nur auf längstens 14 Tage. — Im Uebrigen sind für das Verfahren vor dem Provinzialausschuß die §§. 39. 40, und für die Einlegung des Rekurses (Berufung) und die Verhandlung desselben vor dem Bundesamte die §§. 42—51. U.W.G. maßgebend (Art. 110. und 112., Ges., betr. die innere Verw. v. 12. Juni 1874).

Art. 14. Das ganze Verfahren in Streitsachen der Armenverbände ist stempelfrei.

Der unterliegende Theil hat die in dem Verfahren entstandenen baaren Auslagen und Anwaltskosten, namentlich die Gebühren für Zeugen und Sachverständige, zu tragen und dem obsiegenden Theile die durch das Verfahren verursachten nothwendigen Kosten zu ersetzen.

Die zu erstattenden baaren Auslagen, Gebühren und Kosten werden von dem Administrativ-Justizhof[1] endgültig festgesetzt.

1. jetzt dem Provinzialausschuß.

Hessen. **Art. 15.** Soweit die Organisation oder die örtliche Abgrenzung der einzelnen Armenverbände Gegenstand des Streites[1] ist, bewendet es endgültig bei der Entscheidung des Administrativ-Justizhofes.[2]

1. s. a. Art. 2 Abs. 1 d. Ges. in Anh. B. (S. 128) — § 41 U.W.G.
2. Die Entscheidung steht nach Art. 48 II. 4. Ges., betr. die innere Verw. u. s. w., v. 12. Juni 1874 dem Kreisausschusse zu, ist aber nicht endgültig; vielmehr findet Rekurs an den Provinzialausschuß und unter Umständen an den obersten Verwaltungsgerichtshof statt, Art. 67 Abs. 1 a. a. O.

Art. 16 übereinstimmend mit §. 58. Pr. A.G.

Art. 17 übereinstimmend mit §. 59. Abs. 1. Pr. A.G.

Art. 18. Ist ein Armenverband zur Zahlung und Erstattung der ihm endgültig auferlegten Kosten und Gebühren laut Bescheinigung des betreffenden Kreisamts[1] ganz oder theilweise außer Stande (§. 59. des Reichsgesetzes), so muß für deren Erstattung der betreffende Landarmenverband aufkommen.

1. Es beschließt darüber der Kreisausschuß, in zweiter Instanz der Provinzialausschuß (Art. 48 III. 13; Art. 6 Abs. 2 Ges., betr. die innere Verw., v. 12. Juni 1874).

Mecklenburg-Schwerin. **5. Mecklenburg-Schwerin.** Ausf.Ver. v. 20. Februar 1871.

§ 8. Die Vorschriften des §. 38. Abs. 1. und der §§. 39. und 40. des Bundesgesetzes über den Unterstützungswohnsitz vom 6. Juni 1870. sollen auch dann zur Anwendung kommen, wenn es sich um Streitigkeiten zwischen Ortsarmenverbänden, beziehungsweise zwischen einem solchen und dem Landarmenverbande handelt.

§ 9. Wird ein Ortsarmenverband bez. der Landarmenverband des Großherzogthums auf Erstattung der Kosten oder auf Uebernahme eines Hülfsbedürftigen in Anspruch genommen, so normiren die nachstehenden Bestimmungen:

1. Die erste Instanz und die vorgesetzte Behörde

der Armenverbände im Sinne der §§. 14., 27., 34. des Bundesgesetzes über den Unterstützungswohnsitz vom 6. Juni 1870. bildet unter dem Namen: Mecklenburg-Schwerin.

„Großherzogliche Kommission für das Heimathwesen"

eine von Uns für Unsere Lande in der Residenzstadt Schwerin niederzusetzende, unter dem Ministerium des Innern stehende Behörde von drei zum Richteramte qualifizirten Mitgliedern, welche zu diesem Amt besonders zu beeidigen sind und von denen eines vom Großherzog aus drei vom engeren Ausschusse zu präsentirenden Personen zu ernennen ist. Jedoch können dem Großherzogthum angehörige Armenverbände, wenn sie Ansprüche gegen eine Domanialgemeinde erheben wollen, sich nach ihrer Wahl statt an diese Kommission auch an dasjenige Domanialamt wenden, welches der in Anspruch genommenen Domanialgemeinde vorgesetzt ist, sofern dasselbe nicht zugleich den klagenden Armenverband zu vertreten hat, und im Umfange dieser Kompetenz gelten die Domanialämter auch im Sinne der §§. 14. und 27. als vorgesetzte Behörden der Domanialgemeinden.

2. Die zweite Instanz bildet:
   a. wenn beide streitende Theile den hiesigen Landen angehören, das Staatsministerium,
   b. wenn der den Anspruch erhebende Armenverband einem der übrigen Bundesstaaten angehört, das Bundesamt für das Heimathswesen.

Verordnung über das Verfahren in Heimathsachen v. 30. Juni 1871 (Rg.Bl. S. 323).

§ 1. In den vor die Kommission für das Heimath-

Mecklenburg-Schwerin. wesen gehörigen, im Verwaltungswege zu erledigenden (vergl. §. 38. des Bundesgesetzes über den Unterstützungswohnsitz vom 6. Juni 1870). Streitsachen der Armenverbände hat der den Anspruch erhebende Armenverband die betreffende Klage bei der Kommission schriftlich einzureichen.

In der Klageschrift ist der Armenverband, dessen Verurtheilung verlangt wird, und der Gegenstand des erhobenen Anspruchs genau zu bezeichnen; es ist insbesondere ausdrücklich auszusprechen, ob die Uebernahme des betreffenden Hülfsbedürftigen oder welche sonstige Leistung verlangt wird.

§§ 2—3 gleichlautend mit §§ 47, 48 Pr. A.G.

§ 4. Die Kommission hat die Sache für die von ihr zu treffende Entscheidung, soweit erforderlich, weiter zu instruiren und zu solchem Zwecke nach ihrem Ermessen weitere Erklärungen von den Parteien zu erfordern und alle diejenigen Ermittelungen vorzunehmenr esp. vornehmen zu lassen, welche für die Beurtheilung der Sache wesentlich erscheinen.

Abs. 2 und 3 übereinstimmend mit § 49 Pr. A.G. Der Rekurs (Abs. 3) geht an die für die Hauptsache zuständige Rekursbehörde.

§ 5. Die Kommission kann die Beweiserhebung durch eines ihrer Mitglieder oder durch eine andere Behörde bewirken lassen.

Abs. 2 gleichlautend mit § 51 Pr. A.G.

§ 6. Die Kommission kann, insofern sie es nach Lage des einzelnen Falles für erforderlich erachtet, vor Abgabe der Entscheidung einen Termin zur schließlichen Verhandlung anberaumen. Bei dieser terminlichen Verhandlung ist es den Parteien gestattet, einen Beistand zuzuziehen oder sich auf Grund einer schriftlichen Vollmacht vetrreten zu lassen.

Die Ladung zu den Terminen erfolgt unter der

Verwarnung, daß im Falle des Ausbleibens nach Lage der Akten werde entschieden werden. Mecklenburg-Schwerin.

Auf Berücksichtigung der in dem Termine etwa vorgebrachten neuen Thatsachen oder Beweismittel haben die Parteien nur in sofern Anspruch, als ihnen bei dem verspäteten Vorbringen eine schuldbare Verzögerung nicht zur Last fällt.

§ 7. Nach Beendigung des Instruktionsverfahrens wird, wenn eine Bescheidung in der Sache nöthig wird, und die Sache nicht etwa aus besonderen Gründen beruhen zu lassen ist, die zu gebende Entscheidung in Form eines schriftlichen mit Gründen versehenen Bescheides erlassen.

Die Kommission hat nach ihrer freien, aus dem ganzen Inbegriffe der Verhandlungen und Beweise geschöpften Ueberzeugung zu beschließen. Die Entscheidung kann auf Abweisung des klagenden oder auf Verurtheilung des in Anspruch genommenen Armenverbandes gerichtet sein. Letzteren Falles ist in der Entscheidung ausdrücklich auszusprechen, ob der Armenverband zur Uebernahme des betreffenden Hülfsbedürftigen oder nur zu einer sonstigen Leistung verpflichtet sein soll.

§ 8. Das Verfahren ist stempelfrei. An Kosten wird für das Verfahren außer den baaren Auslagen statt der Gebühren ein Pauschquantum erhoben, welches im Höchstbetrage zwanzig Thaler nicht übersteigen darf und welches gleich den der Kommission erwachsenen baaren Auslagen, insofern letztere nicht unmittelbar durch Anträge der einen oder der anderen Partei veranlaßt sind, vorläufig als von jeder Partei zur Hälfte geschuldet angesehen wird.

Rücksichtlich der Verpflichtung zur Erstattung der Kosten sind die Bestimmungen des geltenden bürgerlichen Prozeßrechtes analog anzuwenden, jedoch mit der Beschränkung, daß von den durch die Zuziehung eines Sachwalters dem obsiegenden Theile erwachsenen Kosten

Mecklenburg-Schwerin. dem unterliegenden Theile nur die Gebühren zur Last zu legen sind, welche der obsiegende Theil im Falle einer vor der Kommission stattgehabten terminlichen Schlußverhandlung seinem Sachwalt für das Beziehen des Termins zu entrichten hat.

Das Pauschquantum sowie sämmtliche zu erstattende Auslagen und Gebühren der Bevollmächtigten werden von der Kommission endgültig festgestellt.

§ 9. Gegen die Entscheidung der Kommission für für das Heimathwesen findet, wenn beide streitende Theile den hiesigen Landen angehören, die Berufung an das Staatsministerium statt (vergl. 9. Nr. 2. der Ausführungsverordnung zum Bundesgesetze über den Unterstützungswohnsitz vom 20. Februar 1871.).

Abs. 2—6 ordnen das Verfahren übereinstimmend mit den §§ 46—49 U.W.G.

Die Entscheidung des Staatsministeriums erfolgt stempel- und gebührenfrei. Dieselbe wird schriftlich, mit Gründen versehen, den Parteien durch Vermittelung der Kommission für das Heimathwesen zugefertigt.

Die unterliegende Partei ist verpflichtet, der Gegenpartei die ihr in der Berufsinstanz entstandenen baaren Auslagen zu erstatten.

Für die Berufung an das Bundesamt für das Heimathwesen (vergl. §. 9. Nr. 2. b. der Ausführungsverordnung v. 20. Februar 1871.) normiren die Bestimmungen in §. 46. flgd. des Bundesgesetzes über den Unterstützungswohnsitz v. 6. Juni 1870.

§ 10. In denjenigen Fällen, wo dem Großherzogthum angehörige Armenverbände, welche Ansprüche gegen eine Domanialgemeinde erheben wollen, von der ihnen (nach §. 9. Nr. 1. der Ausführungsverordnung v. 20. Februar 1871. zum Bundesgesetz über den Unterstützungswohnsitz) zustehenden Befugniß Gebrauch machen und sich statt an die Kommission für das Heimathwesen an dasjenige Domanialamt wenden, welches der in Anspruch genommenen Domanialgemeinde vorgesetzt ist, kommen die Vorschriften der vorstehenden §§. 1. bis 9. mit folgenden Modalitäten zur Anwendung: Mecklenburg-Schwerin.

1. Es genügt, wenn die Domanialgemeinden ihre Vorträge resp. Erklärungen, statt dieselben schriftlich einzureichen, durch den Gemeindevorstand bei dem betreffenden Domanialamte mündlich zur Registratur geben und dabei die als Beweismittel in Bezug genommenen Urkunden im Original oder in Abschrift überreichen.

   Die Registratur, sowie die etwaigen Anlagen werden dann der Gegenpartei, resp. unter dem betreffenden Präjudize abschriftlich zugefertigt.
2. Die Entscheidung des Amtes erfolgt stempel- und gebührenfrei.
3. Die gegen die Entscheidung des Domanialamtes stattfindende Berufung an die Landesregierung ist binnen vierzehn Tagen (vergl. oben §. 9.) bei dem Domanialamte, gegen dessen Entscheidung sie gerichtet ist, anzumelden.

§ 11. Die direkten Verhandlungen zwischen verschiedenen Armenverbänden in Heimathsachen, sowie die nach Maßgabe der §§. 14., 27. und 34. des Bundesgesetzes über den Unterstützungswohnsitz erfolgenden Anträge und Anmeldungen sind stempel- und gebührenfrei.

7. Sachsen-Weimar. Ausf.Ges. v. 23. Februar 1872. Sachsen-Weimar.

§ 9. Bei Streitigkeiten zwischen verschiedenen Armenverbänden des Großherzogthums über die öffentliche Unterstützung Hülfsbedürftiger finden die Vorschriften in den §§. 38. bis 51., 56. Abs. 2. des Bundesgesetzes mit den in den nachfolgenden §§. des gegenwärtigen Gesetzes enthaltenen Erläuterungen gleichfalls Anwendung.

§ 10. Zur Erörterung und Entscheidung der zwischen verschiedenen Armenverbänden entstehenden Streitig-

Sachsen-Weimar. keiten ist in erster Instanz der Bezirksausschuß desjenigen Verwaltungsbezirks zuständig, welcher dem in Anspruch genommenen Armenverbande vorgesetzt ist und, wenn die auf Grundstücksbezirken begründeten Orts-Armenverbände, oder der Landarmenverband in Anspruch genommen werden, derjenige Bezirksausschuß, in dessen Bezirke die zur Vertretung derselben berufenen Behörden (§. 2., 3.) ihren Sitz haben.

Gegen die erstinstanzliche Entscheidung ist, soweit die Organisation oder örtliche Abgrenzung der einzelnen Armenverbände Gegenstand des Streites ist, Berufung an das Staatsministerium, Departement des Innern, in allen übrigen Fällen, auch in den §. 56. alin. 2. des Bundesgesetzes über den Unterstützungswohnsitz v. 6. Juni 1870. gedachten, nur Berufung an das Bundesamt für das Heimathwesen zulässig; dieselbe muß jedoch bei Vermeidung des Ausschlusses binnen vierzehntägiger Frist, von der Eröffnung der angefochtenen Entschädigung an gerechnet,[1] bei derjenigen Behörde, gegen deren Entscheidung sie gerichtet ist, schriftlich angemeldet werden. Streitigkeiten blos über die Höhe der in §. 6. alin. 2. und §. 8. dieses Gesetzes[2] gedachten Entschädigung werden durch die Bezirksausschüsse endgültig entschieden.

1. § 11 Nr. I Abs. 2.
2. Anhang B. S. 136.

§ 11. Für das Verfahren sind die nachfolgenden Vorschriften maßgebend:

I. Der Bezirksdirektor als Vorsitzender des Bezirksausschusses bereitet die Entscheidung selbstständig unter Benutzung aller zulässigen Beweismittel und mit geeigneter Berücksichtigung der Anträge der Parteien vor. Nach dem Schlusse der Instruktion macht er die Parteien mit dem Stande der Sache bekannt und fordert sie auf, etwaige Anträge auf Vervollständigung binnen einer ausschließlichen achttägigen Frist zu stellen.

Die Entscheidung des Bezirksausschusses erfolgt in

öffentlicher Sitzung nach Vortrag des Referenten und Anhörung der vorgeladenen Parteien, jedoch auch in Abwesenheit der letzteren, wenn dieselben der geschehenen Ladung ungeachtet nicht erschienen sind. Dieselbe ist schriftlich, mit Gründen versehen, den Betheiligten in Kraft der Eröffnung zu behändigen. Sachsen-Weimar.

II. Wird Berufung gegen die Entscheidung des Bezirksausschusses eingewendet, so kann die Angabe der Beschwerden, sowie die Rechtfertigung der Berufung entweder zugleich mit der Anmeldung der letzteren oder innerhalb vier Wochen nach diesem Termine bei derselben Behörde eingereicht werden.

Von sämmtlichen Schriftsätzen, sowie von den etwaigen Anlagen derselben sind Duplikate beizufügen.

Die eingegangenen Duplikate werden von der Behörde, welche in erster Instanz gesprochen hat, der Gegenpartei zur schriftlichen, binnen vier Wochen nach der Behändigung in zwei Exemplaren einzureichenden Gegenerklärung zugefertigt.

Nach Ablauf dieser Frist legt die Behörde die sämmtlichen Verhandlungen nebst ihren Akten der zur zweitinstanzlichen Entscheidung anzurufenden Behörde vor.

Erachtet die letztere vor Fällung einer Entscheidung noch eine Aufklärung über das Sach- und Rechtsverhältniß für nöthig, so darf eine solche angeordnet werden.

Die Entscheidung wird schriftlich mit Gründen versehen der Behörde erster Instanz zur Eröffnung an die Parteien zugefertigt.

8. Mecklenburg-Strelitz.

Mecklenburg-Strelitz.

§ 8 der Ausf.Ver. für Strelitz und Ratzeburg ist gleichlautend mit § 8 der Ausf.Ver. für Meckl.-Schwerin. Der §. 9. stimmt ebenfalls im Wesentlichen überein mit § 9 der betr. Meckl.-Schwerinschen Ver. Der Eingang desselben lautet für Stre-

Mecklenburg-Strelitz. litz nach der deklaratorischen Ver. v. 31. Okt. 1874 (Off. Anz. S. 116): Wird ein Ortsarmenverband beziehungsweise der Landarmenverband des Stargard'schen Kreises auf Erstattung u. s. w. An Stelle des Ministeriums des Innern bez. des Staatsministeriums tritt in Strelitz und Ratzeburg die Landesregierung. Die Kommission für das Heimathwesen hat für beide Landestheile ihren Sitz in Neu-Strelitz; sie wird aus drei Mitgliedern zusammengesetzt, „welche zu diesem Amte besonders zu beeidigen sind und von denen eines zu den Mitgliedern Unserer Justiz-Kanzlei gehören, ein zweites Rechtsgelehrter sein und ein drittes Unserer freien Bestimmung vorbehalten bleiben soll."

Die Verordnungen betr. das Verfahren in Heimathsachen für Strelitz v. 4. Juli 1871 (Off. Anz. S. 215); für Ratzeburg v. 4. Juli 1871 (Off. Anz. S. 169) entsprechen überall der Ver. v. 30. Juni 1871 für Mecklenburg-Schwerin mit den sich aus §§. 8. und 9. der Ausf.Ver. ergebenden Modifikationen. — Auch ist überall nur Gebührenfreiheit des Verfahrens bez. der Entscheidung, nicht zugleich Stempelfreiheit gewährt.

Oldenburg. 9. **Oldenburg**. Gesetz betr. das Verfahren in Streitigkeiten über den Unterstützungswohnsitz, v. 28. Januar 1882.

Art. 1. Die Verhandlung und Entscheidung in den nach §§. 37 und 38 des Reichsgesetzes vom 6. Juni 1870 über den Unterstützungswohnsitz im Verwaltungswege zu erledigenden Streitigkeiten, welche gegen einen Oldenburgischen Armenverband von einem andern Oldenburgischen oder von einem sonstigen Deutschen Armenverband erhoben werden, erfolgt:

1. im Herzogthum Oldenburg durch eine als be-

sondere Abtheilung des Staatsministeriums, Departement des Innern, unter dem Namen Oldenburg.

„Großherzogliche Kommission für das Heimathwesen"

niederzusetzende, aus den vortragenden Räthen und den zum höheren Verwaltungsdienst befähigten Hülfsarbeitern des Staatsministeriums zu bildende kollegialische Behörde, welche mit Einschluß des vom Staatsministerium zu ernennenden Vorsitzenden aus 5 Mitgliedern besteht und bei Anwesenheit von 3 Mitgliedern beschlußfähig ist;

2. in den Fürstenthümern Lübeck und Birkenfeld:
   a) wenn der Anspruch gegen einen Ortsarmenverband gerichtet ist, durch die Regierung zu Eutin, beziehungsweise Birkenfeld,
   b) wenn die betreffende Regierung als Vertreterin des Landarmenverbandes bei der Sache betheiligt ist, durch die Kommission für das Heimathwesen zu Oldenburg.

Nehmen an der Erledigung einer Sache in der Kommission für das Heimathwesen vier Mitglieder derselben Theil, so führt das zuletzt ernannte Mitglied und bei gleichem Dienstalter das der Geburt nach jüngere nur eine berathende Stimme.

Art. 2. Die Klage ist bei der nach Artikel 1 zuständigen Spruchbehörde schriftlich einzureichen.

Dieselbe soll enthalten:

1. die Bezeichnung der Parteien und ihrer gesetzlichen Vertreter, sowie des Streitgegenstandes;
2. einen bestimmten Antrag;
3. die Angabe der den Antrag begründenden Thatsachen;
4. die Bezeichnung der Beweismittel für den Nachweis der thatsächlichen Behauptungen.

Art. 3 und 4 übereinstimmend mit §§ 47, 48 Pr.

Oldenburg. A.G. Es kann geeigneten Falls auch eine Duplik des Bekl. erfordert werden.

Art. 5 übereinstimmend mit § 49 des Pr. A.G. — Die Erhebungen können geeignetenfalls vor Anberaumung der öffentlichen Sitzung (Art. 10) veranlaßt werden. — Die Beschwerde gegen die Festsetzung der Ordnungsstrafen geht an das Staatsministerium.

Art. 6 übereinstimmend mit §§ 50, 51 des Pr. A.G. Die Beweisverhandlungen sind in amtlich glaubhafter Form aufzunehmen.

Art. 7. Die Parteien sind in der Wahl der von ihnen zu bestellenden Bevollmächtigten nicht beschränkt.

Die Spruchbehörde kann jedoch Vertreter, welche, ohne Rechtsanwälte zu sein, die Vertretung gewerbsmäßig betreiben, zurückweisen.

Art. 8. Alle Fristen sind Ausschlußfristen. Für die Berechnung derselben sind die Vorschriften des bürgerlichen Prozeßrechts maßgebend.

Die Zustellung der Entscheidungen, Bescheide und Verfügungen erfolgt mittelst Requisitionen der betreffenden Behörde (Aemter, Stadtmagistrate, Bürgermeister) durch die für Zustellungen in Verwaltungssachen zuständigen Unterbedienten oder durch die Post.

Art. 9. Eine Wiedereinsetzung in den vorigen Stand ist auf Antrag Demjenigen zu ertheilen, welcher durch Naturereignisse oder andere unabwendbare Zufälle verhindert worden ist, die vorgeschriebenen Fristen innezuhalten.

Ueber den Antrag entscheidet die Spruchbehörde endgültig.

Die versäumte Streithandlung ist unter Anführung der Thatsachen, mittelst deren der Antrag auf Wiedereinsetzung begründet werden soll, sowie der Beweismittel innerhalb 2 Wochen nachzuholen; der Lauf der Frist beginnt mit dem Ablauf des Tages, mit welchem das Hinderniß gehoben ist.

Die durch die Erörterung des Antrages auf Wiedereinsetzung entstehenden Kosten fallen dem Antragsteller zur Last, soweit sie nicht durch einen unbegründeten Widerspruch des Gegners entstanden sind. Oldenburg.

Art. 10. Die Entscheidung erfolgt in öffentlicher Sitzung nach gehörig geschehener Ladung der Parteien oder ihrer mit Vollmacht versehenen Vertreter. Die Ladung erfolgt unter der Verwarnung, daß beim Ausbleiben der Parteien nach Lage der Akten entschieden werden würde.

Zur Aufklärung des Sachverhältnisses kann das persönliche Erscheinen einer Partei angeordnet werden.

Die Entscheidung kann ohne vorgängige Anberaumung einer öffentlichen Sitzung erlassen werden, wenn beide Theile auf eine solche ausdrücklich verzichtet haben.

Art. 11 übereinstimmend mit § 71 des Preußischen Gesetzes, betr. die Allgemeine Landesverwaltung, Abs. 1—3 (s. oben unter 1 a S. 203).

Art. 12 übereinstimmend mit § 79 desselben Gesetzes. Satz 3 der letzteren fehlt (s. oben unter 1 a S. 206).

Art. 13 übereinstimmend mit dem Schlußsatz des des § 52 Pr. A.G.

Art. 14 übereinstimmend mit § 55 Pr. A.G. Die Unterzeichnung erfolgt durch den Vorsitzenden und den Protokollführer.

Art. 15. Für die Berechnung der Kosten des Verfahrens kommen die gesetzlichen Vorschriften, betreffend die Gebühren in Verwaltungssachen, zur Anwendung:

im Herzogthum Oldenburg des Gesetzes vom 15. März 1870,

im Fürstenthum Lübeck des Gesetzes vom 28. Dezember 1872,

im Fürstenthum Birkenfeld des Gesetzes vom 2. Januar 1873.

Rücksichtlich der Verpflichtung zur Erstattung der-

Oldenburg. selben, sowie der der Gegenpartei entstandenen baaren Auslagen mit Einschluß der Gebühren für Zeugen und Sachverständige und für ihren am Sitze der Spruchbehörde wohnenden Bevollmächtigten für Wahrnehmung der öffentlichen Sitzung sind die Bestimmungen des bürgerlichen Prozeßrechts analog zur Anwendung zu bringen.

Die zu erstattenden Gebühren, baaren Auslagen und Kosten werden ihrem Betrage nach endgültig von der Spruchbehörde festgesetzt.

Art. 16. Die Vollstreckung der Entscheidungen erfolgt im Wege des Verwaltungszwangsverfahrens.

Art. 17. Soweit die Organisation oder die örtliche Abgrenzung der einzelnen Armenverbände Gegenstand des Streites ist, bewendet es, vorbehältlich der innerhalb zwei Wochen nach Zustellung des Bescheides zulässigen Beschwerde an das Staatsministerium, bei der Entscheidungder Spruchbehörde (Art. 1).

Im Uebrigen findet gegen deren Entscheidungen, sowie gegen die im Artikel 56 des Reichsgesetzes vom 6. Juni 1870 erwähnten Anordnungen, mit Ausschluß aller sonstigen Rechtsmittel, die Berufung an das Bundesamt für das Heimathwesen statt.

Die Vorschriften des Artikels 97 §. 3 der revidirten Gemeindeordnung für das Herzogthum Oldenburg vom 15. April 1873, des Artikels 113 §. 3 der revidirten Gemeindeordnung für das Fürstenthum Lübeck vom 30. März 1876 und des Artikels 108 der revidirten Gemeindeordnung für das Fürstenthum Birkenfeld vom 28. März 1876, soweit sie die Frist für die Einbringung von Beschwerden befassen, finden bei Beschwerden (Klaganträgen) gegen ablehnende Beschlüsse oder Verfügungen der Armenverbände in dem nach dem Reichsgesetze vom 6. Juni 1870 über den Unterstützungswohnsitz sich regelnden Armenangelegenheiten keine Anwendung.

Art. 18 übereinstimmend mit §. 58. Pr. A.G.

10. Braunschweig. Ausf.Ges. v. 5. Juni 1871. Braunschweig.

§ 11. Lehnt ein Braunschweigischer Armenverband den gegen ihn von einem andern Armenverbande erhobenen Anspruch auf Erstattung von Unterstützungskosten oder auf Uebernahme eines Hülfsbedürftigen ab, so wird über einen solchen Anspruch auf dahin gerichtete Klage von der Deputation für Heimathwesen entschieden.

§ 12. Die Deputation für Heimathsachen hat in der Stadt Braunschweig ihren Sitz und besteht

1. aus dem Kreisdirektor des Kreises Braunschweig,
2. aus einem durch Herzogl. Landesregierung aus der Zahl der angestellten Richter zu ernennenden Beamten,
3. aus drei Beisitzern, welche auf den Zeitraum von drei Jahren durch den Ausschuß der Landesversammlung aus den Bewohnern des Herzogthums gewählt werden.

Für eintretende Behinderungsfälle wird für jedes Mitglied unter 1. und 2. von Herzoglicher Landesregierung ein bestimmter Stellvertreter ernannt und für die Mitglieder unter 3. fungirt als Stellvertreter ein anderes im Voraus von dem Ausschusse der Landesversammlung in gleicher Weise zu erwählendes Mitglied.

In der Deputation führt der Kreisdirektor den Vorsitz und besorgt die gesammte Geschäftsleitung. Bei den Beschlüssen entscheidet Stimmenmehrheit.

§ 13. Die gewählten Mitglieder werden vom Vorsitzenden durch Handschlag an Eidesstatt auf ihr Amt verpflichtet.

Zur Beschlußfähigkeit der Deputation für Heimathsachen genügt die Anwesenheit von nur 3 Mitgliedern einschließlich der beiden Beamten.

Die Zuziehung der erwählten Beisitzer hat der Reihe nach zu erfolgen; dem Ermessen des Vorsitzenden bleibt

Braunschweig. vorbehalten, in wichtigeren Fällen sämmtliche Beisitzer zur Sitzung einzuberufen.

Sind in einer Sitzung 4 Mitglieder anwesend, so nimmt das dem Lebensalter nach jüngste der erwählten Mitglieder an der Abstimmung keinen Antheil.

Der Schlußsatz wie § 43 Abs. 2 Pr. A.G.[1]

1. Verordnung, betr. den Geschäftsgang bei der Deputation für Heimathsachen, v. 13. März 1879 (Ges. u. Ver.Samml. S. 45).

§ 14. Das Amt der Beisitzer darf nicht abgelehnt werden.

Dieselben erhalten für die Theilnahme an den Geschäften Diäten und Reisekosten in gleichem Betrage wie die Mitglieder der Landesversammlung.

§ 15 Abs. 1 übereinstimmend mit § 46 Pr. A.G.; Abs. 2: Ist der Landarmenverband einer der streitenden Theile, so wird derselbe durch das Herzogliche Finanzkollegium vertreten.

§ 16 übereinstimmend mit § 47 Pr. A.G.

§ 17 übereinstimmend mit § 48 Pr. A.G. Es ist außerdem eine Vollmacht für einen in Braunschweig wohnhaften Empfangsbevollmächtigten beizufügen.

§ 18. Die Deputation oder der Vorsitzende derselben soll zu jeder Lage des Verfahrens auf Antrag einer der Parteien, oder, wenn ein solcher Antrag nicht gestellt ist, nach Befinden der Umstände von Amtswegen die gütliche Ausgleichung des Streits versuchen. Zu dem Ende kann auch ein Mitglied der Deputation mit dem Sühneversuche beauftragt oder auch eine der Herzogl. Kreisdirektionen requirirt werden.

§ 19 übereinstimmend mit § 49 Pr. A.G. Der Rekurs gegen Festsetzung von Ordnungsstrafen geht an das Staatsministerium.

§ 20 übereinstimmend mit § 50 Pr. A.G.

§ 21. Die Beweiserhebungen sind in amtlich glaubhafter Form und unter Beiladung der Parteien vorzunehmen. Braunschweig.

§§ 22—25 übereinstimmend mit §§ 52—55 Pr. A.G.

§ 26. Die Entscheidung erfolgt gebühren- und stempelfrei.

Dem unterliegenden Theile sind die in baaren Auslagen bestehenden Kosten des Verfahrens mit Einschluß der der Gegenpartei entstandenen baaren Auslagen und mit Einschluß der Gebühren, welche dieselbe ihrem am Sitze der Deputation wohnhaften Bevollmächtigten für Wahrnehmung der öffentlichen Sitzungen der Deputation zu entrichten hat, zur Last zu legen.

Die zu erstattenden Kosten und Gebühren werden von der Deputation endgültig festgesetzt.

§ 27 übereinstimmend mit § 57 Pr. A.G., mit dem Zusatze: „Dies gilt namentlich auch für die in Gemäßheit des §. 56. des Bundesgesetzes vom 6. Juni 1870.) getroffenen Anordnungen der Deputation."

Die Vorinstruktion des Rechtsmittels (§§. 47. und 48. des Bundesgesetzes vom 6. Juni 1870) besorgt der Vorsitzende.

§ 28 übereinstimmend mit § 58 Pr. A.G.

§ 29. Alle Hülfsvollstreckungen werden auf Beschluß der Deputation von dem Vorsitzenden derselben durch das Hülfspersonal resp. durch Requisition der betreffenden Kreisdirektion bewirkt.

11. Sachsen-Meiningen. Ausf.Ges. v. 24. Febr. 1872. Sachsen-Meiningen.

Art. 14. Zur Entscheidung von Streitigkeiten zwischen Armenverbänden ist in erster Instanz

a. wenn ein Ortsarmenverband in Anspruch genommen wird, der Kreisvorstand unter Zuziehung zweier Beisitzer, bez. deren Stellvertreter, welche der Kreisausschuß auf die Dauer je eines Kalenderjahres wählt,

Sachsen-Meiningen.

b. wenn ein Landarmenverband in Anspruch genommen wird, das Herzogliche Staatsministerium, Abtheilung des Innern, zuständig. An der Entscheidung nehmen Theil der Abtheilungsvorstand und zwei vortragende Räthe des Staatsministeriums.

Art. 15—19 übereinstimmend mit §§ 46—51 Pr. A.G.

Der Rekurs wegen Ungehorsamsstrafen (§ 49 a. a. O.) geht an die vorgesetzte Landesbehörde (Art. 18).

Art. 20 übereinstimmend mit Satz 1 u. 2 des § 52 Pr. A.G.

Art. 21, 22 übereinstimmend mit § 54 Pr. A.G. — Die Entscheidung erfolgt durch schriftlichen, mit Gründen versehenen Beschluß.

Art. 23 übereinstimmend mit § 55 Pr. A.G.

Art. 24 übereinstimmend mit § 56 Abs. 1 Pr. A.G. Statt „das Pauschquantum" heißt es im zweiten Satze: „die Kosten".

Art. 25 übereinstimmend mit § 58 Pr. A.G. Statt „des Bundesamts" heißt es „der höheren Instanz".

Art. 26 übereinstimmend mit § 59 Abs. 2 Pr. A.G.

Art. 27. Gegen die Entscheidung des Kreisvorstandes ist der Rekurs an das Herzogliche Staatsministerium, Abtheilung des Innern, gegen die Entscheidung des Herzoglichen Staatsministeriums, Abtheilung des Innern (Art. 12, 14b), ist, wenn beide Streittheile dem Herzogthum angehören, oder wenn die Organisation oder die örtliche Abgrenzung der einzelnen Armenverbände Gegenstand des Streites ist, der Rekurs an das Herzogliche Staatsministerium, außerdem der Rekurs an das Bundesamt für das Heimathwesen zulässig. Der Rekurs ist binnen 14 Tagen Ausschlußfrist einzureichen.

Art. 31. Zur Vollstreckung der Entscheidungen in Armensachen können von dem Herzoglichen Staatsministerium, Abtheilung des Innern, und von den Kreisvorständen die Art. 12 des Ges. vom 22. Dezember 1869 vorgesehenen Zwangsmittel und die Pfändung von Fahrhabe angewendet, auch die Gerichte requirirt werden. Sachsen-Meiningen.

12. **Sachsen-Altenburg.** Ausf. Ver. v. 3. Juni 1871. Sachsen-Altenburg.

§ 8. Streitigkeiten zwischen verschiedenen Armenverbänden über die öffentliche Unterstützung Hülfsbedürftiger sind im Verwaltungswege zu entscheiden.

Lehnt ein Altenburgischer Armenverband den gegen ihn, sei es von einem Altenburgischen oder einem andern Deutschen Armenverband erhobenen Anspruch auf Erstattung der Kosten oder auf Uebernahme eines Hülfsbedürftigen ab, so wird auf Antrag desjenigen Armenverbandes, welcher die öffentliche Unterstützung vorläufig gewährt hat, über den erhobenen Anspruch von der Kreishauptmannschaft desjenigen Kreises entschieden, zu welchem der in Anspruch genommene Armenverband gehört.

§ 9. Das Verfahren in solchen Streitigkeiten vor den Herzoglichen Kreishauptmannschaften richtet sich bis auf Weiteres nach den Vorschriften des Gesetzes über den unbestimmt summarischen Prozeß 2c. vom 7. April 1823. unter Berücksichtigung der durch die Prozeßnovelle vom 14. Oktober 1852. gegebenen Abänderungen dieses Gesetzes, insoweit nicht das Bundesgesetz selbst (§. 40.) oder diese Ausführungsverordnung besondere Vorschriften enthält.

Abs. 2 übereinstimmend mit § 46 Pr. A.G.

Abs. 3 übereinstimmend mit dem Schlußsatz des § 52 Pr. A.G.

§ 10. Soweit die Organisation oder örtliche Abgrenzung der einzelnen Armenverbände Gegenstand des Streites ist, erfolgt die erste und letzte Entscheidung durch das Herzogl. Ministerium, Abtheilung des Innern.

Sachsen-Altenburg. § 11. Gegen die nach §§. 8. und 9. gefällten Entscheidungen der Herzogl. Kreishauptmannschaften findet, unter Ausschluß aller sonstigen Rechtsmittel, nach Maßgabe der Bestimmung im §. 46. ff. des Bundesgesetzes über den Unterstützungswohnsitz die Berufung an das Bundesamt für das Heimathwesen statt.

§ 12 übereinstimmend mit § 59 Abs. 1 Pr. A.G.

§ 13. Kommt es in Streitigkeiten zwischen Armenverbänden zur Vollstreckung der Exekution (§. 53. ff. des Bundesgesetzes), so ist die Gerichtsbehörde, unter deren Jurisdiktion der verpflichtete Armenverband sich befindet, gehalten, der Kreishauptmannschaft das Erforderliche an Dienerpersonal und an etwa nöthigen Räumlichkeiten zur Verfügung zu stellen.

Die Kreishauptmannschaft ist jedoch berechtigt, zur Vornahme wirklicher Hülfsvollstreckungsakte die zuständige Gerichtsbehörde zu requiriren.

Sachsen-Coburg-Gotha. 13. **Sachsen-Coburg-Gotha.** Ausf.Ges. v. 31. Mai 1871.

§ 15. Zur Entscheidung von Streitigkeiten, welche gegen einen Armenverband der Herzogthümer Coburg und Gotha von einem andern Coburg-Gothaischen oder sonstigen Deutschen Armenverbande erhoben werden, wird für jedes der beiden Herzogthümer eine Behörde eingesetzt, welche den Namen „Deputation für das Heimathwesen" führt, und für das Herzogthum Coburg in Coburg und für das Herzogthum Gotha in Gotha ihren Sitz hat.

§ 16 übereinstimmend mit § 41 Abs. 1, 4 und 5 Pr. A.G.

Den richterlichen und den Verwaltungsbeamten ernennt der Herzog, und die übrigen drei Mitglieder, welche Angehörige der Herzogthümer Coburg und Gotha sein müssen, werden vom Landtage des betreffenden Herzogthums auf die Dauer von 4 Jahren gewählt. Sachsen-Coburg-Gotha.

Den Vorsitzenden und dessen Stellvertreter ernennt der Herzog aus der Zahl der Mitglieder. Der Vorsitzende wird vom Staatsministerium verpflichtet, die übrigen Mitglieder verpflichtet der Vorsitzende. Die Verpflichtung geschieht durch Handschlag an Eidesstatt. Das erforderliche Hülfspersonal und Geschäftslokal wird der Deputation durch das Staatsministerium zur Verfügung gestellt.

§ 17 gleichlautend mit §. 42. Pr. A.G.

§ 18 Abs. 1 gleichlautend mit Satz 1; Abs. 2. übereinstimmend mit Abs. 2. des §. 43. Pr. A.G. (Vgl. Regulativ f. Coburg v. 9. November 1872. (G.S. Nr. 768); für Gotha v. 5. Oktober 1872. (G.S. Nr. 27.).

§ 19. Die gewählten Mitglieder erhalten eine entsprechende Vergütung, welche vom Staatsministerium festzustellen und wie der obige Aufwand der Deputation aus der Staatskasse zu bestreiten ist.

§§ 20—24 übereinstimmend mit §§. 45—49. Pr. A.G. §. 24. hat den Zusatz: Die Vollstreckung anerkannter Strafen erfolgt auf Requisition der Deputation durch den zuständigen Einzelrichter.

§§ 25—30 übereinstimmend mit §§. 50—55. Pr. A.G.

§ 31 übereinstimmend mit Abs. 2 und 3 des §. 56. Pr. A.G.

§§ 32—34 übereinstimmend mit §§. 57—59. Pr. A.G. Nach § 34 Abs. 2. erfolgt die Erstattung der Auslagen und Gebühren aus der betreffenden Staatskasse.

§ 35. „Ist von einem Ortsarmenverband eines der Herzogthümer gegen einen andern Ortsarmenverband desselben Herzogthums, welcher nicht aus einer der Städte Coburg, Rodach, Neustadt, Königsberg, Gotha, Ohrdruf, Waltershausen gebildet ist, ein Streit

Sachsen-Coburg-Gotha. zu führen, so hat der den Anspruch erhebende Ortsarmenverband, ehe er den Streit bei der Deputation anhängig macht, sich an die landräthliche Behörde des Bezirks, welchem der in Anspruch zu nehmende Ortsarmenverband angehört, zuvörderst wegen Veranstaltung eines Sühneversuchs zu wenden.

Die landräthliche Behörde hat die Ausgleichung des Streites in geeigneter Weise zu versuchen und ist berechtigt, zu diesem Behufe die Betheiligten zur mündlichen Verhandlung vorzuladen, über die Sache zur Feststellung der Streitpunkte zu vernehmen und nach ihrem Ermessen Vorschläge zu machen. Findet eine Einigung statt, so ist dieselbe urkundlich festzustellen und es ist solche sodann im Verwaltungswege vollstreckbar.

Schlägt der Sühneversuch fehl, so ist dem Ortsarmenverbande, welcher den Anspruch erhebt, darüber von der landräthlichen Behörde eine Bescheinigung zu ertheilen, welche der Klageschrift (§. 23.) beizufügen ist, widrigenfalls dieselbe von der Deputation für das Heimathwesen ohne Weiteres zurückzuweisen ist.

Auf die Ansprüche gegen die Ortsarmenverbände der Städte Coburg, Rodach, Neustadt, Königsberg, Gotha, Ohrdruf und Waltershausen finden vorstehende Bestimmungen keine Anwendung.

Anhalt. **14. Anhalt.** Ausf.Ges. v. 29. Juni 1871.

§ 31. Zur Entscheidung von Streitigkeiten, welche gegen einen Anhaltischen Armenverband von einem andern Deutschen Armenverbande erhoben werden, wird eine Behörde eingesetzt, welche den Namen „Deputation für das Heimathwesen“ führt und in der Hauptstadt des Landes ihren Sitz hat.

Sind hierbei Fragen über die Organisation, sowie über die örtliche Abgrenzung der einzelnen Armenverbände streitig, so ist für diese der Ausspruch der zuständigen Verwaltungsbehörde maßgebend. Anhalt.

§ 32. Die Deputation für das Heimathwesen besteht aus drei von Uns zu ernennenden Mitgliedern, von welchen mindestens zwei die Qualifikation zum Richteramte besitzen müssen. Zur Ergänzung des Kollegiums für den Fall der Behinderung eines Mitgliedes desselben wird ein ständiger Stellvertreter ernannt.

§ 33. Die Funktion eines Mitgliedes der Deputation für das Heimathwesen kann unmittelbaren Staatsdienern als Nebenamt übertragen werden. Dieselben dürfen indeß nicht zugleich Mitglieder der Land-Armenverwaltung (§. 14.) sein.

§ 34. Die Mitglieder der Deputation sind für ihre Entscheidungen nach den für richterliche Beamte geltenden Grundsätzen verantwortlich. Dieselben unterliegen in dieser ihrer Eigenschaft den für richterliche Beamte geltenden Disziplinarvorschriften.

Der äußere Geschäftsgang bei der Deputation wird durch ein vom Staatsmininisterium zu erlassendes Regulativ geordnet. Die Besoldungen der Mitglieder, sowie die übrigen Kosten der Deputation für das Heimathwesen fallen dem Staate zur Last.

§§ 35—45 übereinstimmend mit §§. 46—56 Pr. A.G.

Bezüglich des Kostenpauschquantums s. §§. 1—8. Ges. v. 15. April 1880. (G.S. Nr. 565. S. 41.) und den dazu gehörigen Tarif. —

Ueberschüsse fließen zur Landeshauptkasse.

§§ 46—48 übereinstimmend mit den §§. 57—59. Pr. A.G.

§ 49. Betreffs solcher Streitigkeiten, in welchen ein Ortsarmenverband von einem anderen inländischen Armenverbande in Anspruch genommen wird, ist der ersterem vorgesetzte Kreisausschuß verpflichtet, auf Antrag beider streitenden Theile der schiedsrichterlichen Entscheidung sich zu unterziehen.

Anhalt. Für das Verfahren kommen die Bestimmungen §§. 35., 38., 39., 41. und 43. mit der Maßgabe zur Anwendung, daß auf die im §. 38. bezeichnete Strafe der Kreisausschuß erkennt und der Rekurs an die Deputation für das Heimathwesen zusteht.

Alle übrigen Theile des Verfahrens regelt der Kreisausschuß in jedem einzelnen Falle; insbesondere kann in jeder Lage des Verfahrens ein Sühneversuch von demselben veranlaßt werden.

Der Kreisausschuß entscheidet in der Hauptsache endgültig mit Ausschluß jeder Berufung.

Die Entscheidungen erfolgen gebühren- und stempelfrei; jedoch sind dem unterliegenden Theile die vom Ausschusse festzusetzenden baaren Auslagen des Verfahrens und die des obsiegenden Theils, aber mit Ausschluß der Gebühren eines Bevollmächtigten, zur Last zu legen.

Die Entscheidungen der Deputation und der Kreisausschüsse, sowie die urkundlich von denselben festgestellten Einigungen sind im Verwaltungswege vollstreckbar.

Schwarzburg-Sondershausen. **15. Schwarzburg-Sondershausen** (Die §§. 8. und 10. des Ausf.Ges. v. 25. Januar 1872 sind in §. 1. Ges. v. 28. Okt. 1872 aufgehoben.)

§ 1 Abs. 2 Ges. v. 28. Okt. 1872: Zur Erörterung und Entscheidung von Streitigkeiten über Ansprüche, welche gegen einen Armenverband des Fürstenthums von einem Armenverbande desselben oder eines andern Deutschen Staates erhoben werden, ist die auf Grund des §. 9. des Ausf.Ges. v. 25. Januar d. J. gebildete Deputation für das Heimathwesen zuständig.

§ 9 Ges. v. 25. Januar 1872: Die Deputation für das Heimathwesen besteht aus zwei richterlichen und einem Verwaltungsbeamten, sämmtlich vom Fürsten ernannt. Der Vorsitzende wird aus der Zahl der Mitglieder vom Fürsten ernannt. Die Deputation hat ihren Sitz in Sondershausen. Der äußere Geschäftsgang derselben wird durch ein Regulativ geordnet, welches das Ministerium erläßt. Schwarzburg-Sondershausen.

(Regul. v. 29. April 1872 G. S. S. 89.)

§ 2. Ges. v. 28. Oct. 1872 Abs. 1 übereinstimmend mit §. 46. Pr. A.G.

Abs. 2. In der Klage sind die Beweismittel alsbald anzugeben und, wenn diese in Urkunden bestehen, wenigstens in Abschrift beizufügen.

§ 3. a. a. O. Die Deputation für das Heimathwesen bereitet die Entscheidung unter Berücksichtigung der Anträge der Parteien vor unter Benutzung aller zulässigen Beweismittel.

Von den schriftlichen Eingaben der Parteien müssen Duplikate zur Mittheilung an die Gegenpartei mit überreicht werden.

Zur Instruktion der Sache kann die Deputation die Parteien zu Erklärungen und Gegenerklärungen unter Androhung sachgemäßer Präjudize und Festsetzung angemessener Fristen auffordern. Sie kann die Fürstlichen Landräthe um Aufnahme der Sach-Instruktion und der Beweise oder um einzelne desfallsige Handlungen requiriren.

Nach geschlossener Instruktion ertheilt die Behörde ihre Entscheidung mit Gründen und eröffnet sie den Parteien mittelst schriftlicher Zufertigung.

§ 4. a. a. O. Die Entscheidung erfolgt gebührenfrei. Dem unterliegenden Theile sind aber die baaren Auslagen des Verfahrens, desgleichen die baaren Auslagen einschließlich der Anwaltsgebühren des obsiegenden Theiles zur Last zu legen. Sämmtliche zu erstattende Auslagen werden von der Deputation endgültig festgesetzt.

Schwarzburg-Sondershausen. § 5. a. a. O. gleichlautend mit §. 57. Pr. A.G.

§ 6. a. a. O. übereinstimmend mit §. 59. Abs. 1. Pr. A.G.

§ 7. a. a. O. übereinstimmend mit §. 58. Pr. A.G.

§ 8. a. a. O. In allen Streitigkeiten unter Armenverbänden des Fürstenthums hat der Armenverband, welcher den Anspruch erhebt, sich vor Anbringung der Klage bei der Deputation für das Heimathwesen zuvörderst an den Landrath des Bezirks, welchem der in Anspruch zu nehmende Armenverband angehört, wegen Veranstaltung eines Sühneversuchs zu wenden.

Der Landrath hat die Ausgleichung in geeigneter Weise zu versuchen und ist berechtigt, zu diesem Behufe die Betheiligten zur mündlichen Verhandlung vorzuladen, über die Sache zur Feststellung der Streitpunkte zu vernehmen und nach seinen Ermessen Vorschläge zu machen. Findet eine Einigung statt, so ist dieselbe urkundlich festzustellen.

Schlägt der Versuch fehl, so ist dem Armenverband, welcher den Anspruch erhebt, darüber von dem Landrathe eine Bescheinigung zu ertheilen, welche der Klageschrift (§. 2.) beizufügen ist, widrigenfalls letztere von der Deputation ohne Weiteres zurückgewiesen wird.

§ 9. a. a. O. Die Vollstreckung der Entscheidungen, Anerkenntnisse und Einigungen (§§. 53. und 55 des Bundesges. v. 6. Juni 1870 und §. 8. des gegenwärtigen Gesetzes) ist bei der Deputation für das Heimathwesen zu beantragen. Die Hülfsvollstreckung selbst geschieht auf Requisition der Deputation durch den Fürstlichen Landrath in dessen Bezirk der in Anspruch genommene Ortsarmenverband sich befindet; gegen den Landarmenverband durch denjenigen Landrath, in dessen Bezirk des Fürstliche Ministerium, Abtheilung des Innern (§. 2. Ges. v. 25. Januar 1872), seinen Sitz hat.

16. **Schwarzburg-Rudolstadt.** Gesetz v. 23. Juni 1871. Schwarzburg-Rudolstadt.

§ 3 Zur Entscheidung von Streitigkeiten, welche gegen einen Armenverband des Fürstenthums von einem andern Deutschen Armenverband erhoben werden, wird in Rudolstadt eine Behörde eingesetzt, welche den Namen: „Deputation für das Heimathwesen" führt.

§ 4 Die Deputation für das Heimathwesen besteht aus drei vom Fürsten zu bestellenden Mitgliedern, von denen eins dem Richterstande angehören muß.

Für Behinderungsfälle werden drei ständige Stellvertreter ernannt.

§§ 5—8 übereinstimmend mit §§. 46—49. Pr. A.G. Der Rekurs (§. 8. Schlußsatz) geht an das Ministerium.

§§ 9—14 gleichlautend mit §§. 50—55. Pr. A.G.

§ 15. Die Entscheidung erfolgt gebührenfrei. Dem unterliegenden Theil u. s. w., wie Abs. 3. §. 56. Pr. A.G. — Doch fehlen die Worte: „Das Pauschquantum".

§§ 16—18 übereinstimmend mit §§. 57—59. Pr. A.G.

§ 19 übereinstimmend mit §. 8. des Schwarzburg-Sondershausenschen Ausf.Ges. — Statt „Landrath" heißt es „Landrathsamt".

17. **Waldeck.** Ausf.Ges. v. 29. Juni 1871. Waldeck.

§ 10. Lehnt ein inländischer (Waldecker) Armenverband den von einem anderen inländischen oder von einem andern Deutschen Armenverbande gegen ihn erhobenen Anspruch auf Erstattung von Unterstützungs-Kosten oder auf Uebernahme eines Hülfsbedürftigen ab, so wird über solchen Anspruch auf dahin gerichtete Klage von der Kommission für das Heimathwesen entschieden. Dieselbe wird aus dem Landes-Direktor als Vorsitzenden, einem von dem Appellations-Gericht in

Waldeck. Cassel bestimmten richterlichen Beamten und einem von den Landständen auf 3 Jahre gewählten und von dem Vorsitzenden durch Handschlag an Eidesstatt zu verpflichtenden Mitgliede gebildet. Für jeden der beiden Beisitzer wird ein Stellvertreter bestimmt, beziehungsweise gewählt.

§§ 11—15 übereinstimmend mit §§. 46—50. Pr. A.G.

§§ 16—19 übereinstimmend mit §§. 52—55. Pr. A.G.

§ 20. Das Verfahren ist gebührenfrei.

Abs. 2 übereinstimmend mit Abs. 3 des §. 56. Pr. A.G.

Doch fehlen die Worte: „Das Pauschquantum".

§§ 21—23 übereinstimmend mit §§. 57., 58., 59. Abs. 1. Pr. A.G.

§ 24. Ist ein Ortsarmenverband nach Entscheidung des Landesdirektors zur Zahlung oder Erstattung der ihm auferlegten Kosten ganz oder theilweise außer Stande (§. 59. des Bundesgesetzes), so muß der betreffende Landarmenverband für dieselben aufkommen.

Reuß. ä. L. **18. Reuß (Greiz) ä. L. Nr. 6. Ges. v. 25. Januar 1871.**

Ueber die in §. 38. gedachten, zwischen den Armenverbänden verschiedener Bundesstaaten streitigen Ansprüche entscheidet im hiesigen Fürstenthum ebenso wie bei Streitigkeiten zwischen Armenverbänden des hiesigen Fürstenthums in erster Instanz das Landrathsamt, in zweiter Instanz die Landesregierung.

Die in den §§. 39. und 40. enthaltenen Bestimmungen leiden auch auf die Streitigkeiten zwischen Armenverbänden des hiesigen Fürstenthums Anwendung.

Die Berufung gegen die erstinstanzliche Entscheidung ist bei Verlust des Rechtsmittels binnen 14 Tagen von der Bekanntmachung an gerechnet bei dem Landrathsamte schriftlich anzubringen und binnen weiteren 14 Tagen weiter auszuführen. Reuß ä. L.

Von sämmtlichen Schriftsätzen und deren etwaigen Beilagen sind Duplikate beizufügen.

Die eingegangenen Duplikate werden von dem Landrathsamte der Gegenpartei zur schriftlichen, binnen 14 Tagen nach der Behändigung einzureichenden Gegenerklärung zugefertigt.

Nach Ablauf dieser Frist legt das Landrathsamt die sämmtlichen Verhandlungen nebst den Akten der Landesregierung vor.

§ 2 Ges. v. 5. Juli 1879.

Was das Verfahren in Streitsachen der Armenverbände betrifft, so ist das Landrathsamt nicht nur für Klagen gegen Ortsarmenverbände, sondern gegen dem Fürstenthum angehörige Armenverbände überhaupt, — somit auch gegen den Landarmenverband resp. gegen Gesammtarmenverbände — in der Weise als erste Instanz zuständig, wie sich dies unter Ziffer 6. des Gesetzes vom 25. Januar 1871. bestimmt findet.

Ges. v. 1. Juli 1878.

Verfahren in Streitsachen der Armenverbände vor dem Landrathsamt.

§ 15 übereinstimmend mit § 46 Pr. A.G. In der dem Landrathsamt einzureichenden Klageschrift sind die den Antrag begründenden thatsächlichen Verhältnisse darzulegen.

§ 16 Abs. 1 u. 2 übereinstimmend mit Abs. 1 u. 2 § 47 Pr. A.G.

Die Replik wird der Gegenpartei unter gleicher Verwarnung zur Schlußerklärung innerhalb 14 Tagen zugefertigt.

Abs. 3. Die vorgedachten Fristen können auf Antrag

Reuß ä. L. der betreffenden Partei drei Mal verlängert werden. Eine noch weitere Fristerstreckung findet nur auf Bescheinigung besonderer und für triftig zu erachtender Behinderungsgründe statt.

Abs. 4. Vor Eröffnung dieses schriftlichen Verfahrens kann jedoch das Landrathsamt in jedem ihm passend erscheinenden Falle, in welchem es sich um den Regreßanspruch eines inländischen Armenverbandes gegen einen andern resp. den Landarmenverband handelt, die Vertreter der streitenden Armenverbände zu einem Vorbescheide laden, in welchem die Einreden und sonstigen Erklärungen des verklagten Theils auf das Klagevorbringen zunächst nach mündlichem Vortrage gehört und sodann die hiernach hervortretenden Streitpunkte zum Zwecke einer Vergleichsherstellung eventuell nach dem Dafürhalten des Landraths bei genügender Bereitschaft der beiderseitigen Beweismittel und bei Einwilligung der Parteien zur alsbaldigen Vorbereitung der Beweiserhebung und erstinstanzlichen Entscheidung mündlich zu Protokoll erörtert werden.

§ 17 Abs. 1 übereinstimmend mit § 48 Pr. A.G. Den Prozeßschriften ist auch die etwaige Bezeichnung der Zeugen oder Sachverständigen, und der von der Partei ausgehende Antrag auf Besichtigung beizufügen.

Abs. 2 übereinstimmend mit § 53 Pr. A.G.: Statt der Eingangsworte heißt es: „Nach dem Schlusse des gedachten Verfahrens".

§ 18 übereinstimmend mit § 49 Pr. A.G. Der Rekurs geht an die Landesregierung. Die Vollstreckung erkannter Strafe erfolgt auf Requisition des Landrathsamts durch die Justizämter.

§ 19 Abs. 1 u. 2 übereinstimmend mit §§ 50, 51 Pr. A.G.

Abs. 3.: Das Landrathsamt entscheidet mittels schriftlichen motivirten Beschlusses, welcher den Parteien zuzustellen ist.

Abs. 4. Die Entscheidung kann auf völlige oder theilweise Abweisung u. s. w., übereinstimmend mit §. 54. Pr. A.G. Reuß ä. L.

§ 20. Die Kosten und baaren Auslagen des Verfahrens — desgleichen die baaren Auslagen des obsiegenden Theils mit Einschluß der Gebühren, welche derselbe seinem Bevollmächtigten resp. der Landarmenverband seinem Direktor, wenn dieser die Vertretung des Verbandes im Streitverfahren selbst besorgt, vorausgesetzt, daß diese betreffenden Personen zur Ausübung der advokatorischen Praxis im hiesigen Fürstenthum berechtigt sind, zu entrichten hat — sind dem unterliegenden Theile zur Last zu legen. Dieselben sind von den erkennenden Behörden sowohl erster als zweiter Instanz — was die Kosten anlangt nach der niedrigsten Klasse der für den summarischen Prozeß geltenden Taxen — zu berechnen und zu erheben; die Kosten (ohne die baaren Auslagen) sollen jedoch in keiner Instanz mehr als 60 Mark betragen.

Die Parteien, welche sich sachwalterischer Hülfe in dem bezeichneten Verfahren und in der Rechtsmittelinstanz bedienen, haben selbstverständlich die Verläge ihrer Anwälte und die Gebühren der von den praktizirenden Sachwaltern gefertigten Arbeiten und besorgten Mühewaltungen zu tragen. Diese Gebühren und Verläge werden nach derjenigen Sporteltaxe berechnet, welche der zu Geldwerth veranschlagte Gegenstand des Streites zufolge der für den Civilprozeß gegebenen Vorschriften an die Hand giebt.

Die Verpflichtung der unterliegenden Partei zur Erstattung von Sachwalterkosten beschränkt sich für die erste und zweite Instanz auf das Maß von je 40 Mark.

§ 21. In allen Streitsachen zwischen Armenverbänden ist die unterliegende Partei verpflichtet, der Gegenpartei die ihr in der Berufungsinstanz entstandenen baaren Auslagen (vgl. §. 20.) zu erstatten.

Reuß j. L. **19. Reuß** (Gera) j. L. Ges. v. 21. Juni 1871.

§ 17. Zur Entscheidung von Streitigkeiten, welche gegen einen Armenverband des Fürstenthums von einem andern Armenverbande desselben oder einem andern Deutschen Armenverbande erhoben werden, sowie zur Besorgung der dieser Behörde durch das gegenwärtige Gesetz ferner zugewiesenen Geschäfte wird in Gera eine kollegiale Behörde eingesetzt, welche den Namen „Deputation für das Heimathwesen" führt.

§ 18. (Fassung des Gesetzes v. 25. Mai 1878.) Die Deputation für das Heimathwesen besteht aus drei von dem Fürsten bestellten Mitgliedern, unter denen sich mindestens Ein richterlicher Beamter befindet. Der Fürst ernennt den Vorsitzenden.

Für Verhinderungsfälle werden zwei ständige Stellvertreter bestellt, von denen ein Jeder verpflichtet ist, im Bedarfsfall für jedes Mitglied der Deputation einzutreten.

§§ 19—22. übereinstimmend mit §§. 46—49. Pr. A.G.

§ 22. Abs. 2. Die Vollstreckung erkannter Strafen erfolgt auf Requisition der Deputation für das Heimathwesen durch die Fürstlichen Justizämter.

§§ 23—28. übereinstimmend mit §§. 50—55. Pr. A.G.

§ 29. Abs. 1. gleichlautend dem zweiten Satze des Abs. 2. §. 56. Pr. A.G.

Abs. 2. gleichlautend dem Abs. 3. a. a. O.; Abs. 4. gleichlautend dem ersten Satze von Abs. 4. a. a. O.

§§ 30—32. gleichlautend den §§. 57—59. Pr. A.G.

Schaumburg-Lippe. **20. Schaumburg-Lippe.** Ausf.Ges. v. 7. März 1872.

§ 25. Alle Streitigkeiten zwischen Schaumburg-Lippischen Armenverbänden wie auch eines andern

Deutschen Armenverbandes gegen einen Schaumburg-Lippischen Armenverband werden in erster Instanz von einer Behörde entschieden, welche unter dem Namen „Deputation für das Heimathwesen" eingesetzt wird und in Bückeburg ihren Sitz hat. Schaumburg-Lippe.

§ 26. Die Deputation für das Heimathwesen besteht aus einem richterlichen Beamten, einem Verwaltungsbeamten und ferneren drei vom Landtage zu wählenden Mitgliedern.

Der richterliche Beamte und der Verwaltungsbeamte werden von Uns ernannt. Der Landtag ist nicht gehalten, die von ihm zu ernennenden Mitglieder aus seiner Mitte zu wählen. Dieselben werden auf die Dauer von drei Jahren erwählt und von dem Vorsitzenden durch Handschlag an Eidesstatt verpflichtet.

In gleicher Weise wird für jedes Mitglied ein bestimmter Stellvertreter ernannt bez. gewählt.

Der Vorsitzende der Deputation und dessen Stellvertreter wird von Uns aus der Zahl der Mitglieder ernannt.

§ 27. gleichlautend mit §. 42. Pr. A.G.

§ 28. Abs. 1. gleichlautend mit Satz 1., — Abs. 2 übereinstimmend mit Abs. 2 des §. 43. Pr. A.G. Das Regulativ ist von der Regierung zu erlassen.

Regulativ v. 8. Sept. 1872 (Land.Ver. S. 367).

§ 29. Die Mitglieder der Deputation erhalten aus der Landeskasse außer Transportkosten ein Tagegeld von 6 M. für die ihnen außerhalb ihres Wohnorts erwachsenden Geschäfte.

§§ 30—34. übereinstimmend mit §§. 45—49. Pr. A.G.

Der Rekurs (§. 34.) geht an „Unsere Regierung bez. an das Bundesamt für das Heimathwesen" (cfr. §. 43).

§§ 35—41. übereinstimmend mit §§. 50—56. Pr. A.G.

Schaumburg-Lippe.

§ 42. Gegen die Entscheidung der Deputation findet das Rechtsmittel der Berufung statt.

§. 43. Die Berufungsinstanz bildet:

1. In allen Streitsachen der Schaumburg-Lippischen Armenverbände Unsere Regierung;
2. in Streitsachen eines andern Deutschen Armenverbandes gegen einen Schaumburg-Lippischen Armenverband, so weit die Organisation oder die örtliche Abgrenzung der einzelnen Armenverbände Gegenstand des Streites ist, ebenfalls Unsere Regierung, sonst das Bundesamt für das Heimatswesen.

§ 44. Die Bestimmung der §§. 46—50. des Bundesgesetzes über das Berufungsverfahren vor dem Bundesamte finden sinngemäß auch auf das Verfahren vor Unserer Regierung Anwendung.

§ 45. Wenn unsere Regierung die Berufungsinstanz bildet, so ist die unterliegende Partei verpflichtet, der Gegenpartei die ihr in dieser Instanz entstandenen baaren Auslagen, sowie die Gebühren eines sie in der öffentlichen Sitzung der Regierung vertretenden Rechtsverständigen zu erstatten.

§ 46. Gegen die Entscheidung Unserer Regierung oder des Bundesamtes (§. 51. des Bundes-Gesetzes) ist ein weiteres Rechtsmittel nicht zulässig.

§ 47. übereinstimmend mit §. 59. Abs. 2. Pr. A.G.

§ 48. Abs. 1. übereinstimmend mit §. 60. Abs. 1. Pr. A.G.

In jedem Amt und jeder Stadt wird eine Kommission gebildet.

Die Kommission besteht aus einem von Uns zu ernennenden Vorsitzenden und zwei Mitgliedern, welche in den Aemtern von den Amtsversammlungen, in den Städten durch den Magistrat und das Bürgervorsteher-Kollegium in gemeinschaftlicher Sitzung gewählt werden.

Für den Vorsitzenden wird von Uns und für jedes der beiden andern Mitglieder von deren Wählern ein Stellvertreter ernannt. Schaumburg-Lippe.

Für die herrschaftlichen Armenbezirke ist eine aus drei Mitgliedern bestehende entsprechende Kommission von Unserer Rentkammer einzusetzen.

§§ 49—50. übereinstimmend mit §§. 61—62. Pr. A.G.

21. Lippe. Ausf.Ges. v. 12. Sept. 1877. Lippe.

§ 10. Zur Entscheidung von Streitigkeiten, welche gegen einen Lippischen Armenverband von einem Lippischen oder sonstigen Deutschen Armenverbande erhoben werden, wird eine besondere Behörde eingesetzt, welche den Namen Deputation für das Heimathwesen führt und in Detmold ihren Sitz hat.

§ 11. (Fassung des Ges. v. 9. Oct. 1879 G.S. S. 835.)

Die Deputation für das Heimathwesen besteht aus einem Mitgliede der Regierung, einem Mitgliede des Landgerichts, beide von Uns für die Dauer ihres Hauptamts ernannt, und einem von dem Landtage auf die Dauer von 3 Jahren gewählten, von dem Vorsitzenden der Deputation durch Handschlag an Eidesstatt zu verpflichtenden Mitgliede. — Der Landtag ist hierbei auf die Wahl seiner Mitglieder nicht beschränkt. — In gleicher Weise wird für jedes Mitglied ein bestimmter Stellvertreter ernannt bez. gewählt. — Der Vorsitzende der Deputation und dessen Stellvertreter werden von Uns aus der Zahl der Mitglieder ernannt. — Die Anwesenheit von drei Mitgliedern ist für die Beschlußfähigkeit der Deputation erforderlich.

§ 12. Die Mitglieder der Deputation sind in dieser ihrer Eigenschaft als richterliche Beamte anzusehen. — Der äußere Geschäftsgang bei der Deputation wird durch

Lippe. ein von Unserem Kabinetsministerium zu erlassendes Regulativ geordnet. — Die Besoldung der Mitglieder besteht in Diäten zu 9 M. für jede einzelne Sitzung.

Ein Regulativ ist bisher nicht erlassen.

§§ 13—17. übereinstimmend mit §§. 46—50. Pr. A.G.

Das Beweisresultat wird als einfaches Dekret erlassen.

§ 18. Die Beweisverhandlungen sind in amtlich beglaubigter Form und unter Vorladung der Parteien aufzunehmen.

§§ 19—23. übereinstimmend mit §§. 52—56. Abs. 1. und 2. Pr. A.G.

Für die Berechnung des Pauschquantum, sowie der Gebühren für Zeugen und Sachverständige kann von Unserem Kabinetsministerium ein Tarif aufgestellt werden.[1] — Bei wechselseitigem Obsiegen der Parteien kann auf Vergleichung der Kosten erkannt werden.

1. Ver. v. 25. März 1875 (G.S. Nr. 12).

§ 24. übereinstimmend mit §. 56. Abs. 3. Pr. A.G.

§ 25. übereinstimmend mit §. 57. Pr. A.G. Hinter „Rechtsmittel" ist hinzugefügt „einschließlich der Wiedereinsetzung in den vorigen Stand".

§ 26. übereinstimmend mit §. 58. Pr. A.G.

§ 27. übereinstimmend mit §. 59. Abs. 1. Pr. A.G.

§ 28. Ist ein Armenverband zur Zahlung und Erstattung der ihm endgültig auferlegten Kosten und Gebühren ganz oder theilweise außer Stande, so bleiben die Kosten des Verfahrens außer Ansatz. — Für die Erstattung der aufgewandten Unterstützungsgelder und sonstigen Auslagen muß der Landarmenverband aufkommen.

Lübeck. 22. **Lübeck.** Ausf.Ver. v. 29./30. März 1871.

§ 3. Für Streitigkeiten zwischen verschiedenen Armenverbänden, sei es daß beide oder daß nur der in Anspruch genommene Armenverband dem Lübeckischen Freistaate angehört (§§. 37. und 38. des Bundesgesetzes), ist die aus drei Mitgliedern des Senates bestehende „Senatskommission für Angelegenheiten der Armenverbände", welcher ein Sekretair des Senates als Protokollführer beigeordnet wird, zuständig. Das Verfahren vor derselben ist durch ein besonderes Gesetz geregelt. Lübeck.

Gegen die Entscheidungen der Senatskommission für Angelegenheiten der Armenverbände findet nicht nur die Berufung an das Bundesamt für das Heimathwesen Statt und treten die Vorschriften der §§. 38—51. und des §. 56. Absatz 2. des Bundesgesetzes auch für die Streitsachen zwischen Armenverbänden des Lübeckischen Freistaats in Wirksamkeit.

Gesetz, das Verfahren bei Streitigkeiten zwischen verschiedenen Armenverbänden betreffend, vom 29./30. März 1871. — G.S. Nr. 15.

§ 1. Alle an die „Senatskommission für Angelegenheiten der Armenverbände" bestimmten Eingaben sind bei dem Vorsitzenden derselben schriftlich, und zwar sammt den Anlagen in zwei Ausfertigungen, einzureichen.

§ 2. Eine der eingereichten Ausfertigungen ist von der Kommission ohne Verzug der Gegenpartei zur schriftlichen, binnen 14 Tagen nach der Behändigung in zwei Ausfertigungen einzureichenden Gegenerklärung zuzustellen. Die Versäumung dieser Frist hat zur Folge, daß die in der Eingabe enthaltenen thatsächlichen Anführungen als zugestanden angenommen werden.

§ 3. Beide Theile haben ihre Behauptungen mit den ihnen zu Gebote stehenden Beweismittel zu begleiten. Die Eideszuschiebung oder die Auflage eines nothwendigen Eides ist jedoch unzulässig.

Lübeck. § 4. Es bleibt dem Ermessen der Kommission vorbehalten, nach Einreichung der Gegenerklärung, beziehungsweise nach Ablauf der für dieselbe im §. 2. vorgeschriebenen Frist, einen weiteren Schriftwechsel anzuordnen.

§ 5. Die Kommission ist befugt, Untersuchungen an Ort und Stelle zu veranlassen, Zeugen und Sachverständige zu laden und eidlich zu vernehmen, überhaupt den angetretenen Beweis in vollem Umfange zu erheben. (Bundesgesetz §. 39.)

§ 6. Die Entscheidung erfolgt in öffentlicher Sitzungder Kommission nach erfolgter Ladung und Anhörung der Parteien oder ihrer mit Vollmacht versehenen Vertreter; sie ist, unter Berücksichtigung des §. 40. des Bundesgesetzes über den Unterstützungswohnsitz, schriftlich und mit Gründen versehen den Parteien zuzufertigen.

§ 7. Wird gegen die Entscheidung der Kommission die Berufung an das Bundesamt für das Heimathwesen (§. 42. des Bundes-Gesetzes) angemeldet, so kommen die im Bundesgesetze über den Unterstützungswohnsitz §§. 46—51. enthaltenen Vorschriften zur Anwendung.

§ 8. Mit der Vollstreckung der Entscheidungen der Kommission ist nach Maßgabe der §§. 53—59. des Bundesgesetzes über den Unterstützungswohnsitz zu verfahren. Sowohl das Polizeiamt, als das Stadt- und Landgericht haben den desfallsigen Requisitionen der Kommission Folge zu leisten, indem die einem Armenverbande endgültig auferlegten Kosten (§. 59. des Bundesgesetzes) nach Maßgabe des §. 147., 2. der Civilprozeßordnung vom 28. April 1862. den öffentlichen Gefällen gleichgesetzt werden.

§ 9. Alle Eingaben an die Senatskommission für Angelegenheiten der Armenverbände, sowie die von derselben abgegebenen Verfügungen und Entscheidungen sind stempelfrei und werden für letztere auch Gebühren nicht berechnet. Lübeck.

23. **Bremen.** Ausf. Ver. v. 2. Januar 1871. Bremen.

§ 3. Streitigkeiten zwischen verschiedenen Bremischen Armenverbänden oder Verwaltungen werden von der Senatskommission für Angelegenheiten der Armenverbände im Verwaltungswege entschieden.

§ 4. Der Wirkungskreis der in dem §. 38. des Bundesgesetzes über den Unterstützungswohnsitz erwähnten Spruchbehörde ist der im §. 3. genannten Senatskommission übertragen.

§ 5 aufgehoben und ersetzt durch Abs. 1 Ges. v. 18. November 1877:

Gegen die Entscheidungen der Senatskommission für Angelegenheiten der Armenverbände über Streitigkeiten zwischen verschiedenen Armenverbänden oder Verwaltungen nach §§. 3. und 4. Ver. v. 2. Januar 1871. Nr. II. findet lediglich die Berufung an das Bundesamt für Heimathwesen in Gemäßheit der §§. 42—51. und 56. Abs. 2. des Reichsges. v. 6. Juni 1870. über den Unterstützungswohnsitz statt.

§ 6. Das Verfahren bei den in den vorstehenden §§. 3., 4. benannten Behörden regelt ein besonderes am heutigen Tage erlassenes Gesetz.

Ges. betr. das Verfahren bei Streitigkeiten zwischen verschiedenen Armenverbänden v. 2. Januar 1871.

§ 1. Die ständige „Kommission für Angelegenheiten der Armenverbände" besteht aus drei Mitgliedern des Senats.

§ 2. Alle Eingaben an dieselbe werden schriftlich und zwar sammt den Anlagen in zwei Ausfertigungen,

Bremen. von denen eine durch die Behörde von Amtswegen der Gegenpartei ohne Verzug mitzutheilen ist, eingereicht.

§ 3. Der Gegner hat die Eingabe des Antragstellers binnen 14 Tagen, nachdem ihm dieselbe zugestellt ist, zu beantworten, widrigenfalls die darin enthaltenen thatsächlichen Behauptungen als zugestanden angenommen werden sollen.

§§ 4—7 übereinstimmend mit §§. 3—8. des Lübecker Gesetzes.

§§ 8—10 aufgehoben durch das Ges. v. 18. November 1877, s. S. 281.

§ 11. Mit der Vollstreckung wird nach Maßgabe der §§. 53—59. des Bundesgesetzes über den Unterstützungswohnsitz verfahren.

Hamburg. 24. **Hamburg.** Ausf.Ver. v. 23. Juni 1871.

§ 4. Für Streitigkeiten, welche zwischen zwei Hamburgischen Armenverbänden oder Armenverwaltungen (§. 37. des Bundesgesetzes) sowie zwischen dem Armenverbande eines anderen Bundesstaates und dem von diesem in Anspruch genommenen Hamburgischen Armenverbande entstehen (§. 38. des Bundesgesetzes) bildet eine aus fünf Senatsmitgliedern bestehende Kommission für die Angelegenheiten der Armenverbände die zuständige im Verwaltungswege in erster Instanz entscheidende Spruchbehörde, der ein beeidigter Protokollführer beigeordnet wird. Zur Abgebung einer gültigen Entscheidung ist die Anwesenheit von mindestens drei Mitgliedern erforderlich.

Soweit diese Streitigkeiten die Nothwendigkeit des Transports oder die Art der Ausführung desselben betreffen, steht dieser Senatskommission die endgültige Entscheidung zu (§. 58. des Bundesgesetzes).

§ 5. Gegen diejenigen Entscheidungen dieser in §. 4. erwähnten Spruchbehörde, welche in Streitigkeiten zwischen Hamburgischen Armenverbänden abgegeben werden und welche in Streitigkeiten Hamburgischer Armenverbände mit Armenverbänden eines anderen Bundesstaats in Beziehung auf die Organisation oder örtliche Abgrenzung Hamburgischer Armenverbände erfolgen, ist der **Rekurs an den Senat**, als letzte und gültig entscheidende Instanz, zulässig (§§. 38—41. des Bundesgesetzes). Hamburg.

Gegen anderweitige Entscheidungen der in erster Instanz erkennenden Senatskommission findet die **Berufung**, so weit eine solche zulässig, **an das Bundesamt** für das Heimathwesen statt (§§. 42—51. des Bundesgesetzes).

§ 6. In Beziehung auf das **Verfahren** vor den in den §§. 4. und 5. benannten hiesigen Spruchbehörden kommen die folgenden Vorschriften zur Anwendung.

Das Verfahren ist ein schriftliches.

Alle Eingaben und deren Anlagen sind in zwei Ausfertigungen auf der Senatskanzlei einzureichen, von denen das abschriftliche Exemplar auf Verfügung der Senatskommission der Gegenpartei zugestellt wird.

Sämmtliche Eingaben sowie alle Verfügungen und Entscheidungen sind stempelfrei und werden für die letzteren keine Gebühren berechnet.

Die an die Senatskommission zur Verfolgung des geltend zu machenden Anspruchs zu richtende Eingabe, sowie desgleichen die von der Gegenpartei Seitens der Senatskommission einzuziehende **Gegenerklärung** müssen eine Angabe aller zu benutzenden Beweismittel enthalten; Urkunden müssen in Original und Abschrift beigefügt sein.

Die Senatskommission ist befugt, Untersuchungen an Ort und Stelle zu veranlassen, Zeugen und Sachverständige zu laden, eidlich oder an Eidesstatt vernehmen zu lassen und überhaupt Alles, was sie zur Instruirung

Hamburg. der Sache und zur Erhebung der angetretenen Beweise erforderlich oder dienlich erachtet, zu verfügen.

Die gegen die Entscheidung der Senatskommission nach §. 5. zulässige Berufung an den Senat muß binnen 14 Tagen, von dem Zeitpunkte der erfolgten Insinuation der erstinstanzlichen Entscheidung an gerechnet, bei Verlust des Berufungsrechtes bei der Senatskommission schriftlich eingereicht und gerechtfertigt werden.

Die Senatskommission zieht, falls erforderlich, von der Gegenpartei eine Erklärung auf die Berufungsschrift ein und übergiebt, event. nach Ablauf der für die Beibringung des Schriftsatzes ertheilten Frist, die Akten an den Senat, welcher etwa erforderliche weitere Aufklärungen über das Sach- und Rechtsverhältniß durch die Senatskommission vornehmen läßt.

Die Entscheidung des Senats geht mit den Vorakten an die Senatskommission zurück, welche die Insinuation der Entscheidung anordnet.

Mit der Vollstreckung der Entscheidungen wird nach Maßgabe der §§. 53—59. des Bundesgesetzes verfahren.

F.

Verhältniß der Armenverbände zu anderweit Verpflichteten.

1. **Preußen** (einschließlich Kreis Herzogthum Lauenburg). Ausf.Ges. v. 8. März 1871. Preußen.

§ 65. Auf den Antrag des Armenverbandes, der einen Hülfsbedürftigen unterstützen muß, können durch einen mit Gründen versehenen Beschluß der Verwaltungsbehörde nach Anhörung der Betheiligten der Ehemann, die Ehefrau, die ehelichen Eltern, die uneheliche Mutter, sowie die ehelichen Kinder, und die unehelichen Kinder in Beziehung auf die Mutter, angehalten werden, dem Hülfsbedürftigen nach Maßgabe ihrer gesetzlichen Verpflichtung die erforderliche laufende Unterstützung zu gewähren.

Die Beschlußfassung steht dem Landrathe[1] desjenigen Kreises, und im Regierungsbezirke Sigmaringen dem Oberamtmanne[1] desjenigen Oberamtsbezirkes zu, in welchem der in Anspruch genommene Angehörige des Hülfsbedürftigen seinen Wohnsitz hat, beziehungsweise wenn die Gemeinde des Wohnsitzes weder in Kommunal- noch in Polizeiangelegenheiten der Aufsicht des Landrathes unterworfen ist, dem Gemeindevorstande.[1]

Hat der gedachte Angehörige im Inlande keinen

Preußen. Wohnsitz, so treten an die Stelle der Behörden des Wohnsitzes die Behörden des Aufenthaltsortes.

Uebereinstimmend § 53 Ausf.Ges. f. Lauenburg. Die Beschlußfassung (Abs. 2) steht dem Amtmanne des betr. Bezirks[1] zu.

1. An Stelle des Landraths bez. des städtischen Gemeindevorstandes beschließt nach § 43 Nr. 2 Zust.Ges. v. 1. Aug. 1883 der Kreis-(Stadt-)Ausschuß vorbehaltlich des ordentlichen Rechtsweges endgültig. Dasselbe gilt bez. der Entscheidung des Amtmanns in Lauenburg. (Vgl. die Vorbemerkung S. 198.) — In Hohenzollern tritt an die Stelle des Oberamtmanns der Amtsausschuß (§ 5 L.V.G.)

§ 66. Gegen die Entscheidung der Verwaltungsbehörde (§. 65.) steht innerhalb zehn Tagen nach deren Zustellung sowohl dem in Anspruch genommenen Angehörigen wie dem betheiligten Armenverbande der Rekurs an die Deputation für das Heimathwesen zu, welche letztere nach Anhörung der Gegenpartei im Verwaltungswege endgültig entscheidet.[1] Beiden Theilen bleibt überdies die Verfolgung ihrer Rechte im gerichtlichen Verfahren vorbehalten.

Uebereinstimmend § 54 Ausf.Ges. f. Lauenburg.

1. siehe Anm. 1 zu § 65.

§ 67. Die Entscheidungen der Verwaltungsbehörde (§§. 65., 66.) sind vorläufig und so lange vollstreckbar, bis auf erhobenen Rekurs im Verwaltungswege oder mittelst rechtskräftigen gerichtlichen Urtheils eine abändernde Entscheidung erfolgt ist.

Im letzteren Falle hat der Armenverband dem in Anspruch genommenen Angehörigen das bis dahin Geleistete beziehungsweise das zu viel Geleistete zu erstatten; im Weigerungsfalle ist er hierzu im Aufsichtswege anzuhalten.

Hatte jedoch der eine solche Erstattung Fordernde die gerichtliche Klage nicht innerhalb sechs Monaten nach Zustellung des von ihm angefochtenen Beschlusses der Verwaltungsbehörde angebracht, so kann er nur dasjenige zurückfordern, was er für den Zeitraum seit Anbringung der Klage zu viel geleistet hat.

Uebereinstimmend § 55 Ausf.Ges. f. Lauenburg.

§ 68. Die Erstattung bereits verausgabter Unterstützungskosten kann ein Armenverband in allen Fällen, soweit nicht die §§. 40. ff., betreffend das Verfahren in Streitsachen der Armenverbände, zur Anwendung kommen, nur im gerichtlichen Verfahren beanspruchen.[1] Preußen.

Uebereinstimmend § 56 Ausf.Ges. f. Lauenburg.

1. Die Schleswig-Holsteinische Armenordnung v. 29. Dezember 1841 und das Nassauische Armengesetz v. 18. Dezember 1848 hatten detaillirte Bestimmungen über die Erstattungspflicht des Unterstützten und seiner alimentationspflichtigen Verwandten. Dieselben aufrecht zu erhalten erschien unnöthig, da im Geltungsbereich des Preußischen Armengesetzes v. 31. Dezember 1842 durch die Rechtsprechung des Obertribunals auch ohne ausdrückliche gesetzliche Vorschrift der Rechtssatz fixirt worden ist, daß der Hülfsbedürftige die ihm in Erfüllung einer gesetzlichen Pflicht gewährte Unterstützung als einen eventuell zu erstattenden Vorschuß zu betrachten habe. Die Armenverbände sollen aber von ihrem Erstattungsrecht einen maßvollen Gebrauch machen. (Instr.). Vgl. Anm. 2 zu § 1 oben S. 67.

2. Württemberg. Art. 48 Ausf.Ges. v. 17. April 1873. Württemberg.

Ansprüche von Armenverbänden, welche die Uebernahme der Unterstützung eines Hülfsbedürftigen von privatrechtlich dazu verpflichteten Personen zum Zwecke haben, und ebenso Ansprüche der Armenverbände auf Erstattung bereits verausgabter Unterstützungskosten durch solche Personen können nur im Civilrechtswege geltend gemacht werden.

3. Baden. § 25 Ges. v. 5. Mai 1870, betr. die öffentliche Armenpflege (Ges. u. Ver.Bl. S. 387). Baden.

Die Gemeinde des Unterstützungswohnsitzes oder der Kreis können, wenn sie auf Ersatz belangt werden, nicht auf dritte Verpflichtete verweisen, vorbehaltlich jedoch ihres eigenen Rückgriffs auf dieselben.[1]

1. s. a. § 4 des Ges. Anhang A. (S. 73.)

Mecklenburg-Schwerin.

4. **Mecklenburg-Schwerin, -Strelitz** und Ratzeburg. Ausf.Ver. v. 20. Februar und 27. April 1871.

§ 7. Wenn von Seiten eines Armenverbandes die gesetzlich bestehende Alimentationspflicht des Ehegatten, der Aszendenten, beziehungsweise des unehelichen Vaters und der Deszendeten des Hülfsbedürftigen zur Geltung gebracht werden soll, so hat dieses, und zwar auch dann, wenn es sich um Erstattung der von der Armenkasse geleisteten Vorschüsse handelt, im Verwaltungswege ohne Unterschied des Gerichtsstandes auf Antrag der Armenbehörde zu geschehen, sofern der Verpflichtungsgrund unbestritten oder durch richterliche Entscheidung festgestellt ist, sollte gleich die Suffizienz des Vermögens bestritten sein. Mit dem betreffenden Antrage hat sich die Armenbehörde, welche übrigens auch für den gerichtlichen Prozeß legitimirt ist, an die Obrigkeit des Verpflichteten, beziehungsweise an das betreffende Patrimonialgericht (vergl. §. 6.) zu wenden.

Sowohl dem Verpflichteten als der beantragenden Armenbehörde steht gegen die im Verwaltungswege ergangene Entscheidung der Rekurs an Unsere Landesregierung frei. Bei diesen sind auch die gegen den Inhaber der Ortsobrigkeit etwa nothwendig werdenden exekutivischen Maßregeln zu beantragen.

Uebereinstimmend: Mecklenburg-Strelitz, §. 7. — Ratzeburg, §. 7.

Oldenburg.

5. **Oldenburg.** Rev. Gem.Ord. v. 15. April 1873.

Art. 71 § 2. Eine Verweisung an dritte Verpflichtete ist... nicht zulässig, wenn der Unterstützungsbedürftige sich in einer Lage befindet, welche alsbaldige Hülfe erfordert; vielmehr hat in solchem Falle die Armenkommission die nothwendige Unterstützung zu leisten, vorbehältlich des Ersatzanspruchs an die dazu nach öffentlichem oder bürgerlichem Rechte Verpflichteten.

Gleichlautend Art. 14 Abs. 2 des Ges. über das Armenwesen für das Fürstenthum Birkenfeld, Art. 78 § 2 rev. Gem.-Ordg. für das Fürstenthum Lübeck. Oldenburg.

§ 3. übereinstimmend mit §. 65. Abs. 1. Pr. A.G. — Statt „Armenverband": „Armenkommission"; der Beschluß ist von der vorgesetzten Verwaltungsbehörde zu fassen.

§ 4. übereinstimmend mit §. 66. Pr. A.G. — Statt „Armenverband": „Armenkommission". Der Rekurs geht an die weiter vorgesetzte Verwaltungsbehörde. Die Rekursfrist ist 7 Tage.

§ 5. übereinstimmend mit §. 67. Pr. A.G.

Mit §§ 65 Abs. 1, 66, 67 Pr. A.G. stimmen auch überein Art. 18 Ges. über das Armenwesen für das Fürstenthum Birkenfeld, Art. 78 §§ 3—5 rev. Gem.Ordg. für das Fürstenthum Lübeck.

§ 6. Die auf Ersatz in Anspruch genommene Gemeinde des Unterstützungswohnsitzes kann nicht auf dritte Verpflichtete verweisen, vorbehältlich jedoch ihres eigenen Rückgriffs auf dieselben.

Gleichlautend Art. 15 Ges. über das Armenwesen für das Fürstenthum Birkenfeld, Art. 78 § 6 rev. Gem.Ordg. für das Fürstenthum Lübeck.

6. **Braunschweig.** Ausf.Ges. v. 5. Juni 1871. Braunschweig.

§ 31. Abs. 1. und 3. übereinstimmend mit §. 65. Pr. A.G.

Abs. 2.: Die Beschlußfassung steht der Kreisdirektion desjenigen Kreises, in welchem der in Anspruch genommene Angehörige des Hülfsbedürftigen seinen Wohnsitz hat, in der Stadt Braunschweig der Herzogl. Polizeidirektion zu.

§ 32. übereinstimmend mit §. 67. Pr. A.G. Doch fehlen im Abs. 1. die Worte „auf erhobenen Rekurs im Verwaltungswege oder".

§ 33. übereinstimmend mit §. 68. Pr. A.G.

Sachsen-Meiningen. 7. **Sachsen-Meiningen.** Ausf. Ges. v. 24. Februar 1872.

Art. 29. Der Ehemann, die Ehefrau, die ehelichen Eltern, die uneheliche Mutter, sowie die ehelichen Kinder eines Hülfsbedürftigen und die unehelichen Kinder in Bezug auf die hülfsbedürftige Mutter können durch Beschluß des Kreisvorstandes des Aufenthaltsorts angehalten werden, dem Hülfsbedürftigen nach Maßgabe der gesetzlichen Verpflichtung die erforderliche laufende Unterstützung zu gewähren, auch einem Armenverbande die bereits verausgabten Unterstützungskosten zu erstatten.

Gegen diese Verfügung ist binnen 14 Tagen Ausschlußfrist Rekurs an das Herzogl. Staatsministerium, Abtheilung des Innern, zulässig, bei dessen Entscheidung es vorbehaltlich des Rechtsweges bewendet.

Art. 30. Die Verfügungen der Verwaltungsbehörde (Art. 29.) sind vorläufig und so lange vollstreckbar, bis auf erhobenen Rekurs eine abändernde Entscheidung erfolgt ist.

Im letzteren Falle hat der Armenverband dem in Anspruch genommenen Angehörigen das bis dahin Geleistete, beziehungsweise das zu viel Geleistete zu erstatten; im Weigerungsfalle ist er hierzu im Aufsichtswege anzuhalten.

Sachsen-Altenburg. 8. **Sachsen-Altenburg.** Ausf. Ver. v. 3. Juni 1871.

§ 16. Die Ausführung aller auf das Band der Verwandtschaft oder der Ehe gegründeten Ansprüche auf Gewährung von Unterstützung, ingleichen die Verfolgung von Regreßansprüchen wegen geleisteter Unterstützung gegen solche Personen, die von den Bestimmungen des Bundesgesetzes über den Unterstützungswohnsitz (§. 61. daselbst) nicht betroffen werden, bleibt dem Rechtsweg vorbehalten.

9. **Sachsen-Coburg-Gotha.** Ausf. Ges. v. 31. Mai 1871. Sachsen-Coburg-Gotha.

§§ 38—41. übereinstimmend mit §§. 65—68. Pr. A.G.

10. **Anhalt.** Ausf. Ges. v. 29. Juni 1871.

§§ 51—54. übereinstimmend mit §§. 65—68. Pr. A.G. — §. 51. Abs. 2. und 3. lauten:

Die Beschlußfassung steht der Direktion desjenigen Kreises zu, in welchem der in Anspruch genommene Angehörige des Hülfsbedürftigen seinen Wohnsitz hat.

Hat der gedachte Angehörige im Inlande keinen Wohnsitz, so treten an die Stelle der Behörden des Wohnsitzes die Behörden des Aufenthaltsortes.

In §. 53. fehlt der dritte Absatz des §. 67. Pr. A.G.

11. **Schwarzburg-Sondershausen.** Ausf. Ges. v. 25. Januar 1872. Schwarzburg-Sondershausen.

§§ 11—13. übereinstimmend mit §§. 65—67. Pr. A.G.

§ 11. Abs. 2. lautet:

Die Verfügung steht dem Fürstl. Landrathe desjenigen Bezirks zu, in welchem der in Anspruch genommene Angehörige des Hülfsbedürftigen seinen Wohnsitz hat. Diese Zuständigkeit wird, wenn der gedachte Angehörige im Fürstenthume keinen Wohnsitz hat, auch durch dessen bloßen Aufenthalt für den Landrath begründet, in dessen Bezirk der Aufenthaltsort liegt.

Der Rekurs geht nach §. 12. an das Fürstl. Ministerium, Abtheilung des Innern.

12. **Schwarzburg-Rudolstadt.** Ausf. Ges. v. 23. Juni 1871. Schwarzburg-Rudolstadt.

§§ 22—25. übereinstimmend mit §§. 65—68. Pr. A.G.

Waldeck. 13. **Waldeck.** Ausf.Ges. v. 29. Juni 1871.

§§. 27—30. übereinstimmend mit §§. 65—68. Pr. A.G.

§ 27. Abs. 2. lautet: Die Beschlußfassung steht dem Amtmann desjenigen Kreises zu, in welchem der in Anspruch genommene Angehörige des Hülfsbedürftigen seinen Wohnsitz hat.

§ 32. Die auf besondern gesetzlichen Bestimmungen oder auf sonstigen Rechtstiteln beruhende Verpflichtung des Staats zur Verpflegung und Heilung armer geisteskranker Personen, sowie vermögensloser Nervenfieberkranken wird durch gegenwärtiges Gesetz nicht berührt.

Reuß ä. L. 14. **Reuß** (Greiz) **ä. L.** Ges. v. 1. Juli 1878.

§ 1. Abs. 3. Hinsichtlich der Beitrittspflicht zu Hülfskassen bleiben neben den reichsgesetzlichen auch die landesrechtlichen resp. ortsstatutarischen Vorschriften in Gültigkeit.

Abs. 4. Die auf andern Titeln (Familien- und Dienstverhältniß, Vertrag, Genossenschaft, Stiftung u.s.w.) beruhenden Verpflichtungen, einen Hülfsbedürftigen zu unterstützen, werden von den Bestimmungen dieser Verordnung nicht betroffen. Der nach dem Bundesgesetz vom 6. Juni 1870. zur Unterstützung verpflichtete Armenverband kann jedoch deren Leistung durch Berufung auf einen solchen Titel nicht versagen oder beanstanden. Es bleibt demselben lediglich die Verfolgung seiner Ansprüche gegen den Verpflichteten nachgelassen.

Abs. 5 übereinstimmend mit Abs. 1 § 65 Pr. A.G. Die Beschlußfassung steht dem Landrathsamte zu.

Abs. 6. Gegen den Beschluß der Verwaltungsbehörde steht beiden Theilen Berufung auf den Rechtsweg zu. Erfolgt diese innerhalb 10 Tagen von dem einen oder dem andern Theil, so hat der Armenverband seinen Anspruch im gerichtlichen Verfahren zu verfolgen. Ist innerhalb dieser Frist von keinem Theile auf den Rechtsweg provozirt, so wird der Beschluß der Verwaltungsbehörde vorläufig vollstreckbar. Es steht jedoch dem in Anspruch genommenen Angehörigen frei, wegen Erstattung des Geleisteten oder zu viel Geleisteten gerichtliche Klage zu erheben. Erfolgt eine Abänderung des Beschlusses der Verwaltungsbehörde mittelst rechtskräftigen Urtheils, so hat der Armenverband u. s. w., wie in § 67 Abs. 2 Pr. A.G. Reuß ä. L.

Abs. 7 übereinstimmend mit § 67 Abs. 3 Pr. A.G. Die Frist für Anbringung der Klage ist jedoch nur drei Monate.

Abs. 8 übereinstimmend mit § 68 Pr. A.G.

Abs. 9. Dasselbe Verfahren findet auch überall da ausschließlich statt, wenn ein Armenverband, der einen Hülfsbedürftigen unterstützt, vollbürtige Geschwister desselben oder außer den Familienangehörigen vorhandene, auf Grund von Privatrechtstiteln Verpflichtete zur Unterstützungsgewähr resp. Beitragsleistung heranzuziehen bezweckt.

15. **Reuß** (Gera) j. L. Ges. v. 21. Juni 1871. Reuß j. L.

§§ 35—38 übereinstimmend mit §§ 65—68 Pr. A.G.

§ 35. Abs. 2. Die Beschlußfassung steht für die Ortschaften des platten Landes dem Landrathe desjenigen Bezirks zu, in welchem der in Anspruch genommene Angehörige des Hülfsbedürftigen seinen Wohnsitz hat, für die Städte dem Stadtgemeindevorstand.

16. **Schaumburg-Lippe.** Ausf.Ges. v. 7. Mai 1872. Schaumburg-Lippe.

§§ 54—57 übereinstimmend mit §§ 65—68 Pr. A.G.

§ 54. Abs. 2. Die Beschlußfassung steht dem Amte bez. dem Stadtmagistrate desjenigen Bezirks zu, in welchem der in Anspruch genommene Angehörige des

Schaumburg-Lippe. Hülfsbedürftigen seinen Wohnsitz hat; beziehungsweise wenn derselbe seinen Wohnsitz innerhalb Unseres eximirten herrschaftlichen Besitzes hat, Unserer Regierung, welche letztere in diesem Falle endgültig im Verwaltungswege entscheidet.

§ 55. Gegen die Entscheidung der Aemter und Magisträte (§, 54.) steht u. s. w., wie in §. 66. Pr. A.G.

Lippe. **21. Lippe.** Ausf.Ges. v. 12. Sept. 1877.

§§ 31—34 übereinstimmend mit §§ 65—68 Pr. A.G. Die Beschlußfassung (§. 31.) steht der Regierung zu. Der Rekurs geht an das Kabinetsministerium. Die Rekursfrist ist 14 Tage.

§ 36. Die Ortsarmenverbände sind befugt, bei dem zuständigen Gerichte darauf anzutragen, daß etwaige Verschwender unter Kuratel gestellt werden.

G.

Schluß- und Uebergangsbestimmungen.

(Es sind nur diejenigen Bestimmungen aufgenommen, in denen ältere Gesetze ausdrücklich aufgehoben und Vorschriften enthalten sind, welche nicht blos vorübergehende Bedeutung haben.)

1. **Preußen** (einschl. Kreis Herzogthum Lauenburg). Preußen.

§ 74. Ges. v. 8. März 1871.

Mit dem 1. Juli 1871 treten alle mit den Vorschriften des gegenwärtigen Gesetzes im Widerspruche stehenden oder mit denselben nicht zu vereinigenden gesetzlichen Bestimmungen außer Kraft: 1) für die Provinzen Preußen, Brandenburg, Pommern, Posen, Schlesien, Sachsen, Westphalen und die Rheinprovinz: a) das Gesetz über die Verpflichtung zur Armenpflege vom 31. Dezember 1842 (Gesetz-Samml. 1843 S. 8) mit der Maßgabe, daß die im §. 6. unter 3 dieses Gesetzes erwähnten, zur Zeit der Verkündigung desselben bereits in Ausführung gekommenen Veränderungen von Gemeindebezirken nach wie vor als rechtsbeständig zu betrachten sind, b) das Gesetz zur Ergänzung der Gesetze vom 31. Dezember 1842 über die Verpflichtung zur Armenpflege u. s. w. vom 21. Mai 1855 (Gesetz-Samml. S. 311), soweit dasselbe

Preußen. zur Zeit noch Gültigkeit hat, c) der §. 1. des Edikts vom 14. Dezember 1747 wegen Ausrottung der Bettler u. s. w. in Schlesien und der Grafschaft Glatz, vorbehaltlich der Bestimmungen des §. 9. des gegenwärtigen Gesetzes, d) diejenigen gesetzlichen Vorschriften, welche die Aufbringung der Kosten der örtlichen Armenpflege in der Provinz Schlesien, ausschließlich der Ober-Lausitz, zu ihrem Gegenstande haben, insbesondere das Gesetz vom 18. März 1869 (Gesetz-Samml. S. 505), e) der §. 5. der Verordnung, betreffend die Einführung der im Westrheinischen Theile des Regierungsbezirks Coblenz geltenden Gesetze in dem vormals Hessen-Homburgschen Oberamte Meisenheim vom 20. September 1867 (Gesetz-Samml. S. 1535 ff.) und die dort allegirte Verordnung vom 15. Oktober 1832; 2) für die Provinz Schleswig-Holstein die Armenordnung vom 29. Dezember 1841 (Schleswig-Holsteinsche Gesetz-Samml. S. 267 ff.), mit Ausnahme der §§. 14—18., 77., 78., 81., 82., soweit dieselben die gesetzliche Alimentationspflicht der Verwandten und die Verpflichtungen der Dienstherrschaften gegenüber den Dienstboten zum Gegenstande haben; desgleichen die §§. 7—15. des Patents, betreffend die Niederlassung und Versorgung von Ausländern, vom 5. November 1841 (ebenda S. 243 ff.); 3) für die Provinz Hannover: a) die Verordnung über die Bestimmung des Wohnorts 2c. vom 6. Juli 1827 (Hannoversche Gesetz-Samml. S. 69 ff.) mit der Maßgabe, daß die nach den Gemeinde-Verfassungsgesetzen durch den Erwerb des Wohnrechts bedingten Rechte und Pflichten fortan durch den Wohnsitz (juristisches Domizil) in der betreffenden Gemeinde begründet werden; b) das Gesetz wegen Behandlung erkrankter, der Gemeinde 2c. nicht angehöriger Armen vom 9. August 1838 (ebenda S. 195 ff.), c) die §§. 48. und 49., sowie die auf das Armenwesen Bezug habenden Bestimmungen der §§. 28 ff. des Gesetzes über die Verhältnisse der Juden vom

30. September 1842 (ebenda S. 211 ff.); 4) für das ehemalige *Kurfürstenthum Hessen* die Verordnung, enthaltend Maßregeln der Sicherheitspolizei wegen der erwerbs- oder heimathlosen ꝛc. Personen, vom 29. November 1823 (Kurhess. Gesetz-Samml. S. 57 ff.); 5) für das ehemalige Herzogthum *Nassau* das Gesetz, betreffend die Verwaltung der öffentlichen Armenpflege, vom 18. Dezember 1848 (Nassauisches Verordnungsbl. S. 303 ff.); jedoch a) mit *Ausnahme* des §. 9., soweit derselbe die gesetzliche Alimentationspflicht der Ehegatten und der Verwandten zu seinem Gegenstande hat, b) mit *Ausnahme* des §. 28. und c) *vorbehaltlich* der die Verwaltung des Central-Waisenfonds betreffenden Bestimmung des §. 72. dieses Gesetzes[1] und mit der *Maßgabe*, daß die auf Grund der §§. 14. und 16. sub. 3. des Gesetzes vom 18. Dezember 1848 für die Landarmen- und Waisenpflege im Gebiete des ehemaligen Herzogthums Nassau, sowie die für gleiche Zwecke im Kreise Biedenkopf aus der Staatskasse pro 1870 geleisteten Zuschüsse dem Landarmenverbande des Regierungsbezirks Wiesbaden überwiesen werden; 6) für die ehemaligen Bayerischen Landestheile die Verordnung über das Armenwesen vom 17. November 1816 (Bayerisches Gesetzbl. S. 780 ff.), das Gesetz über die Heimath vom 11. September 1825 (ebenda S. 103 ff.), das revidirte Gesetz über Ansässigmachung und Verehelichung vom $\frac{\text{11. September 1825}}{\text{1. Juli 1834}}$ (ebenda S. 133 ff.), das Gesetz über die Unterstützung und Verpflegung hülfsbedürftiger und erkrankter Personen vom 25. Juni 1850 (ebenda S. 341 ff.). Preußen.

Es werden überdies alle gesetzlichen Bestimmungen aufgehoben, welche die Erhebung einer Abgabe von öffentlichen Lustbarkeiten zu Armenzwecken vorschreiben. Die Befugniß der Gemeindebehörden, die Einführung

Preußen. oder Forterhebung solcher Abgaben nach Maßgabe der Gemeinde-Verfassungsgesetze zu beschließen, wird durch diese Bestimmung nicht berührt.

§ 59 Ausf.Ges. f. Lauenburg.

Abs. 1 entspricht im ersten Satze den Eingangsworten des § 74 und fährt dann fort:

„Insbesondere treten außer Kraft die Lauenburgische Armenordnung v. 10. März 1735. (Linsen'sche V.O.S. Bd. III. a. No. 31. pag. 30.) und das Allerhöchste Patent vom 24. April 1846, die Niederlassung von Ausländern betreffend. (Linsensche V.O. S. Bd. III. No. 219. pag. 367.)"

Abs. 2 und 3 stimmen mit Abs. 2 des § 74 überein.

1. Die in § 72 des Ges. vorbehaltene Königliche Verordnung über die Verwaltung des Centralwaisenfonds ist unter dem 4. September 1871 ergangen (G.S. S. 378).

Sachsen. **2. Sachsen.** § 12 Ausf.Ver. v. 6. Juni 1871.

Für solche Personen, welchen nach der Sächsischen Heimathsgesetzgebung vom 30. Juni 1871. die Heimathangehörigkeit in einem Sächsischen Heimathbezirke zusteht, kann auf Verlangen bis auf weitere Anordnung noch ein Heimathschein für das Inland (nach einem beigefügten, hier nicht abgedruckten Formulare) ertheilt werden.

Württemberg. **3. Württemberg.** Art. 51 Ausf.Ges. v. 17 April 1873.

Alle mit den Vorschriften des gegenwärtigen Gesetzes in Widerspruch stehenden Bestimmungen älterer Gesetze und Verordnungen treten außer Kraft, insbesondere

1. das zweite Kapitel der 4. Kastenordnung vom 2. Januar 1615 (Reyscher, Reg.Ges. I. S. 641.);
2. das General-Reskript vom 27 August 1717. (ebendaselbst II S. 1079);
3. Art. 2., 33—41 des revidirten Bürgerrechtsgesetzes vom 4. Dezember 1833, Art. 40. desselben jedoch nur mit der Maßgabe, daß Leistungen der Amtskörperschaften für Unterstützung zugetheilter Heimathloser, deren Zutheilung vor dem 1. Januar 1873. rechtskräftig erfolgt ist, vom denselben in so

lange zu tragen sind, bis die zugetheilten Personen nach Vorschrift der Reichsgesetze vom 6. Juni 1870. und vom 8. November 1871. (s. Einl. S. 5.) einen Unterstützungswohnsitz erworben oder den Unterstützungswohnsitz in der Gemeinde, welcher sie seiner Zeit zugetheilt worden waren, verloren haben. Württemberg.

4. Art. 7 Abs. 2 zweiter Satz des Ges. vom 17. September 1853., betr. die Verhältnisse der zusammengesetzten Gemeinden, sowie Art. 5. Abs. 2. desselben Gesetzes, soweit es sich um die Bestreitung der Kosten für die öffentliche Armenpflege handelt.

4. **Baden.** §. 3. Ausf.Ges. v. 14. März 1872. Baden.

Die §§. 9. bis einschließlich 14., §. 16. Abs. 1. und 2., §. 17., die §§. 22. bis einschließlich 24., §. 35. und §. 36. Abs. 2. und 3. des Ges. vom 5. Mai 1870. über die öffentliche Armenpflege sind aufgehoben.

5. **Mecklenburg-Schwerin.** §. 1. Ausf.Ver. v. 20. Februar 1870. Mecklenburg-Schwerin.

In Folge der Bestimmung im §. 9. des Bundesgesetzes vom 6. Juni 1870., wonach der Unterstützungswohnsitz erworben wird durch Aufenthalt, Verehelichung oder Abstammung, kann vom 1. Juli 1871. an ein Unterstützungswohnsitz auf andere Weise, insbesondere durch Aufnahme in den Gemeindeverband oder durch eine mit ortsobrigkeitlicher Erlaubniß geschehene Domizilirung nicht mehr erworben werden.

6. **Mecklenburg-Strelitz** und Ratzeberg. Mecklenburg-Strelitz.

Die §§ 1 der Ausf.Ver. v. 20. Februar bez. 27. April 1871 sind gleichlautend mit dem § 1 der Schweriner Verordnung.

Oldenburg. **7. Oldenburg.** Rev. Gem.Ord. v. 15. April 1873.

Art. 102 hebt die Gemeindeordnung v. 1. Juli 1855 nebst dem Ergänzungsgesetz v. 27. Juli 1870, sowie die Armenordnungen v. 1. August 1786 (Herzogthum Oldenburg), 27. März 1798 (Herrschaft Jever) auf.

Art. 30 Ges. für das Fürstenthum Birkenfeld über das Armenwesen hebt das Ges. v. 24. Dezember 1861 über das Armenwesen und die Ver. v. 26. Juni 1871 wegen Abänderung letzteren Gesetzes auf.

Art. 120 der rev. Gem.Ordg. für das Fürstenthum Lübeck hebt die Verordnung v. 12. Mai 1791 über das Armenwesen auf. Dadurch werden die bestehenden Bestimmungen über die Freiheit von Gebühren an die Kirche, den Prediger und andere Kirchen- und Schulbediente für Beerdigung auf Kosten der Armenkasse nicht berührt, ebensowenig die wegen Bestattung der Armenleichen mit dem früheren Herzogthum Holstein und mit dem Herzogthum Lauenburg, sowie mit der Stadt Lübeck getroffenen, durch Regierungsbekanntmachung v. 2. Juli 1857 publicirte Uebereinkünfte. Dasselbe gilt von den Taufgebühren und von den Hebammengebühren für Arme, sowie von den zur Zeit nach Gesetz, Verordnung oder Herkommen in die Gemeindekasse fließenden Abgaben und Strafgelder.

Anhalt. **8. Anhalt.** § 56. Ausf.Ges. v. 29. Juni 1871.

Abs. 1 übereinstimmend mit den Eingangsworten in § 74 Pr. A.G.

Abs. 2 desgl. mit Abs. 2 a. a. O.

Lübeck. **9. Lübeck.** § 4 Ver. v. 29./30. März 1871.

Die gegenwärtige Verordnung tritt gleichzeitig mit dem Bundesgesetze am 1. Juli 1871 in Kraft und sind von diesem Zeitpunkte ab alle entgegenstehenden früheren Anordnungen, namentlich auch das Gesetz über die Verpflichtung zur Armenpflege vom 10. Februar 1868., aufgehoben.

Nachweisung der im Anhange abgedruckten oder ihrem Inhalte nach wiedergegebenen landesgesetzlichen Bestimmungen.

1. Preußen (einschließlich Kreis Herzogthum Lauenburg).

1871 Ausführungsgesetz v. 8. März **6**, (§ 1) **66**, (§§ 2—36) **87—108**, (§ 37) **190**, (§§ 38, 39) **108** ff., (§§ 40—62) **210—217**, (§ 63) **67**, (§ 64) **193**, (§§ 65—68) **285** ff., (§ 69) **6**, (§ 70) **109**, (§ 71) **217**, (§ 72) **298**, (§ 74) **295** ff.

— Ausführungsgesetz f. Lauenburg v. 24. Juni **9**, (§ 1) **67**, (§§ 2—15) **87—97**, (§§ 16—21) **99—103**, (§§ 22—26) **105—108**, (§ 27) **190**, (§ 28) **109**, (§§ 29—48, deren Aufhebung durch Ges. v. 9. März 1879) **108**, **210**, (§§ 49, 50) **217** ff., (§ 51) **67**, (§ 52) **193**, (§§ 53—56) **286**, (§ 57) **6**, (§ 59) **298**.

1878 Ges., betr. die Unterbringung verwahrloster Kinder v. 13. März (§ 7) **68**.

1883 Ges., betr. die allgemeine Landesverwaltung v. 30. Juli (§ 7) **199**, (§§ 57, 60—81, 102—109) **199—209**, (§§ 154, 158) **198**.

— Zuständigkeitsgesetz v. 1. August **91**, **100**, **104**, **108**, **198**; (§ 39) **199**, (§ 40) **92**, **93**, **95**, **96**, **97**, (§ 41) **67**, (§ 42) **108**, (§ 43) **217**, (§§ 44, 160) **95**, **104**, (§ 163) **198**.

2. Sachsen.

1834 Heimathsgesetz v. 26. November **111**.

1835 Ges. D., betr. das Verfahren in Administrativ-Justizsachen v. 30. Januar (§ 2) **224**, (§§ 5—11, 15—18, 20) **220** ff.

1840 Armenordnung v. 22. Oktober **111**, (§§ 33, 49, 50, 59, 65, 66) **68**, **69**.

1870 Ges., betr. Verminderung der Instanzen in Administrativ-Justizsachen v. 5. Januar (§§ 1—4) **224**.

1871 Ausführungsverordnung v. 6. Juni **6**, (§§ 1—5) **111** ff., (§ 6) **191**, (§ 7) **218**, (§§ 8, 9) **224**, (§ 10) **193**, (§ 12) **298**.

1873 Ges., betr. die Organisation der Behörden für die innere Verwaltung v. 21. April **112**, (§§ 5, 6, 22, 23, 27, 31) **219**.

1876 Weitere Ausführungsverordnung v. 15. Juni **7**, (§ 1) **111**, (§ 2) **113**, (§ 3) **49**, (§ 4) **224**, (§ 5) **183**.

3. Württemberg.

1873 Ausf.Ges. v. 17. April **7**, (Art. 1—7) **70** ff., (Art. 8—26) **113** ff., (Art. 27) **191**, (Art. 28—30) **122** ff., (Aufhebung der Art. 31 ff.) **225**, (Art. 47) **194**, (Art. 48) **287**, (Art. 49) **6**, (Art. 51), **298**.

1876 Ges. über die Verwaltungsrechtspflege v. 16. Dezember **72**, (Art. 1, 3, 6—8, 10—15, 17—56, 58, 72) **225—239**.

4. Baden.

1863 Ges., betr. die Organisation der inneren Verw. v. 6. Oktober **126**, (§ 1) **240**, **241**, **242**.

1864 Vollziehungsverordnung zu demselben v. 12. Juli **241**, **242**.

1868 Ges., betr. den Elementarunterricht v. 6. März (Novelle dazu v. 19. Februar 1874) (§ 54) **75**.

1870 Ges., die öffentliche Armenpflege betr. v. 5. Mai (§ 1) **124**, (§§ 2—8, 19—21) **72** ff., (§§ 16 Abs. 3, 26—34) **124** ff., (§ 25) **287**.

1872 Ausführungsgesetz v. 14. März **7**, (§ 1) **124**, (§ 2) **191**, (§ 3) **299**, (§ 4) **75**, **239**; — Min.Ver. v. 6. Dezember nebst Zusatzverordnung v. 27. Januar 1877 betr. das Verfahren zur Erwirkung des Ersatzes u. s. w. **6**, **48**.

1884 Ges., betr. die Verwaltungsrechtspflege v. 14. Juni **127**, (§§ 1, 2 Nr. 10, 5—14, 17—19, 33—39, 42, 43) **240** ff., (§ 47, VI.) **128**.

— Städteordnung v. 20. Juni (§§ 19, 19 a, 19 b) **125**.

5. Hessen.

1871 Ausf.Ges. v. 14. Juli **7**, (Art. 1) **75**, (Art. 2—7) **128** ff., (Art. 8) **191**, (Art. 9—18) **242** ff., (Art. 19) **75**, (Art. 20) **194**, (Art. 21) **6**.

1874 Ges., betr. die innere Verwaltung u. s. w. v. 12. Juni **76**, **129**, **130**, **243**, **244**.

6. Mecklenburg-Schwerin.

1871 Ausf.Ver. v. 20. Februar **7**, (§ 1) **299**, (§§ 2, 3) **130** ff., (§§ 4—6) **76**, **133**, (§ 7) **288**, (§§ 8, 9) **244**.

1871 Ver. über das Verfahren in Heimathsachen v. 30. Juni 7, (§§ 1—11) **245** ff.

7. Sachsen-Weimar.

1872 Ausf.Ges. v. 23. Februar 7, (§§ 1—3) **134** ff., (§ 4) **78**, (§§ 5—8) **135** ff., (§§ 9—11) **249** ff.
1876 Ges. v. 6. März (Tarif) (§§ 1—5) **184**.

8. Mecklenburg-Strelitz (und Ratzeburg).

1871 Ausf.Ver. v. 20. Febr. u. 27. April 7, (§ 1) **299**, (§§ 2, 3) **137** ff., (§§ 4—6) **78**, **138**; (§ 7) **288**, (§§ 8, 9) **251**.
— Ver. über das Verfahren in Heimathsachen v. 4. Juli 7 (§§ 1—11) **252**.

9. Oldenburg.

1873 Rev. Gem.Ordg. für das Herzogthum Oldenburg v. 15. April 7, (Art. 68, 69) **139**, (Art. 70, 71 § 1) **79**, (Art. 71 § 2) **288**, (Art. 73, 74) **80**, (Art. 75) **140**, (Art. 76) **194**, (Art. 77) **192**, (Art. 79—80, 82—92) **140** ff., (Art. 102) **300**.
1876 Ges. über das Armenwesen für das Fürstenthum Birkenfeld v. 28. März 7, (Art. 2—12) **143** ff., (Art. 13) **79**, (Art. 14, 15) **80**, **289**, (Art. 16) **195**, (Art. 17) **192**, (Art. 18) **289**, (Art. 19—21) **80**, (Art. 22—24) **146**, (Art. 30) **300**.
— Rev. Gem.Ord. für das Fürstenthum Lübeck 7, (Art. 69—76) **146** ff., (Art. 77) **79**, (Art. 78) **289**, (Art. 79—81) **80**, (Art. 82) **195**, (Art. 83) **192**, (Art. 120) **300**.
1882 Ges. über das Verfahren in Streitigkeiten über den U.W. v. 28. Januar 7, (Art. 1—18) **252** ff.

10. Braunschweig.

1871 Ausf.Ges. v. 5. Juni 8, (§ 1) **81**, (§§ 2—7, 9, 10) **149** ff., (§ 8) **192**, (§§ 11—29) **257** ff., (§ 30) **195**, (§§ 31—33) **289**, (§ 34) **6**.

11. Sachsen-Meiningen.

1872 Ausf.Ges. v. 24. Februar 8, (Art. 1) **81**, (Art. 2—13) **151** ff., (Art. 14—27) **259** ff., (Art. 28) **195**, (Art. 29, 30) **290**, (Art. 31) **260**.
1878 Ausschreiben des Min. d. Inn. v. 1. Oktober (Tarif) **185**.

12. Sachsen-Altenburg.

1833 Ges. über Heimathsrecht u. Armenwesen (§ 134) **81.**
1871 Ausf.Ver. v. 3. Juni 8, (§ 1) **81**, (§§ 2—7) **154**, (§§ 8—13) **261** ff., (§ 15) **195**, (§ 16) **81**, (§ 17) **6**, (§ 18) **290.**

13. Sachsen-Coburg-Gotha.

1871 Ausf.Ges. v. 31. Mai 8, (§ 1) **82**, (§§ 2—14) **155**, (§§ 15—35) **262** ff., (§ 36) **82**, (§ 37) **196**, (§§ 38—41) **291**, (§ 42) **6.**

14. Anhalt.

1871 Ausf.Ges. v. 29. Juni 8, (§§ 1, 2) **82**, (§ 3) **6**, **196**, (§§ 4—30) **157** ff., (§§ 31—49) **264** ff., (§§ 51—54) **291.**
1873 Ges. v. 1. Februar (Verwaltung des Landeswaisenfonds) **161.**
1876 Tarif v. 28. Juli **186.**

15. Schwarzburg-Sondershausen.

1872 Ausf.Ges. v. 25. Januar 8, (§§ 1—3, 5—7) **163** ff., (§ 4) **82**, (§§ 8—10) **266**, (§§ 11—13) **291.**
— Weiteres Ausf.Ges. v. 28. Oktober 8, (§§ 1—9) **266** ff., (§ 10) **82.**

16. Schwarzburg-Rudolstadt.

1871 Ausf.Ges. v. 23. Juni, 8, (§ 1) **83**, (§ 2) **167**, (§§ 3—19) **269**, (§ 20) **83**, (§ 21) **196**, (§§ 22—25) **291**, (§ 26) **6.**
— Ver. v. 23. Juni betr. die Organe der öffentl. Unterstützung (§§ 1—4) **167.**
1878 Ges. v. 10. Dezember, betr. eine Erweiterung des Ausf.-Ges. **186.**
1879 Tarif v. 28. März **186.**

17. Waldeck.

1871 Ausf.Ges. v. 29. Juni 8, (§ 1) **83**, (§§ 2—8) **168**, (§ 9) **192**, (§§ 10—24) **269** ff., (§ 25) **83**, (§ 26) **196**, (§§ 27—30) **292**, (§ 31) **6.**
— Tarif v. 28. Dezember **186.**

18. Reuß (Greiz) ä. L.

1871 Ausf.Ges. v. 25. Januar 8, (Nr. 1—4) **171** ff., (Nr. 5) **192**, (Nr. 6) **270.**

1878 Ausf.Geſ. v. 1. Juli 8, (§ 1) 6, 83, 292, (§ 2) 168, (§ 3) 83, (§§ 4—12) 169 ff., (§ 13) 172, (§ 14) 171, (§§ 15—21) 271 ff.

1879 Nachtrags-Geſ. v. 5. Juli 8, (§ 1) 196, (§ 2) 271.

1880 Tarif v. 31. Januar (§§ 1—11) 186 ff.

19. Reuß (Gera) j. L.

1871 Ausf.Geſ. v. 21. Juni 8, (§ 1) 84, (§§ 2—15) 173 ff., (§ 16) 192, (§§ 17—32) 274, (§ 33) 84, (§ 34) 196, (§§ 35—38) 293, (§ 39) 6.

20. Schaumburg-Lippe.

1872 Ausf.Geſ. v. 7. März 8, (§ 1) 84, (§ 2) 189, (§§ 3—23) 175 ff., (§ 24) 193, (§§ 25—50) 275, (§§ 51, 52) 84, (§ 53) 196, (§§ 54—57) 293, (§ 58) 6.

21. Lippe.

1877 Ausf.Geſ. v. 12. September 9, (§§ 1, 2) 85, (§§ 3—8) 178, (§ 9) 193, (§§ 10—28) 277 ff., (§ 29) 85, (§ 30) 197, (§§ 31—34) 294, (§ 35) 6, (§ 36) 85.

1879 Abänderungsgeſetz zum Ausf.Geſ. v. 9. Oktober 9, 217.

22. Lübeck.

1871 Ver. u. Geſ. v. 29/30. März 9, (§ 1) 178, (§ 2) 85, (§ 3) 278.

— Geſ., betr. das Verfahren in Streitigkeiten der U.W. v. 29/30. März (§§ 1—9) 279 ff.

23. Bremen.

1871 Ver. u. Geſ. v. 2. Januar 9, (§ 1) 179, (§ 2) 86, (§§ 3—6) 281.

— Geſ., betr. das Verfahren bei Streitigkeiten der U.W. 2. Januar (§§ 1—11) 281.

1877 Geſ., betr. die Berufung in Sachen der Armenverbände v. 18. November 281.

1879 Geſ., betr. Abänderung der Ver. v. 2. Januar 1871 v. 2. November 179.

24. Hamburg.

1871 Ges. v. 23. Juni **9**, (§§ 1, 2) **179** ff., (§ 3) **86**, (§§ 4—6) **282** ff.

1878 Ges., betr. das Armenwesen in den Vororten v. 12. April **180**.

Sachregister.

Die Zahlen bedeuten die Seiten.

A.

Abschiebung der Fürsorgepflicht 36, 42, 45, 49.
Abstammung, Erwerb der Staatsangehörigkeit durch A. 20, 21; des U.W. durch A. 33, 38, 39.
Abwesenheit, Verlust des U.W. durch A. 39—42.
Aerzte 45, 71, 74.
Alimentationspflicht 12, 60; Zwang zur Erfüllung in den einzelnen Bundesstaaten, Anhang F. 285 ff.
Anerkenntniß, vollstreckbares 55, 56, 57.
Angehörige, Begriff im armenrechtl. Sinne 12.
Anmeldung des Erstattungsanspruchs 47, 48, 49.
Anstellung im Reichsdienst 23; als Geistlicher, Lehrer, Beamter 41.
Anziehende, Abweisung der A. 12; Anmeldung 15; Anzugsgeld 15.
Apotheker 72, 74.
Arbeit, Anweisung und Zwang als Art der Armenpflege in den einzelnen Bundesstaaten Anh. A. 66—86.
Arbeiter, Umzugstermin der A. 34, 40; auswärts arbeitender 35.
Arbeitsscheu, Bestrafung 109.
Armenanstalten, Begriff 45; Verwaltungskosten d. A 45.
Armenbehörden 32; in den einzelnen Bundesstaaten Anhang B. 87—181.
Armenkommunen 15, 97.
Armenlast, wem sie obliegt 11, 15, 32, 42, 43, 44.
Armenpflege, öffentliche, private, kirchliche 13, 14, 85; Theilnahme an der A. 15, 16; Aufbringung der Kosten der A. in den einzelnen Bundesstaaten Anh. B. 87—181.
Armenunterstützung, Anspruch auf A. 15, 16; in den einzelnen Bundesstaaten Anh. A. 67—86.
Armenverbände, Verhältniß zu einander 59, 60; zu anderweit

Verpflichteten 60, Anh. F. 285 ff.; zu den Behörden 60; s. a. Orts-, Gesammt-, Land-A.V.
Armuth, s. Hülfsbedürftigkeit.
Aufenthalt, Versagung der Fortsetzung des A. 13, 48; Recht zum A. 10, 12, 13; aus dem A. 15; A. im Auslande, Verlust der Staatsangehörigkeit 26, 28; bei gleichzeitigem Erwerb der Staatsangehörigkeit im Auslande 27; gewöhnlicher A. im Sinne des U.W.G. 33, 34; Erwerb des U.W. durch A. 33—36; Absicht dauernden bez. vorübergehenden A. 35, 41.
Aufenthaltsbeschränkungen, zulässige 11, 12.
Aufnahme, Versagung der A. 12, 13; A. Deutscher in einen Bundesstaat 21, 23; A.-Urkunde 21, 27, 28.
Aufsicht der staatlichen Behörde über die Armenverbände in den einzelnen Bundesstaaten Anh. B. 87—181.
Ausführungsgesetze z. U.W.G. in den Bundesstaaten 6—9, 301 ff.
Ausländer, Begriff im Sinne des U.W.G. 6; Unterstützung der A. 59; in den einzelnen Bundesstaaten Anh. D. 193—197; s. a. Naturalisation.
Ausland (deutsches) 6; s. a. Aufenthalt.
Ausweisung thatsächliche Hülfsbedürftiger 13; polizeiliche 16; nach der Gothaer Konv. 17 ff.; Ausschließung der thatsächlichen Vollstreckung auf Grund einer Einigung 56; mit Rücksicht auf die Person des Auszuweisenden 57.

B.

Bayern als Ausland im Sinne des U.WG. 6, 14; Unterstützung der B. 193.
Beamte, Entlassung aus der Staatsangehörigkeit 25; Anstellung 41; Bestallung als Ersatz der Aufnahme- und Naturalisationsurkunde 23.
Befreiung von übernommenen Verpflichtungen, Anspruch auf B. 42.
Beginn der Erwerbsfrist 33, 34; der Verlustfrist 39, 40.
Begräbniß, angemessenes, als Armenunterstützung in den einzelnen Bundesstaaten Anh. A. 66—86; Tarife f. Begräbnißkosten 184, 185, 186, 188, 189.
Behörde, vorgesetzte, der Armenverbände 36, 41, 48; s. a. Aufsicht, Beschwerde.
Beihülfe zur Armenpflege 33, 59; in den einzelnen Bundesstaaten Anh. B. 87—181; des Ehemannes zur Ernährung der Ehefrau 37.
Berechnung der Erwerbs- u. Verlustfrist 34, 35, 36, 37, 39; der Ruhezeit 35, 36.
Berufung an das Bundesamt 51, 57, 58; Anmeldung 53; Gegenerklärung 54; Verfahren vor dem B.A. 54.
Beschwerden wegen erfolgter Abweisung eines Zuziehenden 12; bei Anträgen auf Armenunterstützung in den einzelnen Bundesstaaten Anh. A. 66—86.
Besorgniß vor künftiger Verarmung kein Zurückweisungsgrund 12.
Besuchsreisen 35.
Betteln, Bestrafung wegen B. als Zurückweisungsgrund 12.

Bewahranstalt, Eintritt 34, 40; Einlieferung 44.
Beweislast 34, 35, 42, 45.
Beweismittel, Beweisverfahren 50, 54; in den einzelnen Bundesstaaten Anh. E. 198—283.
Bösliche Verlassung durch den Ehemann 37.
Bundesamt f. d. Heimathwesen 51, 52; Rechtsverhältnisse der Mitglieder 52; Geschäftsregulativ 53; Beschlußfähigkeit 52, 53; als zweitinstanzliches Gericht in Landessachen 54, 55 u. Anh. E.; als Rekursinstanz bei Ungehorsamsstrafen gegen Zeugen 213, 217.
Bundesangehöriger = Deutscher 11.
Bundesangehörigkeit, s. Reichsangehörigkeit.
Bundesgebiet = Reich 11.
Bundesstaaten als Landarmenverbände 32; s. a. Anh. B. 111, 131, 134, 137, 138, 150, 154, 156, 159, 164, 168, 174, 177, 178, 179, 180.

C.

Condictio indebiti 49.

D.

Dauer der Erwerbs- und Verlustfrist 33, 39; der Ruhezeit 35, 36, 40, 41; der Selbständigkeit der Ehefrau 37; des abgeleiteten U.W. 37, 38, 39; der Anmeldungsfrist 43, 48.
Deutscher, Armenverband, Hülfsbedürftiger im Sinne des U.W.G. 6; Unterstützung aus dem Auslande übernommener D. 47, Anh. D. 190—193.
Dienstboten, s. Gesinde.
Dienstherrschaft, Fürsorgepflicht der D. 13, 60.
Dienstort, O.A.V. des D. 43.
Dritte Personen, Ersatzpflicht der A.V. bei Hülfeleistung derselben 71, 73, 80.

E.

Ehefrauen, Uebernahme der E. 17, 18; Staatsangehörigkeit 21, 23, 26, 27; — Unterstützungswohnsitz, abgeleiteter 33, 36; selbstständiger 37.
Ehemann, Einfluß auf den U.W. der Ehefrau 36, 37.
Einigung über das Verbleiben des Auszuweisenden 56.
Einlieferung in eine Kranken-, Strafanstalt u. s. w. 44.
Eintritt in fremden Staatsdienst 27, 28; in eine Kranken-, Strafanstalt u. s. w. 34, 40.
Eisenacher Konvention 196.
Elsaß-Lothringen als Ausland im Sinne des U.W.G. 6, 14; Begründung der Staats- u. Reichsangehörigkeit in E.-L. 20.
Entfernung, freiwillige 34, 35.
Entlassung aus der Staatsangehörigkeit 24, 25; Unwirksamkeit der E. 25; aus einer Kranken-, Strafanstalt u. s. w. 44.
Entlassungsurkunde, Ertheilung der E. 24, 25, 28.
Erstattungspflicht der Armenverbände, Voraussetzungen der E. 42; Umfang derselben 42, 43; Verpflichteter 42, 43, 44, 47, 59; Fortfall der E. 43, 48; bei der im deutschen Auslande gewährten Armenpflege 14; — E. des Unterstützten und der zur Fürsorge verpflichteten Personen 60;

in den einzelnen Bundesstaaten Anh. A. 66—86.
Erwerb, s. Staatsangehörigkeit, Unterstützungswohnsitz.
Erwerbsbefähigung, Fürsorge für die E. als Gegenstand der Armenpflege in den einzelnen Bundesstaaten Anh. A. 66—86.
Erziehung, Fürsorge für die E. als Gegenstand der Armenpflege in den einzelnen Bundesstaaten Anh. A. 66—86; s. a. Schulgeld.
Exekution, s. Vollstreckung.

F.

Familie, F.-Angehöriger, F.-Gemeinschaft, F.-Haupt im armenrechtlichen Sinne 12, 64, 65.
Festsetzung der Strafen gegen ungehorsame Zeugen u. s. w. in den einzelnen Bundesstaaten Anh. S. 198—284.
Fortlauf der Erwerbs- und Verlustfrist nach der Ruhezei 35, 36, 40, 41.
Freizügigkeit, Ges. über F., Materialien 2, Geltungsbereich 3, 4, Reichsgesetz 5; Begriff und Inhalt der Fr. 10, 11; Beschränkungen der Fr. (§§ 3—5, 9, 10, 12) 11 ff.
Fremdenpolizei 16.
Frist für Verlust der Staatsangehörigkeit 24; für Erwerb und Verlust des U.W. 33, 39; für Anmeldung des Pflegefalls 43, 48; bei Hülfsbedürftigkeit aus dem Auslande übernommener Deutscher 47; s. a. Beginn, Berechnung, Dauer, Fortlauf.
Fürsorge, s. Armenunterstützung, Unterstützung.

G.

Geburt, s. Abstammung, Kinder.
Gefangene, Kurkosten Bekleidungskosten f. G. 42; Erwerb u. Verlust d. U.W. 35, 40.
Geisteskranke, Erwerb u. Verlust des U.W. 35, 40; Fürsorge für G. in den einzelnen Bundesstaaten Anh. A. 66—86.
Geistliche Amtshandlungen, Sorge für g. A. gehört nicht zur Armenpflege Anh. A. 66—86.
Gemeinde als Ortsarmenverband 31; in den einzelnen Bundesstaaten Anh B. 87 bis 181; G.-Angehörigkeit 15, 16; G.-lasten u. Nutzungen, Theilnahme des Anziehenden an denselben 15.
Gesammtarmenverbände 31; in den einzelnen Bundesstaaten Anh. B 87—181.
Geschiedene Ehefrauen, Uebernahme d. g. E. 17; Unterstützungswohnsitz 37.
Gesellen, Erkrankung der G. 43.
Gesetzgebungsrecht in Bezug auf Freizügigkeit, Staatsangehörigkeit, Unterstützungswohnsitz a. des Reichs 2; b. der Einzelstaaten 12, 15, 32, 33, 47, 49, 50, 59.
Gesinde, Umzugstermin des G. 34, 40; Erkrankung des G. 43.
Gewerbegehülfen, Erkrankung der G. 43.
Glaubensbekenntniß, Gleichberechtigung 11.
Gothaer Konvention 14, 17.
Gutsbezirk als Ortsarmenverband 31; in den einzelnen Bundesstaaten Anh. B. 87—181.

H.

Hebammen 72, 74.

Heilanstalt, Eintritt 34, 40; Einlieferung 44.
Heilmittel, s. Tarife Anh. C. 182—189.
Heimathlose 18.
Heimathsrecht 13, 15, 61, 63.
Heimathsschein 26, 27.
Heizung als Gegenstand der Armenpflege in den einzelnen Bundesstaaten Anh. A. 66—86.
Hülfsbedürftigkeit, reichsgesetzlicher Begriff der H. 12; gegenwärtige 12, dauernde, vorübergehende 13; Eintritt der H. 42, 44, 47, 59.

J.

Jesuiten, Ausweisung der J. 16.
Indigenat, gemeinsames 1, 30.
Inländer 1, 30.
Interterritoriale Sachen, Begriff 50.

K.

Kinder, adoptirte, Staatsangehörigkeit 21; Unterstützungswohnsitz 38, 39.
Kinder, eheliche, Uebernahme der K. 17, 18; Staatsangehörigkeit 21, 23, 26, 27; Unterstützungswohnsitz 38, 39.
— legitimirte 17; Staatsangehörigkeit 21; Unterstützungswohnsitz 38, 39.
— uneheliche, Uebernahme der K. 17, 18; Staatsangehörigkeit 21; Unterstützungswohnsitz 39; s. a. Erziehung, Erwerbsbefähigung, Zwangserziehung.
Kirchenämter, unbefugte Ausübung der K. 16, 35, 40.
Klage, Klagebeantwortung, als Prozeßschriften nach dem Landesrecht der einzelnen Bundesstaaten Anh. E. 198—284; materielle Voraussetzungen 42—45, 49.
Klagehäufung, eventuelle, gegen verschiedene Armenverbände 36, 50.
Kleidung als Gegenstand der Armenpflege 42; in den einzelnen Bundesstaaten Anh. A. 66—86.
Kommunalaufsichtsbehörde als Beschwerdeinstanz 12; in den einzelnen Bundesstaaten Anh. A. 66—86.
Kosten der Armenpflege, was dazu gehört 42; des Verfahrens 43; in den einzelnen Bundesstaaten Anh. E. 198—284.
Krankenanstalt, Eintritt 34, 40; Einlieferung 44.
Krankenkassen, Fürsorge derselben 13; Erstattungspflicht derselben 60.
Krankenversicherung der Arbeiter, Ges., betr. die K. (§§ 57, 77) 13; landesgesetzl. Bestimmungen 127, 133.

L.

Landarme, Begriff 32.
Landarmenverbände, reichsgesetzliche Vorschriften: Unterstützungs- bez. Erstattungspflicht 32, 44—46; Bildung u. Verhältniß der L.A. zu den O.A. 32, 33; nach der Landesgesetzgebung: Bildung, Verwaltung, Vertretung, Rechte u. Pflichten, Aufbringung der Kosten, Verhältniß zu den O.A. Anh. B. 87—181; s. a. Bundesstaaten.
Landesgesetze über Aufenthaltsbeschränkungen 11; über Erwerb des U.W. 15, 16, 61—63; s. Gesetzgebungsrecht.

Landespolizeibehörde, Recht zur Anordnung von Aufenthaltsbeschränkungen 12.
Landessachen, Begriff 50.
Landstreicherei, Bestrafung wegen L. als Zurückweisungsgrund 12.
Lehrlinge, Erkrankung der L. 43.

M.

Maß der Unterstützung, s. Unterstützung.
Matrikel, Eintragung in die M. eines Bundeskonsulats 26; Löschung in der M. 26.
Mehraufwendungen bei Krankheiten, s. Tarife Anh. C. 182 bis 190.
Miethe, rückständige 42.
Miethsleute, Umzugstermin der M. 34, 40.
Militärpersonen, Entlassung aus der Staatsangehörigkeit 25; dienstunbrauchbare 42.
Militärpflicht, Erfüllung der M. 41.
Mutter, Einfluß auf den U.W. der Kinder 38, 39.

N.

Nachlaß, Ersatzanspruch gegen den N. des Unterstützten 73, 77, 80.
Naturalisation von Ausländern 21, 23; Ertheilung der Nat.Urkunde 22.
Nichtigkeitsbeschwerde 241.
Niederlassung, Recht zur N. 10, 12; Rechte aus der N. 15.
Norddeutscher, N.D.Bund u. s. w. = Deutscher bez. Reich u. s. w. 5; Verfassung des N.D.Bundes 1, 2.
Nothwendigkeit der öffentlichen Unterstützung 13.

O.

Obdach als Gegenstand der Armenpflege in den einzelnen Bundesstaaten Anh. A. 66 bis 86.
Obdachlosigkeit, selbstverschuldete, Bestrafung 109.
Offiziere des Beurlaubtenstandes, Entlassung aus der Staatsangehörigkeit 25; s. a. Militärpersonen.
Ortsarmenverbände, reichsgesetzliche, Vorschriften über die Unterstützungs- und Erstattungspflicht 32, 42—46; Bildung derselben 31, 32; zugleich L.A.V. 32; Verhältniß zu den L.A.V. 32, 33; nach der Landesgesetzgebung: Bildung, Verwaltung, Vertretung, Rechte u. Pflichten, Aufbringung der Kosten, Verhältniß zu den L.A.V. Anh. B. 87—181.

P.

Pächter, Umzugstermin 34, 40.
Passivlegitimation, Nachweis der P. 45.
Paßwesen, Ges. über, 11, 16.
Personeneinheit des Familienhauptes und der Familienglieder 65.
Pflegegelder, rückständige 42.
Polizeiaufsicht, Aufenthaltsbeschränkung (§ 39 St.G.B.) 12, 40.
Polizeiliche Aufenthaltsbeschränkungen 11, 12, 40.
Privatpersonen, s. Dritte.

R.

Rechtskraft, Wirkung der R. 51.
Rechtsweg, Unzulässigkeit des R. 51, 54, 58.
Regulative für das Bundesamt 55; für die Spruchbehörden erster Instanz in den einzelnen Bundesstaaten 199, 212, 258, 267, 275.
Reich, Deutsches, Verfassung des d. R. 5.
Reichsangehörigkeit, Erwerb u. Verlust 20; Nachweis 11.
Reisepapiere 26, 27.
Rekurs wegen Ungehorsamsstrafen gegen Zeugen in den einzelnen Bundesstaaten Anh. E. 198—284; s. a. Bundesamt.
Reservepflichtige, Entlassung aus der Staatsangehörigkeit 25.
Rückkehr, freiwillige 39, 41.
Rückstände von Pflegegeldern, Miethen u. s. w. 42.
Ruhen der Erwerbsfrist 34, 35, 36; der Verlustfrist 40, 41.

S.

Scheidung der Ehe 37; U.W. der Kinder im Falle der Sch. 39.
Schiedsrichterliches Verfahren in Armenstreitsachen 216, 265, 276.
Schulgeld, Erstattungsanspruch wegen Sch. 42, 67, 69, 70, 75, 81, 86; s. auch Erziehung.
Schwangerschaft keine Krankheit 43.
Selbstbestimmung, Mangel freier S. bei Wahl des Aufenthaltsorts 34, 35, 40.
Sozialdemokratie, Ges., betr. die gemeingefährlichen Bestrebungen der S. 16, 40.
Staatsangehörigkeit, Erwerb 20, 21, 27; Verlust 24.
Stiftungen für Armenpflege 60; in den einzelnen Bundesstaaten Anh. B. 100, 116, 117, 126, 151, 157.
Strafanstalt, Einlieferung 44.
Streitsachen d. Armenverbände. interterritoriale und Landessachen 49, 50, 55; reichsgesetzliche Vorschriften: Spruchbehörden erster Instanz 50, zweiter Instanz 51, 58; höchste landesgesetzliche Instanz 51, 58; Verfahren in erster Instanz 49—51, in zweiter Instanz 50, 57, 58. Landesgesetzliche Vorschriften über Behörden und Verfahren Anh. E. 198—284.
Sühneversuch 216, 258, 264, 266, 268, 272, 276.

T.

Tarife für Armenpflegekosten 45; in den einzelnen Bundesstaaten Anh. C. 182—190; für die Kosten des Streitverfahrens 208, 215, 265, 278.
Theilzahlungen, deren Anrechnung 43.
Transportkosten 18, 19, 42, 46, 58.
Trennung der Ehe, faktische 37; U.W. der Kinder im Falle der T. 38, 39.

U.

Ueberführung, Recht auf, und Pflicht zur Ueberf. 46; Kosten 46; Abwendung der Ueberf. 56, 57.
Uebernahme Auszuweisender. Staatsverträge darüber 2, 14, 17; Recht auf u. Pflicht zur Uebern. Hülfsbedürftiger 13, 14, 46; Abwendung der Uebern.

56, 57; Antrag auf Uebern. wirkt Unterbrechung der Erwerbs- u. Verlustfrist 35, 36, 41.
Umzugstermin als Anfang des Aufenthalts bez. der Abwesenheit 34, 40.
Uneheliche Kinder, s. Kinder.
Unfallversicherungsgesetz 13, 60.
Unterbrechung der Erwerbs- u. Verlustfrist 35, 36, 41.
Unterricht, s. Erziehung.
Unterstützter, Erstattungsanspruch gegen denselben 67, 69, 70, 71, 73, 77, 78, 80, 287.
Unterstützung, Nothwendigkeit 13; öffentliche 13, 31; für welchen Zeitraum sie als gewährt gilt 36; welche U. das Ruhen der Erwerbs- u. Verlustfrist bewirkt 36, 41; Pflicht z. U. aus privatrechtlichen Titeln 12, 60; Verwaltungszwangsverfahren gegen alimentationspflichtige Personen Anh. F. 285—294; der Armenverbände 13, 14, der O.A.V. 31, der L.A.V. 31, 32, vorläufige 42, 59, endgültige 32, 44, 47, 58, 59; Anh. D. 190—197; Art u. Maß der U. 30, 32, 44; in den einzelnen Bundesstaaten Anh. A. 66—86; U. aus dem Auslande übernommener Deutscher 47, Anh. D. 190—193, der Ausländer 59, Anh. D. 193—197.
Unterstützungswohnsitz, Bedeutung des U.W. 13, 16; Erwerb u. Verlust 30, 31, 33—42; selbständiger Erwerb u. Verlust 33, 36, 37, 38, 39; abgeleiteter Erwerb u. Verlust 33, 36, 37, 38, 39; Theilen des U.W. 36, 37, 38; Beibehaltung des abgeleiteten U.W. 37, 38.

V.

Vater, Einfluß auf den U.W. der Kinder 38.
Verbleiben eines Auszuweisenden am Aufenthaltsorte auf Grund einer Einigung oder Anordnung 56, 57.
Verehelichung, s. Ehefrau.
Verfahren, s. Streitsachen.
Verhaftung 35.
Verlust, s. Staatsangehörigkeit, Unterstützungswohnsitz.
Verlusterklärung der Staatsangehörigkeit wegen Nichtbefolgung des Rückkehrbefehls im Kriegsfalle 26; wegen unerlaubten Eintritts in fremde Staatsdienste 27.
Vermeintlich verpflichteter A.V. 48.
Vernehmung des Unterstützten 47. 48.
Vertrag, Verzicht, Unzulässigkeit gegenüber den Wirkungen des Ablaufs der Erwerbs- u. Verlustfrist 61.
Verwahrloste Kinder 68, 82, 85.
Verwaltungskosten, allgemeine 45.
Verwandte, s. Alimentationspflicht.
Verwirkung des Erstattungsanspruchs wegen unterlassener Anmeldung des Pflegefalls 43, 48; wegen schuldhafter Unterlassung oder Verzögerung der Ueberführung 46.
Verzugszinsen 43.
Vollstreckung der Entscheidungen in Streitsachen im Verwaltungszwangsverfahren 55, 58; in den einzelnen Bundesstaaten Anh. E. S. 198—283; der Entscheidungen gegen Alimentationsverpflichtete Anh. F 285—294.
Vorschuß, s. Unterstützter.

W.

Waisen, arme, 68, 82, 85.
Wehrpflichtige, Entlassung aus der Staatsangehörigkeit 24, 25.
Wiederaufhebung vollstreckter Entscheidungen 55, 56.
Wiederaufnahmeklage 237.
Wiedereinsetzung in den vorigen Stand 234, 235, 254.
Wiederverheirathung, Einfluß auf den U.W. 36, 37, 39.
Willensfreiheit, s. Selbstbestimmung.
Wirthschaftliche Thätigkeit 35.
Wirthschaftsbeamte, Umzugstermin 34, 40.
Wittwen, U.W. der W. 37.
Wohnsitz innerhalb eines Bundesstaats 23.
Wohnungsmiether, Umzugstermin 34, 40.

Z.

Zuständigkeit der Spruchbehörde in den einzelnen Bundesstaaten Anh. E. 198—283.
Zwang, polizeilicher 35; zur Arbeit 78, 109.
Zwangserziehung, Unterbringung zur Z. 68.

Berichtigungen und Zusätze.

S. 5 Z. 4 v. u. statt 1871 lies 1873.
S. 6 Z. 5 v. u. statt § 43 lies § 42.
S. 9 Z. 3 v. u. statt 24 lies 23.
S. 39 in Anm. 3 zu § 19 ist hinzuzusetzen: § 17 (selbständiger Erwerb des U.W. in 2. Ehe).
S. 47 Z. 2 v. o. statt 57 lies 56.
S. 49 Z. 4 v. u. statt § 38 lies § 30.
S. 67 Z. 3 v. u. ist hinzuzusetzen: Für Berlin vgl. § 160 a. a. O., für Hohenzollern § 5 L.V.G.
S. 68 Z. 4 v. o. statt 1873 lies 1878.
S. 82 Z. 3 v. u. statt 18. Oktober lies 28. Oktober; Z. 5 v. u. statt Dezember lies Januar.
S. 86. Bei Nr. 23 ist als Anm. hinzuzufügen: In der Stadt Bremen wird armen Kindern in den Freischulen unentgeltlicher Unterricht ertheilt; — im Landgebiet wird das Schulgeld von der Armenpflege bezahlt (§ 3 Ver. über das Landschulwesen v. 16. März 1862, Ges.Bl. S. 9).
Bei Nr. 24 ist statt 25 zu lesen 23 und als Anm. hinzuzufügen: der Schulunterricht für arme Kinder ist unentgeltlich. (§ 38 Ges. v. 11. November 1870 betr. das Unterrichtswesen, G.S. S. 117).
S. 88 Anm. 3 Z. 3 v. u. statt 1853 lies 1856; — die letzte Zeile muß heißen: §§ 23, 26, 29 Landgem.Ordg. f. Schleswig-Holstein v. 22. September 1867, §§ 40, 41, 50 Landgem.-Ordg. f. Hannover v. 28. April 1859.
S. 92 in Anm. 3 Z. 3 v. u.: hinter § 44 einzuschalten: und § 160.
S. 95 in Anm. 2 letzte Zeile: hinter § 44 einzuschalten: und § 160.
S. 101 in Anm. 1 letzte Zeile: hinter „Kreisordnung" einzuschalten: § 55 L.V.G.
S. 104 statt § 29 lies § 21 Ausf.Ges. f. Lauenburg.
in Anm. 1 hinter § 44 einzuschalten: und § 160.
S. 133 Z. 8 v. u. statt F. lies A.
S. 183 Z. 4 v. u. statt 1870 lies 1876.
S. 196 Z. 2 v. o. statt „Nov." lies „Mai".
S. 198 Z. 5 v. u. statt § 54 lies § 154.
S. 217 in Anm. 1 ist hinzuzufügen: in Hohenzollern der Amtsausschuß, § 43 Nr. 5 der Hohenzollernschen Amts- und Landesordnung v. 2. April 1873 (G.S. S. 145) und § 5 L.V.G. (—)

G. Pätz'sche Buchdr. (Otto Hauthal) in Naumburg a/S.

12) **Strafprozeßordnung nebst Gerichtsverfassungsgesetz für das Deutsche Reich.** Von Dr. A. Dochow, weil. ordentlichem Professor in Halle a. d. S. Dritte veränderte und vermehrte Auflage bearbeitet von A. Hellweg, Landrichter in Hannover. Cartonnirt 1 Mark 60 Pf.

13) **Konkursordnung mit Einführungsgesetz, Nebengesetzen und Ergänzungen.** Von R. Sydow, Landrichter in Halle a. d. S. Zweite vermehrte Auflage. Cartonnirt 80 Pf.

14) **Gerichtsverfassungsgesetz für das Deutsche Reich.** Von R. Sydow. Dritte Auflage. Cartonnirt 80 Pf.

15) **Gerichtskostengesetz und Gebührenordnung für Gerichtsvollzieher nebst der Novelle** vom 29. Juni 1881. **Gebührenordnung für Zeugen und Sachverständige. Mit Kostentabellen.** Von R. Sydow, Landrichter in Halle a. d. S. Zweite vermehrte Auflage. Cartonnirt 80 Pf.

16) **Rechtsanwaltsordnung für das Deutsche Reich.** Von R. Sydow. Zweite vermehrte Auflage. Cartonnirt 50 Pf.

17) **Gebührenordnung für Rechtsanwälte.** Von R. Sydow. Zweite vermehrte Auflage. 50 Pf.

18) **Das Deutsche Reichsgesetz über die Reichsstempelabgaben** vom 1. Juli 1881. Von Gaupp, Regierungsrath und Stempelfiskal in Berlin. Zweite vermehrte Auflage. Cartonnirt 1 Mark 20 Pf.

19) **Die Seegesetzgebung des Deutschen Reiches.** Von Dr. jur. W. E. Knitschky, Landgerichtsrath zu Rostock. Cartonnirt 3 Mark.

20) **Gesetz, betreffend die Krankenversicherung der Arbeiter.** Vom 15. Juni 1883 von E. von Woedtke, Regierungsrath. Mit einem Anhang, enthaltend die für Preußen erlassene Ausführungsanweisung vom 26. November 1883. Zweite Auflage. Cartonnirt 1 Mark 20 Pf.

21) **Die Konsulargesetzgebung des Deutschen Reiches** von Dr. Philipp Zorn, ordentl. Professor der Rechte zu Königsberg. Cartonnirt 4 Mark.

22) **Patentgesetz. Gesetz, betreffend das Urheberrecht an Mustern und Modellen. Gesetz über Markenschutz.** Nebst Ausführungsbestimmungen. Von T. Ph. Berger, Regierungsrath. Cartonnirt 80 Pf.

23) **Unfallversicherungsgesetz** vom 6. Juli 1884. Von E. von Woedtke, Regierungsrath, z. Z. im Königl. Preuß. Ministerium für Handel und Gewerbe. Cartonnirt 1 Mark.

24) **Reichsgesetz, betreffend die Kommandit-Gesellschaften auf Actien und die Actiengesellschaften.** Vom 18. Juli 1884. Von H. Keyßner, Kammergerichtsrath und Dr. B. Simon, Rechtsanwalt. Cartonnirt 1 Mark.

25) **Das Deutsche Reichsgesetz wegen Erhebung der Brausteuer** vom 31. Mai 1872. Von Bertho, Regierungsrath. Cartonnirt 1 Mark 60 Pf.

FSC
www.fsc.org
MIX
Papier | Fördert
gute Waldnutzung
FSC® C083411

Kolibri 360 GmbH
Ferdinand-Jühlke-Straße 7
99095 Erfurt, Deutschland
produktsicherheit@kolibri360.de